INHALT

I. Die Rolle der Sozialpsychologie

Als Teilgebiet der Psychologie beschäftigt sich auch die Sozialpsychologie mit den Stellungnahmen individueller Lebewesen, wobei es ihr im wesentlichen um menschliche Individuen geht. Als Stellungnahme bezeichnen wir einerseits das durch einen außenstehenden Beobachter registrierbare Verhalten, andererseits aber auch die eventuell nur der Introspektion zugänglichen gefühlsmäßigen und gedanklichen Bezugnahmen eines Individuums auf Sachverhalte und Personen seiner Umwelt bzw. auch die reflektierenden Bezugnahmen auf die eigene Person. Diese auf Sachverhalte und Personen bezogenen Erlebnisse werden allerdings erst dann Gegenstände einer auf Objektivität Anspruch erhebenden Wissenschaft, wenn das erlebende Individuum sie entweder aus der privaten Unmittelbarkeit des Geschehens heraus deutend objektiviert, d. h. wenn es ihnen z. B. sprachlichen Ausdruck verleiht, oder wenn der außenstehende Beobachter sie aus dem Verhalten des Individuums erschließt.

Es ist dabei durchaus möglich, daß der auf Schlußfolgerungen angewiesene Beobachter die Erlebnisse eines Individuums anders beurteilt als dieses selbst das in seinen kommunikativen Deutungsakten tut. Es mag sich hier um den Fall einer intendierten aber nicht völlig gelungenen Täuschung handeln, oder um eine Selbsttäuschung des Individuums hinsichtlich seiner Einstellungen zu Sachverhalten und Personen; schließlich können solche Unterschiede auch darauf zurückgehen, daß die Ausdrucksmittel des Individuums vom Beobachter anders verstanden werden als sie gemeint waren. Während sich z. B. der Abendländer erhebt, um seinen Respekt vor dem Höherstehenden zu bekunden, setzen sich manche Südseeinsulaner nieder, womit sie das „Höherstehen" des anderen durchaus sinnfällig machen. Die Stellungnahmen des Individuums, mit denen sich die Psychologie beschäftigt, sind somit Beobachtungsdaten auf Grund deren die Erlebnislage dieses Individuums schlußfolgernd objektiviert wird.

Der Ausdruck „Stellungnahme" vermeidet die Einschränkung auf ein passives Gebaren, die in dem geläufigeren Wort „Reaktion" enthalten ist. Stellungnahmen können durch Ereignisse in der Umwelt mehr oder weniger weitgehend bedingt sein; im Falle eines „Mehr" denken wir an Reaktionen, im Falle eines „Weniger" an Aktionen. Das Grundkonzept muß aber so angesetzt sein, daß es die Möglichkeit eines spontanen, d. h. nicht durch Umweltreize ausgelösten Verhaltens offen läßt. Wir müssen uns weiterhin die Möglichkeit wahren, daß erst die Stellungnahmen des Individuums gewissen Umweltereignissen „Reiz-Charakter" verleihen. Dies ist etwa dann der Fall, wenn ein Individuum gewisse Umweltereignisse als bedeutungsvoll auswählt, die andere Lebewesen gar nicht beachten.

Zu einer systematischen Wissenschaft wird die Psychologie in eben dem Maße, als sie die strukturellen Zusammenhänge zwischen den ihr zugänglichen Beobachtungsdaten darzulegen vermag. Jedes der Teilgebiete der Psychologie stellt einen Versuch in Richtung auf dieses Ziel dar. Das Anliegen der Allgemeinen Psychologie ist darin zu erblicken, daß in ihr die als innere und äußere Reize verstandenen situativen Gegebenheiten planmäßig variiert und sodann die Kovariation der Stellungnahmen verfolgt wird. Während wir uns dabei an Regelmäßigkeiten halten, die allgemein oder mindestens sehr häufig beobachtet werden, richtet sich das Augenmerk der Differentiellen Psychologie (Begabungs-Forschung und Charakterologie) auf die interindividuellen Unterschiede von Stellungnahmen in vergleichbaren Situationen. Angestrebt wird die Auffindung von korrelativen Beziehungen zwischen den einzelnen Merkmalen der Individuen (z. B. Geschlecht, Körperbau und Interessen) und deren Stellungnahmen bzw. Leistungen. Der Entwicklungs-Psychologie geht es hinwiederum um die Kovariation der Stellungnahmen mit dem Lebensalter. Die Sozial-Psychologie schließlich, hat es mit der Kovariation der indivduellen Stellungnahmen im Wechsel der mitmenschlichen Umwelt eines Individuums zu tun. Daß es eine solche Kovariation gibt, wird durch die Erlebnis-Sachverhalte der Einsamkeit, des Wohlseins in anregender Gesellschaft, der Bangigkeit angesichts eines schwer zufriedenzustellenden Vorgesetzten usw. belegt.

Die Bezeichnung der Sozialpsychologie als eines Teilgebietes der Psychologie impliziert zugleich die Behauptung, daß wir es hier zwar mit einer eigenen Perspektive im Rahmen der Psychologie zu tun haben, daß aber die konkrete Arbeit in diesem Teilgebiet auf Methoden und Befunde angewiesen ist, die vielfach aus anderen Teilgebieten des Faches stammen. In diesem Sinne könnte man z. B. von einer experimentellen Sozialpsychologie sprechen, deren Interesse der planmäßigen Variation der mitmenschlichen Umwelt des Individuums gälte. Ein Gutteil des in den letzten Jahren so eifrig gepflogenen Studiums der „Gruppendynamik" fällt unter diese Kategorie. Zweifelsohne gibt es auch einen charakterologischen, bzw. einen entwicklungspsychologischen Akzent in der Sozialpsychologie; wir werden seiner beim Studium des sog. „Sozialisierungsprozesses" ansichtig werden. An dieser Stelle sei jedoch die unabdingliche Einheit der Psychologie betont. Ich halte diese Forderung der Tendenz zur Isolierung der Teilgebiete, wie man sie z. B. in den USA sehr deutlich erkennt, entgegen. Freilich ist nicht zu übersehen, daß der Forscher damit angesichts der jährlich etwa 20 000 Publikationen im Gesamtgebiet der Psychologie in ein nahezu unlösbares Dilemma gerät.

Mit ihren Teilgebieten grenzt die Psychologie an eine Reihe von Nachbardisziplinen, mit denen sie in eben diesen Teilgebieten in einem Austauschverhältnis steht. Das gilt z. B. von dem Verhältnis zur Physiologie in der experimentellen Psychologie; es gilt nicht weniger von der wechselseitigen Befruchtung von Sozialpsychologie und Soziologie einerseits und der Ethnologie („kultureller Anthropologie") andererseits. Im Prinzip läßt sich die Grenze zwischen diesen Disziplinen leicht ziehen: beschäftigt sich die Sozialpsychologie mit den Stellungnahmen des Individuums, so steht im Zentrum des soziologischen Interesses ein „Verband" bzw. eine Gruppe, während das Gefüge einer „Kultur" der Ethnologie ihren Integrationskern gibt. In der Praxis sind diese Grenzen aber keineswegs scharf. Die überspitzte Betonung der Unterschiedsmerkmale schiene auch im Sinne des uneingeschränkten Gedankenaustausches zwischen diesen Disziplinen nicht sonderlich wünschenswert.

Tatsächlich ist die Sozialpsychologie als das wohl jüngste der psychologischen Teilgebiete ganz besonders reich an mehr oder weniger scharf definierten Nachbarschaftsbeziehungen. Es ist dabei neben den bereits genannten Disziplinen auch an die Geschichtswissenschaft, die Nationalökonomie und die Rechtswissenschaft zu denken. Letztere ist für uns darum besonders wichtig, weil die europäische Soziologie, wie übrigens auch die Nationalökonomie, vorzüglich im Rahmen der Jurisprudenz herangewachsen ist. Die Empirie hat sich hier vielfach in Abhebung von den normativen Satzungen eingestellt. Da das jeweils gültige Recht und das Ausmaß der jeweils geübten Rechtspflege die Beziehung des Individuums zu seiner mitmenschlichen Umwelt sehr nachdrücklich strukturiert, ist der Kontakt zwischen Jurisprudenz und Sozialpsychologie durchaus notwendig. Die Psychologie des Rechtsbrechers, namentlich des Jugendlichen, ist ohne einen interdisziplinären Gedankenaustausch schlechterdings unmöglich. Viel zu wenig wird bisher die Grenzscheide zwischen Nationalökonomie und Sozialpsychologie beachtet, vgl. aber *G. Schmölders* (1953, 1966) sowie *A. Lauterbach* (1962). Diese Nachbarschaft ist in zweierlei Hinsicht wichtig: einmal formen die Strukturtatsachen eines bestimmten Wirtschaftssystems sehr viele der in ihm möglichen mitmenschlichen Beziehungen; zum andern haben die Nationalökonomen Methoden zur rationalen Analyse von Geschehnisabläufen entwickelt, deren Übertragung auf psychologische Zeitreihen möglich und sehr wünschenswert wäre[1]. Der Gedan-

---

[1] Die Psychologie hat sich allzu lange mit dem Studium relativ starrer zeitlicher Querschnitte zufrieden gegeben; sie konstruiert damit eine Gegenwart, in die sie die Vergangenheit als „Spuren" und die Zukunft als „Erwartungen" einbezieht. Das Wesen des zeitlichen Flusses, der Verlaufs-Gestalten, läßt sich aber auf diese Weise kaum erfassen. Es ist mit

kenaustausch mit dem Historiker ist schließlich notwendig, weil seine Disziplin uns Aufschlüsse über die Wechselwirkungen zwischen mitmenschlichen Umwelten im weitesten Sinne gibt. Die Frage des „Nationalcharakters" z. B. ist von einer Untersuchung der Geschichte einer Nation kaum zu trennen[2].

Angesichts dieser vielfältigen Randbeziehungen zu anderen Disziplinen erhebt sich sehr ernsthaft die Frage, ob es überhaupt noch im Rahmen der Möglichkeiten eines Einzelforschers liege, „die" Sozialpsychologie zu vertreten. Eine negative Antwort scheint kaum vermeidbar; sie lenkt unser Augenmerk aber zugleich auf die Tatsache, daß heute wohl keine einzige Wissenschaft mehr vom Einzelforscher völlig ausgeschöpft werden kann. Die moderne Wissenschaft ist im wahrsten Sinne zur Gruppenleistung geworden. Was man früher einmal als die „Republik der Gelehrten" bezeichnete, realisiert sich somit zwangsläufig. Damit ist die pragmatische Unvermeidbarkeit von Spezialisierungen eingeräumt; ihr wird aber die Forderung gegenübergestellt, daß der auf einen engeren Problemkreis spezialisierte „Bürger" der Gelehrtenrepublik den Standort seiner eigenen Arbeit im Gesamtgefüge abzuschätzen wisse.

Da es sich beim Konzept der Gelehrtenrepublik um die Idee eines durch Staatsgrenzen nicht wesentlich eingeschränkten Gebildes handelt, muß die Frage der Internationalität der Sozial-

---

Bestimmtheit anzunehmen, daß der Übergang zur Verlaufsbetrachtung die Züge der psychologischen Forschung im nächsten Jahrzehnt bestimmen wird (*C. W. Harris*, 1963). Die statistische Theorie der „stochastischen" Prozesse dürfte dazu unentbehrlich sein. Es handelt sich hier um ein Modell, in dem die Zustände $(S_1 \ldots S_j)$ im Augenblick t_x durch Wahrscheinlichkeitsrelationen mit den Zuständen $(S_1 \ldots S_j)$ im Augenblick t_{x-1} verknüpft sind. Das Wort selbst wurde von *J. Bernoulli* um 1700 aus dem griechischen στοχαζεσθαι = „vermuten" abgeleitet und von *W. Bortkiewicz* (1917) wieder aufgegriffen; vgl. *W. Feller*, 1950; ferner *M. S. Bartlett*, 1955. Anwendungen auf psychologische Probleme finden sich in *P. F. Lazarsfeld* (Hgb.): 1954. *R. R. Bush* u. *C. F. Mosteller* (1955) geben eine höchst eindrucksvolle Anwendung des Modells auf die Psychologie der Lernprozesse.

[2] Als ein Auskunftsmittel, das dazu bestimmt ist, den Kontakt mit der Geschichtswissenschaft zu erübrigen, imponiert die Beschränkung der ethnologischen Forschung auf „geschichtslose" menschliche Umwelten, d. h. auf sog. „primitive" Stämme. Die Grenzen der Tauglichkeit einer solchen Abstraktion dürften leicht zu erkennen sein.

psychologie zumindest angeschnitten werden. Dies ist um so dringlicher, als die Praxis hier erheblich hinter dem Ideal zurückbleibt. Im Augenblick besteht ein durchaus erfreulicher Gedankenaustausch innerhalb der westlichen Machtsphäre, und man darf analoge Verhältnisse innerhalb der östlichen Machtsphäre vermuten. Das Gespräch zwischen diesen beiden Bereichen aber ist höchst stockend und wortkarg. Das bringt mit sich, daß auch die vorliegende Darstellung in keiner Weise in der Lage sein wird, die Arbeiten unserer östlichen Kollegen mitzuerfassen. Eine zweite Schwierigkeit erwächst aus dem Umstand, daß wie so viele andere Disziplinen auch die Sozialpsychologie zu Zeiten in den Dienst der nationalen Politik eines bestimmten Landes tritt. Im letzten Weltkrieg fanden sich z. B. zahlreiche amerikanische Sozialpsychologen in der Rolle politischer Propagandisten, die ein Bild des deutschen (bzw. des japanischen) Nationalcharakters entwickelten, das sich zwar als wissenschaftlich ausgab, dem dazu aber nahezu jede Voraussetzung fehlte[3]. Dieser Sachverhalt ist um seiner selbst willen bedauerlich; der Sozialpsychologe wird aber gut daran tun, ihn nicht bloß zu rügen, sondern aus ihm auch wesentliche Züge der Bedingungsstruktur seiner eigenen Tätigkeit zu erschließen. Er kann sich z. B. nicht verhehlen, daß seine durchaus wissenschaftlichen Arbeiten über die Wirksamkeit von Propagandamitteln politische Nutzanwendungen finden können. Die als „psychologische Kriegsführung" bezeichnete Unternehmung stützt sich ja in erster Linie auf sozial-

[3] Bis vor wenigen Jahren enthielt fast jedes amerikanische Lehrbuch der Sozialpsychologie (z. B. *H. Bonner*, 1953) eine Darstellung dieses Zerrbildes, demzufolge „der Deutsche" den Begriff der Liebe gar nicht kenne. Man erfuhr weiterhin, daß „der Deutsche" nur auf Rang und Ansehen bedacht sei, daß er als Familienoberhaupt Frau und Kinder in einem sklavischen Abhängigkeitsverhältnis halte, und daß die Kinder zwar zur Ehrfurcht vor der väterlichen Autorität „gedrillt", nicht aber zur Wahrnehmung ihrer persönlichen Freiheit erzogen würden. Die Betonung der Begriffe „Sauberkeit" und „Pflicht" im deutschen Lebensstil führte schließlich zur Diagnose, „der Deutsche" sei entweder ein Zwangsneurotiker oder ein Paranoiker oder beides zugleich. Dieses Bild, dessen naivste Darstellung *B. Schaffner* (1948) gibt, änderte sich, wie man z. B. aus *R. H. Lowie's* (1954) Feststellung ersieht, daß die deutsche Familie keineswegs autoritärer funktioniere als die anderer europäischer Nationen.

psychologische Ergebnisse oder zumindest Vermutungen. Tatsächlich wäre eine Reihe umfangreicherer und zugleich kostspieliger Untersuchungen überhaupt nicht möglich gewesen, wenn für sie nicht öffentliche Mittel aus dem nichtakademischen Bereich — z. B. aus dem Rüstungsbudget — zur Verfügung gestellt worden wären. Im Parallelfall der Physik ist es in den letzten Jahren zu ernsthaften Gewissenskonflikten gekommen: sie dürften auch der Sozialpsychologie nicht erspart bleiben. In unserem Zusammenhang ist dieser an sich schwer zu behandelnde Fragenkomplex darum besonders wichtig, weil er uns erstmalig auf Rollenkonflikte aufmerksam macht, die aus der Zugehörigkeit zu und der Loyalität gegenüber verschiedenen Gruppen resultieren.

Die vorstehenden Erörterungen haben zur Frage der sozialen Rolle des Sozialpsychologen geführt. Herkömmlicherweise denkt man in erster Linie an die Gebiete der Markt- und Meinungs-Forschung (bzw. Demoskopie). Der Blickrichtung des Faches entsprechend sind jedoch auch die Problemsituationen zu beachten, in denen die Stellungnahmen von Individuen zu ihrer mitmenschlichen Umwelt kritisch werden. Solche Situationen ergeben sich zwangsläufig in allen größeren Organisationen, z. B. also in der Rechtspflege, in Industrie, Schule und bewaffneter Macht. Dazu kommen Probleme, in denen die mitmenschliche Umwelt einen engeren Rahmen ausfüllt, d. i. Probleme der Familien- und Erziehungsberatung, der Berufswahl und schließlich die Schwierigkeiten des psychologischen Außenseiters, das Problem der Psychotherapie. In all diesen Bereichen lassen sich Beratungs- und Forschungspositionen etablieren, deren Inhaber gründliche sozialpsychologische Kenntnisse und die charakteristische Blickrichtung des Faches benötigen. Viele dieser Positionen sind aber im Augenblick in Europa noch nicht geschaffen worden; zum anderen Teil sind sie durch Personen besetzt, deren Ausbildung nicht in erster Linie im Gebiet der Sozialpsychologie erfolgte. Dies erklärt sich einmal aus der relativen Jugendlichkeit dieser Disziplin und zum andern aus traditionellen Rollenstrukturen. Ich habe dabei z. B. die Wahrnehmung

sozialpsychologischer Probleme (im praktischen Leben) durch
den Juristen im Auge. Es bleibt abzuwarten, inwieweit sich hier
ein Wandel vollziehen wird, der entweder zu einer wesentlichen
Intensivierung der Sozialpsychologie im Studienplan der
Jurisprudenz führen könnte, oder zu einer Übernahme gewisser
Positionen durch Nicht-Juristen, z. B. durch Psychologen und Soziologen. Im Augenblick ist schwer zu entscheiden, welche Ent-
wicklungsrichtung vorteilhafter schiene[4]. Die dominierende Rolle
des römischen Rechts in der Geistesentwicklung Kontinental-
Europas ist schließlich eine Tatsache, an der die privaten Wünsche des Sozialpsychologen nicht zu rütteln vermögen. Aus diesem Grunde kann auch die soziale Funktion des Sozialpsychologen in Europa nicht völlig nach dem Vorbild der
Verhältnisse in den USA gedacht werden.

Ein zweiter Grund dafür ist schwieriger zu fassen. Ich glaube
aber G. Gorer (1955) zustimmen zu müssen, der die Intensitäts-
schwäche bzw. die vergleichsweise Seichtigkeit der Freundschafts-
bande in den USA betont. Vor die Wahl zwischen einem sehr
weiten aber dünnfädigen Netz der nachbarlichen Hilfsbereit-
schaft und einem jeweils engeren aber festeren Netz der
Freundschaft gestellt, hat sich Amerika offenbar für die erste
Alternative entschieden. Das Ausmaß der horizontalen (Orts-
wechsel) und vertikalen (sozialer Rangwechsel) Mobilität des
Amerikaners steht in einem Interdependenzverhältnis zu dieser Entscheidung[5]. Im Rahmen dieser Alternative findet der
Berater, z. B. der Sozialpsychologe, leicht den Platz eines nach-

---

[4] Wir haben allen Grund zur dankbaren Anerkennung des gastlichen
Daches, das die Jurisprudenz der europäischen Sozialwissenschaft gewährt
hat, obwohl andererseits festzustellen ist, daß damit eine ausgesprochen
nicht-naturwissenschaftliche Entwicklung des Gebietes Hand in Hand ging.

[5] Zwei Variable (A und B) stehen in einem Interdependenz-Verhältnis,
wenn Änderungen der einen (A) Variationen der anderen (B) im Gefolge
haben und wenn die Variationen von B ihrerseits Veränderungen von A
nach sich ziehen. Selbstsicherheit und die Wertschätzung durch andere
dürften in dieser Weise zusammenhängen. Dies ist aber nur ein Beispiel, an
dessen Stelle sich viele andere setzen ließen, da — wie schon Pareto betont
hat — zwischen den für das soziale Geschehen maßgeblichen Variablen sehr
häufig Interdependenz-Relationen anzutreffen sind. Dieser Umstand macht
die Beantwortung einfacher Kausalfragen in den Sozialwissenschaften so

barlichen Vertrauten, doch bleibt die Beziehung zu ihm auf ein Segment der eigenen Lebenssituation und auf einen bestimmten zeitlichen Abschnitt beschränkt. Man tritt in eine solche Beziehung leichter ein, weil sie an sich geringere Konsequenzen hat und weil außerdem mit seinen übrigen „Nachbarn" (hinsichtlich Wohngegend, Beruf usw.) kaum über die bewegenden Probleme seines Privatlebens sprechen könnte[6]. Allgemein mag daher gelten, daß die Abschätzung der möglichen Rolle des Sozialpsychologen in einer bestimmten Kultur eine sorgfältige Analyse des Lebensstiles dieser Kultur voraussetzt. Damit wird natürlich nicht die absolute Unveränderlichkeit dieses Stiles postuliert; man muß aber bedenken, daß sich der Zeitbedarf des Kulturwandels nach Generationen bemißt.

Da die Ergründung der eigenen Rolle eine sehr wertvolle Denkschulung für den Sozialpsychologen darstellt, sei noch eine weitere Beschränkung dieser Rolle ins Auge gefaßt. Jeder Berater ist von der Bereitwilligkeit des Zu-Beratenden abhängig. Diese Bereitschaft kann entweder individuell motiviert sein, wie z. B. im Falle eines Familienvaters, der selbst keinen Ausweg aus den Spannungen seines Heimes sieht; sie kann auch institutionell begründet sein, wie z. B. im Falle des an seinem Arbeitsplatze Unzufriedenen, der sich an einen Vorgesetzten oder an einen Gewerkschaftsführer mit der Bitte um Rat wendet. Die Wirksamkeit der Beratung zehrt in beiden Fällen sehr erheblich von dem Prestige, das dem Berater eingeräumt wird, sie zehrt von der Gesichertheit der Rolle des Beratenden und ist damit — indirekt — vom Vorhandensein eines Rollensystems abhängig. Wo eine Gesellschaft kein entsprechendes Rollensystem entwickelt

---

schwierig ja oft unmöglich (vgl. jedoch S. 56 f.). Sehr klar formulierte diesen Sachverhalt *Goethe* (1829): „Der denkende Mensch irrt besonders, wenn er sich nach Ursach' und Wirkung erkundigt: sie beide zusammen machen das unteilbare Phänomen. Wer das zu erkennen weiß, ist auf dem rechten Weg zum Thun, zur Tat." (Maximen u. Reflexionen, Nr. 1234).

[6] Damit hängt einmal der „Erfolg" der Psychotherapie im Leben Amerikas zusammen und zum anderen der Umstand, daß amerikanische Psychotherapeuten im allgemeinen weniger intensiver Übertragungs-Situationen ansichtig werden als ihre europäischen Kollegen (vgl. *P. R. Hofstätter*, 1959).

hat, bleibt auch die Beratungsfunktion fast völlig undefiniert. Daraus ergibt sich eine nachdrückliche Warnung vor der In-angriffnahme von Fragenkomplexen, hinsichtlich derer eine Einigung über die Rolle des sozialpsychologischen Beraters in absehbarer Zeit kaum zu erwarten ist. Es sind damit die Fragen des internationalen Zusammenlebens gemeint. Die Auffassung ist vielfach vertreten worden, daß die Sozialpsychologie die Wege zum Völkerfrieden weisen könnte und sollte; leider dürfte es sich hier um eine Illusion handeln. Der Sozialpsychologe schafft nämlich seine eigene Rolle weniger; er ist mehr darauf angewiesen, diese — als eine schon vorhandene Rolle — zu spielen. Die Schaffung von Rollen selbst ist ein Phänomen des Kulturwandels. Es will mir aber scheinen, als müßte der Kultur-Reformer über wesentlich andere Persönlichkeitsvoraussetzungen verfügen als der sozialpsychologische Berater.

Die andeutungsweise Aufzählung der denkbaren Einsatz-gebiete der Sozialpsychologie gibt den Schlüssel zum Verständnis der Struktur des Faches, wie sie sich in den USA seit dem Erscheinen seiner ersten beiden Lehrbücher im Jahre 1908 ent-wickelt hat. Die Gesamtdarstellungen der Sozialpsychologie folgen sozusagen einem doppelten Aufbauplan; sie entwickeln das Thema einerseits im Hinblick auf die sozialpsychologischen Beiträge zum Verständnis der Funktionen des Individuums (Denken, Fühlen, Wollen usw.), andererseits bauen sie das Thema von den Problemsituationen auf, in denen die Hilfe des Sozialpsychologen erwartet wird (z. B. Spannungen zwischen Majorität und Minoritäten, industrielle Probleme, Erforschung der öffentlichen Meinung, Fragen des Kulturaustausches usw.). Wahrscheinlich ist diese Doppelschichtigkeit des Aufbaues in erheblichem Maße für den keineswegs befriedigenden Stand der Theorienbildung in der Sozialpsychologie verantwortlich zu machen. Andererseits ist es natürlich durchaus verständlich und sogar begrüßenswert, wenn eine junge Disziplin ihre For-schungsimpulse aus der Praxis bezieht. Der Versuch eines ein-schichtigen Aufbaues des Gebietes scheint aber verlockend genug, um in der vorliegenden Darstellung unternommen zu werden.

Diese einleitenden Betrachtungen lassen sich mit dem Hinweis darauf abschließen, daß die Sozialpsychologie im wesentlichen aus drei Quellen stammt:

1. Aus der Erkenntnis, daß vieles, was wir an den Menschen unserer Umgebung für schlechthin menschlich halten, durch den mitmenschlichen Rahmen bedingt ist.

2. Aus dem Versuch, die Variationsbreite des Menschlichen, so wie es sich in verschiedenen mitmenschlichen Situationen zeigt, mit den Mitteln der Psychologie zu erfassen.

3. Aus dem Verlangen, gewisse kritische mitmenschliche Situationen und die in ihnen auftretenden Stellungnahmen des Individuums so zu lenken, daß ein bestimmtes System mitmenschlicher Beziehungen (d. i. eine weitere oder engere Gruppe) die Ziele, die es sich stellt oder gestellt hat, besser erreichen kann.

II. Systematische Ansätze

1. Allgemeine Orientierung

Die Sozialpsychologie hat zwar eine lange Vorgeschichte, aus der einzelnes herauszuheben sein wird, ihre Geschichte als systematisches Teilgebiet der Psychologie beginnt aber erst mit den ersten beiden Lehrbüchern im Jahre 1908. Daß das eine (*W. McDougall*: Introduction to social psychology, London 1908) von einem Psychologen stammt, das andere von einem Soziologen (*E. A. Ross*: Social Psychology, New York 1908), ist bedeutungsvoll, weil auch die mittlerweile erschienenen Dutzende von Lehrbüchern zu nahezu gleichen Teilen aus diesen beiden Disziplinen hervorgegangen sind. Die im Laufe der letzten Jahrzehnte zu beobachtende stetige Zunahme des Publikationsstromes (namentlich in der angelsächsischen Literatur) erlaubt zwei Rückschlüsse: 1. eine Kultur muß ihrer eigenen sozialen Probleme in akuter Weise ansichtig geworden sein und zugleich die Überzeugung erworben haben, daß diese einer empirischen Behandlung zugänglich sind; 2. das Gebiet muß als in schneller Entwicklung begriffen vorgestellt werden, so daß es in ihm noch zu keinem weithin befriedigenden systematischen Abschluß gekommen ist. Beide Annahmen können als gültig betrachtet werden. Sie bestätigen sich auch im kontinental-europäischen Raum, obwohl hier das Anwachsen der Literatur sehr viel langsamer vor sich geht.

Als Marksteine der Entwicklung des sozialspychologischen Schrifttums können neben den beiden genannten Werken wohl die folgenden Veröffentlichungen angesehen werden:

Wundt, W.: Völkerpsychologie; eine Untersuchung der Entwicklungsgesetze von Sprache, Mythos und Sitte; 10 Bde., 1900—1920.

Triplett, N.: The dynamogenic factors in pacemaking and competition; Am. J. Psychol., 9, 1898 (Beginn des sozialpsychologischen Experiments!).

Mayer, A.: Über Einzel- und Gesamtleistung der Schulkinder; Arch. ges. Psychol., 1, 1903.

Moede, W.: Experimentelle Massenpsychologie; 1920.

Allport, F. H.: Social psychology; 1924.

Bechterew, V. M., u. *M. de Lange:* Die Ergebnisse der Experimente auf dem Gebiet der kollektiven Reflexologie; Z. ang. Psychol., 24, 1924.

Thurnwald, R.: Forschungen zur Völkerpsychologie und Soziologie; 14 Bde., 1925—1935.

Die ältere Entwicklung hat *G. W. Allport* im 1. Band des Handbuches von *Lindzey* u. *Aronson* (1968) referiert; sie wird durch zwei Gesamtdarstellungen zusammengefaßt:

Murchison, C. (Hgb.): Handbook of social psychology; 1935.

Murphy, G., u. *L. B.* u. *T. M. Newcomb:* Experimental social psychology; 1937².

Über den gegenwärtigen Stand der Forschung orientieren:

Berkowitz, L. (Hgb.): Advances in experimental social psychology; bisher 5 Bde., 1964—1970.

Graumann, C. F. (Hgb.): Sozialpsychologie; Handbuch der Psychologie, Bd. 7, 1969, 1972.

Irle, M. (Hgb.): Texte aus der experimentellen Sozialpsychologie; 1969.

Lindzey, G., u. *E. Aronson* (Hgb.): The handbook of social psychology; 5 Bde., 1968, 1969.

Maccoby, E. E., T. M. Newcomb u. *E. L. Hartley* (Hgb.): Readings in social psychologie; 1964².

Deutschsprachige Gesamtdarstellungen stammen von:

Hartley, E. L. u. *R. E.:* Die Grundlagen der Sozialpsychologie; 1969².

Hiebsch, H., u. *M. Vorwerg:* Einführung in die marxistische Sozialpsychologie; 1971⁵.

Hofstätter, P. R.: Einführung in die Sozialpsychologie; 1966⁴.

Lersch, Ph.: Der Mensch als soziales Wesen; 1965².

Oldendorff, A.: Grundzüge der Sozialpsychologie; 1965.

Aus dem unmittelbaren Nachbargebiet der Soziologie sind zu nennen:

Bernsdorf, W. (Hgb.): Wörterbuch der Soziologie; 3 Bde., 1971.
König, R. (Hgb.): Soziologie, 1958.
König, R. (Hgb.): Handbuch der empirischen Sozialforschung; 2 Bde., 1967, 1969.
Ziegenfuß, W. (Hgb.): Handbuch der Soziologie; 1956.

Im Augenblick überwiegt der angelsächsische Anteil an der Sozialpsychologie so stark, daß ein ernsthaftes Studium des Faches ohne die Vertrautheit mit der englischen Sprache und Literatur nicht möglich ist. Kaum weniger wichtig ist die Erwerbung des in der neueren Forschung immer größere Bedeutung erlangenden statistisch-mathematischen Rüstzeuges[1].

2. Historische Ansätze

Wir wenden uns nun den älteren Systemansätzen zu, wie sie uns im wesentlichen aus den Jahren vor und um 1900 überkommen sind. Da vor diesem Zeitpunkt die Verselbständigung der Sozialpsychologie noch nicht erfolgt ist, muß hier vielfach auf das Quellenmaterial der Philosophie, namentlich der Rechts- und Staats-Philosophie, zurückgegriffen werden. Sehr oft ist dabei auf Abhandlungen über „Ethik" Bedacht zu nehmen. In diesem Sinne stellen z. B. die sog. „französischen Moralisten" eine wahre Fundgrube scharfer Beobachtungen dar; dies gilt auch von den „Pensées" des *B. Pascal* (1657). Um das Thema nicht allzu sehr anschwellen zu lassen, wollen wir uns auf die mit *Adam Smith* (1776) einerseits und mit *A. Comte* (1839, 1854) andererseits anhebende Periode beschränken[2]. Das be-

---

[1] Bis vor kurzem wurde diese Entwicklung in der deutschen Tradition erheblich vernachlässigt, sie wird von einigen deutschen Psychologen sogar heute noch als „mechanistisch" und „seelenlos" abgelehnt. Ich glaube, daß es sich hier um sachlich nicht berechtigte Vorurteile handelt, deren Abbau anstrebenswert ist. Zur Einführung eignen sich: *P. R. Hofstätter* und *D. Wendt; P. Neurath,* 1966.

[2] Sehr gute historische Darstellungen geben *L. v. Wiese.* Soziologie, 1964[7], *F. Jonas, 1968, 1969* und *S. Wendt,* 1961.

deutet u. a. den Verzicht auf die Darstellung der fundamentalen Dialektik des Verhältnisses zwischen Individuum und Gesellschaft, die für das abendländische Denken in der Gegenüberstellung von *Plato* und *Aristoteles* greifbare Gestalt gewinnt. Von *Plato* leitet sich die Organismus-Auffassung des Gemeinwesens her, auf *Aristoteles* geht die Suche nach im Individuum gelegenen Tendenzen zurück, aus denen sich dessen soziales Verhalten erklären läßt.

Das Titelblatt des „Leviathan" von *Hobbes* (1651) zeigt eine mit Zepter und Schwert ausgestattete Riesenfigur, die sich aus lauter kleinen Einzelpersonen zusammensetzt. Darüber steht als Motto ein Spruch aus dem Buche Hiob (41; 24): Non est potestas super terram quae comparetur ei. Dieses Bild gibt der Organismus-Hypothese beredten Ausdruck. Diese Hypothese selbst hat eine Reihe verschiedener Gestalten angenommen. Sehr oft tritt sie als eine bloße Form der analogischen Darstellung auf. In diesem Sinne schlüpft sie in beinahe jede Redewendung, die eine bestimmte Gruppe oder eine ihrer Institutionen (z. B. „die" Familie) zum Subjekt eines Aussagesatzes macht. Das Gedankenspiel mit Analogien ist legitim und kann fruchtbar sein, solange man sich seiner metaphorischen Natur bewußt bleibt[3]. Keineswegs bloß methaphorisch gemeint ist aber die Behauptung einer Gruppenseele, die z. B. mit *E. Durkheim* „Kollektivvorstellungen", mit *C. G. Jung* ein „kollektives Un-

---

[3] Dies gilt auch von den der Physik entnommenen Analogien, die seit dem XVII. Jahrhundert immer wieder auftreten (vgl. *P. Sorokin,* 1928). Als besonders verlockend erwies sich das Newton'sche Gravitationsgesetz. Einer der jüngsten Vertreter dieser Richtung ist *N. Rashevsky* (1951). In vielfacher Hinsicht richtungweisend ist *A. J. Lotka* (1925). Immer wieder fasziniert die auf *Descartes, Leibniz* und *E. Weigel* (1669) zurückgehende Idee der „mathesis universae". Man kann dabei das analogische Element leicht auf sein gerechtes Maß zurückschrauben, wenn man sich überlegt, daß die Differentialgleichungen der Physik Denkmodelle sind, deren Anwendbarkeit sich keineswegs auf einen bestimmten Gegenstandsbereich beschränkt. Selbst im Falle des Vorhandenseins nur recht primitiver Meßmethoden lassen sich viele Sachverhalte am klarsten durch Differentialgleichungen beschreiben. Einen denkwürdigen Vorstoß in diese Richtung hat *W. Köhler* (1920) unternommen. Ein Beispiel für diese Denkweise wird später (vgl. S. 181) gegeben werden. Viel zu wenig wird in diesem Zusammenhang meist das historische

bewußtes" oder mit der *Hegel*schen Tradition den „objektiven Geist" entweder einer bestimmten Nation („Volksgeist" bei *Lazarus* und *Steinthal*, 1860; „Volksseele" bei *Schaeffle*, 1878 und *Wundt*) oder einer bestimmten Rasse (*Gobineau*) postuliert. Ebenfalls nicht bloß metaphorisch gemeint ist die Darstellung einer Kultur als eines lebenden, wachsenden und eventuell sterbenden Organismus bei *Spengler* und zum Teil auch bei *Toynbee*. Die empirische Sozialpsychologie hat wenig Grund, Begriffsbildungen so hohen Abstraktionsgrades anzunehmen oder auch zu kritisieren, da weder Annahme noch Ablehnung sich auf beobachtbare Sachverhalte gründen ließen. Es handelt sich um ein Denkmodell, das für die empirische Forschung erst dann zu einer prüfbaren Hypthese würde, wenn sich die Bedingungen seiner Verifikation bzw. Falsifikation angeben ließen. Der Sozialpsychologe hat allerdings zwei besondere Gründe, dieses Weltbild als eine mögliche Form der kosmischen Existenz nicht unberücksichtigt zu lassen; einmal sollte er sich den ästhetischen Genuß und die geistige Anregung nicht entgehen lassen, die *Spengler's* „Untergang des Abendlandes" und *Fechner's* „Zendavesta" in so reichem Maße bieten; zum andern leitet dieses Weltbild zu einer Vorstellung von der Rolle des Einzelindividuums, die dessen Stellungnahmen nachhaltig beeinflussen kann. Man muß sich nämlich darüber im klaren sein, daß in den Sozialwissenschaften auch der eventuelle Nachweis der Unhaltbarkeit einer Theorie diese keineswegs ihrer psychagogischen Wirksamkeit beraubt. Das Thema des kosmischen Überorganismus — in religiöser Sicht des „corpus mysticum" — entfaltet sich als interessante Gegenstimme zum Motiv des (bürgerlichen) Individualismus; seine Affinität zu „totalitären" Gesellschaftskonzeptionen ist allerdings stärker als die zu „demokratischen".

Verdienst *Herbart's* (1824) um das Quantifizierungsproblem in der Psychologie gewürdigt. *Herbart* ist leicht zu kritisieren, da er sein System nahezu völlig abstrakt, d. h. ohne konkrete Maßwerte, konstruieren mußte. Die theoretischen Modelle aber, deren er sich dabei bediente, finden wir zum Teil in den modernsten Systemen (z. B. bei *C. L. Hull*, 1943, und bei *N. Rashevsky*, 1948) wieder.

In der aristotelischen Tradition findet man eine Reihe von Ansätzen, in denen jeweils eine besondere — meist als „instinktiv" vorgestellte — Tendenz zur Erklärung des sozialen Geschehens herangezogen wird. Die älteste und am wenigsten spezifische Formulierung beinhaltet das auf die Antike zurückgehende hedonistische Prinzip, demzufolge Organismen nach „Lust" streben und „Schmerz" zu vermeiden trachten. Mit der Aufklärung einerseits und mit den englischen „Utilitaristen" andererseits (z. B. *J. Bentham*, 1789 und *J. St. Mill*, 1863) ist dieses Modell zu einer fast allgemeinen, oft jedoch uneingestandenen Voraussetzung des psychologischen Denkens geworden. Der „ökonomische Mensch" der Volkswirtschaftler und das nach *Freud* zwischen „Lustprinzip" und „Realitätsprinzip" ausgespannte Lebewesen folgen aus diesem Modell ebenso wie die Dynamik des modernen Behaviorismus (*Hull, Dollard* und *Miller*, usw.), in deren Sicht jedes Verhalten letzten Endes auf Spannungsverringerung bzw. auf eine Gleichgewichtswiederherstellung abzielt. Dieser Grundgedanke ist seinerseits kaum weniger allgemein als die Lehre von einer Gruppenseele; es fehlt auch ihm die Spezifizierung der Tatbestände, die — gegebenenfalls — seine Zurückweisung („Falsifikation") erfordern würden[4].

An speziellen Verhaltenstendenzen („Triebkräften" oder „propensities", *McDougall*) sind die folgenden namhaft gemacht worden: Gesellligkeits- und Herdentrieb (*Kropotkin*, 1902; *Trotter*, 1916; *Ashley-Montagu*, 1950), Sympathie (*A. Smith*, 1759; *Spencer*, 1870; *Ribot*, 1897; *Scheler*, 1923), Nachahmungstrieb (*W. Bagehot*, 1873; *G. Tarde*, 1903; *J. M. Bald-*

[4] Die Einräumung der Möglichkeit eines „masochistischen Lutgewinns" sichert das Modell vor der Falsifikation. Der Spekulation erscheint ein solches Ergebnis nicht selten als besonderer Erfolg, für die Empirie wird eine Behauptung dadurch allerdings nahezu wertlos. Philosophen und philosophisch orientierte Psychologen streben sehr oft nach Formulierungen, die in keiner Weise falsch sein können; der Empiriker zielt hingegen auf Behauptungen ab, die deutlich erkennen lassen, unter welchen Umständen sie als falsch bezeichnet werden müßten. In seiner Blickrichtung tragen falsifizierte Behauptungen mehr zur Erkenntnis bei als nicht-falsifizierbare; vgl. die ausgezeichnete Darstellung *K. Popper*'s (1966²).

win, 1895; *E. B. Holt*, 1931)[5] und Suggestibilität (*Le Bon*, 1895; *Charcot*, 1888—1894; *Bernheim*, 1884; *Sighele*, 1891). In dieser Aufzählung darf auch der sog. „Wille zur Macht" bzw. die „egoistische Tendenz" nicht fehlen (*Stirner*, 1845; *Nietzsche*, 1887; *A. Adler*, 1917; *Le Dantec*, 1918), da sich bereits mit *Hobbes* (1651) die sozialen Einrichtungen als Schutzmittel gegen die Destruktivität des reinen Egoismus auffassen lassen. Ähnliche Ansätze finden sich bei *H. Schoeck* (1966).

Das Postulat eines einzigen zur Sozialisierung führenden Grundinstinkts besitzt nur geringe theoretische Aufschlußkraft, da in ihm ein menschliches Universale angenommen wird, das an sich zur völligen Uniformität der sozialen Erscheinungen führen müßte. Die Annahme mehrerer Triebkräfte, die miteinander eventuell in Konflikt geraten können, liegt daher nahe. *Freud* hat diesen Weg mit der Gegenüberstellung von Eros und Thanatos (Libido und Todestrieb, „Mortido" nach *Federn*) beschritten. Am bekanntesten ist wohl *McDougall's* (1908) Aufzählung eines Dutzend von Triebkräften. Diesen und ähnlichen Modellen läßt sich einmal entgegenstellen, daß der Beobachter im Rahmen seines Kultursystems leicht dessen Selbstverständlichkeiten mit den Grundzügen der Natur „des Menschen" verwechselt (vgl. die Angriffe von *K. Dunlap*, 1919, und *L. L. Bernard*, 1924, gegen die Triebdoktrinen). Nicht weniger bedenklich ist der im wesentlichen statische Charakter des Modells, in dem Tendenzen und Konfliktmöglichkeiten vorgegeben sind, ohne daß in der Regel dem Faktor des Lernens Gerechtigkeit widerführe. Nachdem in den dreißiger Jahren die Suche nach menschlichen Instinkten erheblich in Mißkredit gekommen war, erkennt man in der jüngeren Literatur ein erneutes Interesse an der Frage, das einmal auf die bahnbrechenden Arbeiten der Tier-Ethologen (*K. Lorenz*, *N. Tinbergen*) zurückgeht und

---

[5] Eine wesentliche Verfeinerung dieses Ansatzes gibt *S. Freud's* Identifikationsprinzip bzw. *G. H. Mead's* Betonung der Übernahme fremder Rollen durch das Individuum. *N. E. Miller* & *J. Dollard* (1941) machen die Annahme plausibel, daß „das Nachahmen" selbst nicht eine angeborene Tendenz, sondern eine gelernte Verhaltensweise sei. Einen neuen Ansatz zu diesem Problem bietet *A. Bandura* (1965; vgl. S. 171).

zum andern auf faktorenanalytische Befunde, die z. B. *R. B. Cattell* (1965) zu einer Wiederaufnahme des Themas von *McDougall* veranlassen[6]. Ich glaube, daß man in der Tat nicht ohne die Annahme gewisser allgemeinmenschlicher und angeborener (eventuell reifungsbedürftiger) Verhaltenstendenzen auskommen wird[7]. Eine systematische Ordnung dieser Grundtendenzen ist z. Z. aber noch nicht möglich, weil wir zunächst die in Frage kommenden Größenordnungen noch gar nicht kennen. Die vergleichenden Verhaltensforscher isolieren relativ stabile und kurzfristige Bewegungsmelodien, die z. B. im Werbe- und Paarungs-Verhalten von Tierarten auftreten, während die Faktorenanalytiker im allgemeinen recht globale Tendenzen (z. B. *Cattell's* „Parental Erg") annehmen[8]. Eine Zwischenstellung kommt den Bedürfnissen („needs", nach *H. A. Murray,* 1938) zu, von denen in den letzten Jahren vor allem die Leistungsmotivation (*D. C. McClelland,* 1966; *H. Heckhausen,* 1963) und die Aggressivität (*L. Berkowitz,* 1962; *K. Lorenz,* 1963; *M. F. A. Montagu,* 1969; *H. Selg,* 1969; *A. Schmidt-Mummendey* und *H. D. Schmidt,* 1971) vielfach untersucht wurden.

Instinkttheorien stützen sich in der Regel auf die Beobachtung, daß das menschliche Verhalten häufig weniger „rational" und „intelligent" ist, als es sein könnte oder als dies wünschens-

[6] Da sich diese korrelations-analytischen Studien bisher auf das Verhalten von Personen innerhalb einzelner Kulturen beschränken, bleibt die Universalitätsfrage noch offen. Man erkennt übrigens leicht, daß die Instinkt-Theorien das hedonistische Prinzip implizieren.

[7] Ich neige z. B. zur Annahme eines „Familieninstinks" oder besser: Familiensinnes, als dessen nicht völlig ausgereiftes Vorstadium der sog. „Geschlechtstrieb" anzusehen wäre (*Hofstätter,* 1966[4]). Auch hier handelt es sich einstweilen nur um die Aufweisung einer Denkmöglichkeit, noch nicht jedoch um eine prüfbare Hypothese. Immerhin scheint mir diese Denkmöglichkeit mit sehr vielen Beobachtungen verträglich zu sein, die *C. Levy-Strauss* (1949) berichtet.

[8] Vgl. auch die auf *W. I. Thomas* u. *F. Znaniecky* (1918—20) zurückgehende Theorie der vier Grundansprüche („wishes"), den Anspruch auf Sicherheit, auf neue Erfahrungen, auf personale Anerkennung und auf Resonanz (heute würde man wohl „feedback" sagen). Die Theorie gründet zwar nicht in faktoren-analytischen Untersuchungen, doch gelangt man mit Hilfe dieser Methode zu einem sehr ähnlichen Bild (*Hofstätter,* 1943).

wert wäre, daß aber das sich in bestimmter Weise verhaltende Individuum sehr oft seine Handlungen als rational erlebt. *Bacon's* Lehre von den „Idolen" (1620) gibt dieser Beobachtung prägnanten Ausdruck. In neuerer Zeit hat man hier von „Lebenslügen", „Derivationen" (*Pareto*), „Mythen" und „Ideologien" (*Marx* und *Engels*, 1847; *K. Mannheim*, 1936; *T. Geiger*, 1953) gesprochen. Die Schwierigkeit dieses Ansatzes liegt im Fehlen verbindlicher Kriterien für die Rationalität von Stellungnahmen[9]. In diesem Sinne wird auch die oft wiederholte, am nachdrücklichsten von *Le Bon* (1895) formulierte These einer gesteigerten Irrationalität in Massensituationen zweifelhaft[10].

Eine Möglichkeit, die meist durch implizite Werturteile belastete Unterscheidung zwischen „rationalem" und „irrationalem" Verhalten zu vermeiden, ergibt sich im Rahmen des Systems von *W. Wundt* (1832—1920), in dem einander „Triebwille" und „Zweckwille" gegenübergestellt werden. Diese Dichotomie ist insofern von Bedeutung, als sie in der ihr durch *F. Tönnies* (1855—1936) verliehenen Gestalt besonderen Einfluß erlangte. Im Anschluß an *Schopenhauer* („der bewußtlose Wille") hebt dieser Autor den „Wesenswillen" (als Ausdruck des Charakters) vom „Kürwillen" (als Ausdruck zweckgerichteter Entscheidungen) ab. *Max Weber's* Unterscheidung zwischen „wertrationalem" und „zweckrationalem" Verhalten kann in Parallele dazu gesetzt werden. „Soziale Wesenheiten", die vorwiegend dem „Wesenwillen" entspringen, bezeichnet *Tönnies*

[9] Die Frage ob „der Mensch" von Natur aus rational handle, gehört in die Philosophie; die auf sie gegebenen Antworten sind allerdings legitime Gegenstände der Sozialpsychologie.

[10] *Le Bon's* Wirkung auf das Denken der ersten Hälfte unseres Jahrhunderts erscheint sehr im Zwielicht; einerseits hat er dem sozialpsychologischen Denken sicherlich starke Impulse gegeben, andererseits haben seine vorschnellen Verallgemeinerungen die wissenschaftliche Bearbeitung dieses Gebietes verzögert. In sehr empfindlicher Weise fehlt bei *Le Bon* die Unterscheidung zwischen strukturierten Gruppen (Direktorien, Wehrformationen usw.) und amorphen Massen. Letztere faßt man heute wohl besser als strukturierte Gruppen in statu nascendi auf; sie erscheinen damit als relativ kurzfristige Übergangsstadien. Zur Kritik *Le Bon's* vgl. *P. R. Hofstätter*, 1971.

als „Gemeinschaften" (z. B. die Familie), die ihren Ursprung in erster Linie dem „Kürwillen" verdankenden hingegen als „Gesellschaften" (z. B. den Staat). Er setzt damit zu einer Kategorienlehre der Sozialwissenschaften (sog. „reine Soziologie") an, die durch G. *Simmel* (1858—1918) und vor allem durch *L. v. Wiese* (1876—1969) ausgestaltet wurde.

Im Zuge dieser Bemühungen erfolgte allerdings — namentlich durch *v. Wiese* — eine prinzipielle Abhebung der (hauptsächlich phänomenologisch betriebenen) Soziologie von der Psychologie des Einzelindividuums. In Frankreich hat diesen Schritt E. *Durkheim* (1858—1918) getan. Die Entscheidung ist begrüßenswert, da die von den älteren Autoren, z. B. noch von *Tönnies*, der Psychologie entlehnten (oder angelehnten) Begriffsbildungen — wie z. B. die Unterscheidung zwischen zwei Willens-Typen — sich in dieser Wissenschaft selbst inzwischen als recht unbrauchbar erwiesen haben. Das gilt zweifelsohne auch von der spekulativen Psychologie, auf die G. *Tarde* (1843—1904) seine Soziallehre gründete. Der dialektischen Trias entsprechend werden in ihr „Imitation", „Opposition" und „Adaptation" als einander ablösende Phasen eines Grundprozesses definiert. *Tarde's* Einfluß ist in dem einen der ersten beiden Lehrbücher der Sozialpsychologie (*E. A. Ross*, 1908) besonders deutlich. Es wäre aber sicher nicht sinnvoll, wenn sich die moderne Sozialpsychologie die Aufgabe stellte, den Anschluß an die spekulative Psychologie des ausgehenden XIX. Jahrhunderts zu finden.

Dabei darf jedoch nicht übersehen werden, daß nahezu alle Forschungsprobleme, auf die von den älteren Autoren hingewiesen wurde, heute noch zur Diskussion stehen, z. B. das Problem der „öffentlichen Meinung", das sowohl von *Tarde* (1901) als auch von *Tönnies* (1922) monographisch dargestellt wurde. Ganz besonders reich an Problemaufweisungen sind die zahlreichen Einzeluntersuchungen *Simmels* (z. B. dessen „Philosophie des Geldes", 1900), in denen beinahe alle in der vorliegenden Schrift behandelten Fragen — zum Teil erstmalig — anklingen. Dazu kommt, daß nicht nur die Probleme, sondern auch die zu ihrer Bewältigung ersonnenen Systemansätze der älteren Autoren in unserer Zeit fortwirken — dies nicht zuletzt darum, weil sie dem Individuum relativ bequeme Selbstdeutungsmöglichkeiten an die Hand geben[11]. Von der empirischen Forschung kann man andererseits kaum erwarten, daß sie zu einem Weltbild führen werde, das zugleich in seinen Grundzügen einfach und daher leicht überschaubar und in den aus ihm abgeleiteten Voraussagen gültig ist. Auf diese Weise bleibt die Empirie den Ansprüchen des Außenseiters stets etwas schuldig, woraus sich denn die Popularität (und das Fortbestehen) übermäßig verallgemeinernder Thesen erklärt. *Lessings* denkwürdige Entscheidung für den „einzigen immer regen Trieb nach Wahrheit" an Stelle der Wahrheit selbst (Theologische Streitschriften; eine Duplik, 1778) klingt im Denken der Fachvertreter, denen Methoden wichtiger sind als intuitive Eröffnungen, nach. Sie haben dazu ihre guten Gründe: Wo immer es nämlich statthaft erscheint, eine intuitive Eröffnung in Zweifel zu ziehen, läßt sich das Vertrauen in eine Aussage nur auf die Prüfung des Weges gründen, der zu ihr führt.

3. Neuere theoretische Positionen

a) Psychoanalyse

Wir beginnen die Erörterung der neueren Systemansätze mit dem Hinweis auf die *Freud*'sche Psychoanalyse, da in ihr der

---

[11] Vgl. *P. R. Hofstätter*, 1951. Berechtigten Einwänden ist allerdings auch ein „blinder Empirismus" ausgesetzt, der sich auf die Sammlung und Auswertung von Beobachtungs- und Befragungs-Daten beschränkt. Er verzichtet auf die Formulierung von Annahmen bzw. Hypothesen, hinsichtlich deren die Datenerhebung in gezielter Weise erfolgen kann. Grundsätzlich fasse ich die wissenschaftliche Arbeit als einen zwei-phasigen Prozeß auf, bei dem der gedanklichen Vorstrukturierung jeweils eine empirische Überprüfung der Hypothesen auf Grund von Daten folgt (*P. R. Hofstätter*, 1954). Die eine Phase ist ebenso wichtig wie die andere; an ihrer unterschiedlichen Gewichtung durch einzelne Schulen der Sozialforschung hat sich jedoch in den letzten Jahren erneut der sog. „Positivismus-Streit" entzündet (*T. W. Adorno* u. a., 1971[2]; *H. Albert*, 1969[2]; *J. Habermas*, 1968; *K. Holzkamp*, 1972).

mitmenschlichen Umwelt eine größere und unmittelbarere Bedeutung für die Stellungnahmen des Individuums eingeräumt wird als etwa in der *Fechner-Wundt*'schen Tradition der akademischen Psychologie. Tatsächlich sind die Sozialwissenschaften durch *Freud*'sches Gedankengut auch weit stärker beeinflußt worden als durch irgend eine andere psychologische Lehrmeinung[12]. Entscheidend ist hier einmal die Lehre von den Kindheitstraumen gewesen und andererseits der Begriff des Über-Ich, das sich als eine wertende Instanz beim Übergang von den affektiven Spannungen gegenüber den Eltern („Oedipus-Komplex") zur Identifikation mit ihnen entwickeln soll. Mit der Annahme, daß diese einmal erworbene Identifikations-Bereitschaft auch gegenüber anderen Personen (z. B. Trägern der Führerrolle) zur Auswirkung kommen kann, hat *Freud* uns in der Tat eine höchst wertvolle Denkmöglichkeit eröffnet. Dies gilt auch vom Ambivalenz-Prinzip, das die Doppelnatur vieler unserer Gefühlsbindungen (im Extrem: Haß-Liebe) sehr gut beschreibt. Auf die behauptete formende Wirkung der frühkindlichen Erlebnisse wird später noch einzugehen sein.

Als anregend, wenn auch höchst fragwürdig, sind *Freud's* Gedanken über den Ursprung der Gesellschaft zu betrachten (Totem und Tabu, 1913; Der Mann Moses und die monotheistische Religion, 1939). Die Ur-Horde, in der ein tyrannischer Vater die Söhne zur sexuellen Abstinenz zwingt, und in der schließlich die Söhne den Vater töten, ist eine romantische Konstruktion, die im höchsten Maße unwahrscheinlich ist, da archaische Familiensysteme in der Regel nicht die Konzentration aller Macht in der Hand eines Vater-Tyrannen zeigen (vgl. den Begriff der „Trustee-Family" bei *C. C. Zimmermann*, 1947). Zudem impliziert *Freud's* Hypothese eine Lamarckistische Phylogenie (Vererbung erworbener Eigenschaften), damit von einem erbmäßig überkommenen Urtrauma der Menschheit gesprochen werden könne. *Hartmann* und *Kris*

---

[12] S. *Scheidlinger*, 1952; G. *Roheim*, 1942; G. *Roheim* (Hgb.), (1947—1954); A. *Kardiner*, 1939; E. H. *Erikson*, 1965; A. *Mitscherlich*, 1963; H. P. *Gente*, 1970, 1972.

(1945) revidierten diesen Teil des Systems mit dem treffenden
Ausdruck, daß die Kastrationsfurcht eher „in der Luft" (d. h.
in einer bestimmten kulturellen Atmosphäre) liege als in den
Genen.

Ebenso zweifelhaft ist die Annahme, daß die Gesellschaft als
solche die tyrannische, triebunterdrückende Rolle des Urvaters
weiterspiele, wobei es dann zur oedipusartigen Auflehnung bzw.
zur Identifikation mit der Gesellschaft (etwa in Gestalt des
Patriotismus) kommen soll. Diese Vorstellung scheint sich nämlich nur dann aufrechterhalten zu lassen, wenn man bereit ist,
die zentrale Stellung des Geschlechtstriebes einzuräumen. Nur
in diesem Falle lassen sich nämlich die vitalen (oralen und
analen) Tendenzen des Kleinkindes als Vorstadien der genitalen
Aktivität und die sehr viel komplexeren Handlungsimpulse des
Erwachsenen als deren Sublimationsprodukte deuten[13]. Das
triebhafte Es, aus dem sich nach *Freud* das die Realität in Rechnung stellende Ich und das wertgerichtete Über-Ich entwickeln,
wird von der älteren psychoanalytischen Schule als asozial, oder
sogar antisozial gekennzeichnet. Es fragt sich aber allen Ernstes,
ob „Lust" nicht an sich schon einen das Individuum transzen-
dierenden Bezug enthält, ob nicht zu den Wesensvoraussetzungen der Lust ein Partnerschaftserlebnis (mit Personen oder per-
sonifizierten Dingen) gehört. Der Orgasmus im Konzept *Freud's*
ist in seltsamer Weise partnerlos, als ob die Verschmelzung mit
dem Du nur eine unwesentliche Zutat zum masturbatorischen
Akt wäre. Tatsächlich besitzt jedoch auch der masturbatorische
Akt fast immer einen Phantasie-Partner. Ein Wort *Tertullian's*
abwandelnd ließe sich dem isolierten Individuum Freud's wohl
der Begriff der „anima naturaliter socialis" gegenüberstellen.

Die soziale Bezogenheit des menschlichen Strebens hat als
erster *A. Adler* (1912) gegen *Freud* ins Treffen geführt; er

---

[13] Ein wesentlich anderes Bild ergibt sich, wenn man die genitale Sexuali-
tät für ein Reifungsstadium des „Familiensinnes" hält. Eine abermalige
Umorientierung erzwingt die Feststellung, daß u. U. das Hungermotiv
wesentlich stärker verhaltensprägend wirken kann als das Geschlechtsmotiv.
Hier werden die historischen Eigenheiten der Kultur sichtbar, aus der heraus
Freud sein Thema entwickelte.

schied damit aus der psychoanalytischen Schule aus. Inzwischen hat sich allerdings die merkwürdige Situation ergeben, daß — namentlich in den USA — die neo-freudischen Schulen (*K. Horney, E. Fromm*) im wesentlichen auf eine Synthese zwischen *Freud* und *Adler* abzielen. Daß auch die „orthodoxe" Psychoanalyse zu einer Revision älterer Anschauungen bereit ist, belegen zahlreiche Beiträge zu dem von *Anna Freud* herausgegebenen Jahrbuch „The psychoanalytic study of the child" (seit 1945); vgl. im besonderen die Aufsätze von *H. Hartmann* (1950, 1952). Im Zuge dieser Bemühungen werden dem Ich nunmehr außer den früher einseitig betonten „Abwehrmechanismen" (*A. Freud*, 1936) auch synthetische Funktionen eingeräumt. Selbst die Annahme einer Entwicklung des Ich aus dem Es wird dabei vielfach aufgegeben.

In methodologischer Hinsicht stattet die Psychoanalyse den Beobachter sozialer Erscheinungen mit dem Prinzip der Deutbarkeit aus. Durch dieses wird die Legitimität von Sinnzusammenhängen postuliert, auch wenn sie dem stellungnehmenden Individuum nicht klar (oder bewußt) sind, ja auch wenn sie von ihm abgelehnt werden sollten. *Freud* selbst hat hier mit seinen Abhandlungen über „Leonardo da Vinci" und den „Moses des Michelangelo" einen Weg gewiesen, dem gegenüber größte Zurückhaltung am Platze erscheint. Selbst im vergleichsweise einfacheren Fall der psychotherapeutischen Beratung lassen sich nämlich nur sehr dürftige Kriterien für die objektive Gültigkeit von Deutungen beibringen. Dieser Umstand beraubt jedoch die „Deutung" innerhalb des analytischen Gespräches nicht ihrer therapeutischen Wirksamkeit, da in ihr der Berater seinem Gegenüber neue Möglichkeiten der Selbstdeutung anbietet und da er durch sie Stellungnahmen des Individuums herausfordert. Ohne den kommunikativen Kreisprozeß des Gesprächs sind Deutungen aber nichts anderes als mehr oder minder gewagte Analogieschlüsse. Mit Erstaunen erfährt man dann z. B.: „Das Massensymbol der Deutschen war das Heer. Aber das Heer war mehr als das Heer: es war der marschierende Wald. In keinem modernen Lande der Welt ist das Waldgefühl so lebendig ge-

blieben wie in Deutschland. Das Rigide und Parallele der auf-
rechtstehenden Bäume, ihre Dichte und ihre Zahl erfüllt das
Herz des Deutschen mit tiefer geheimnisvoller Freude" (*E. Canetti*, 1960). Ähnlich gewagte Konstruktionen enthält leider
auch die schon 1932 fertiggestellte aber erst jetzt veröffentlichte
Analyse des amerikanischen Präsidenten T. W. Wilson von
S. Freud und *W. C. Bullitt* (1967).

Eine bestimmte Konstellation, auf die sich Deutungen mit
besserem Recht gründen lassen, verdient besonders hervorgehoben zu werden, weil sie inzwischen auch einer experimentellen
Behandlung zugänglich geworden ist. Anläßlich seiner Beschäf-
tigungen mit Träumen, Witzen und Fehlerinnerungen beobachtete *Freud,* daß sich Affekte oftmals an Gestalten und
Begebenheiten knüpfen, die um ihrer selbst willen recht unbedeu-
tend erscheinen, d. h. so, als ob sie die ihnen gewidmete Affektbesetzung gar nicht verdienten. Es war eine der Genieleistungen
Freud's, daß er diese Gestalten und Begebenheiten als die Stellvertreter der eigentlich intendierten Objekte erkannte.

Im „Compleat English Tradesman" (1725) *Daniel Defoe's,*
des Robinson-Autors, findet sich eine Schilderung, die diesen
Zusammenhang erhellt: „Die Ärgernisse, denen die Geschäfts-
leute in ihren Läden ausgesetzt waren, regten diese so auf, daß
sie bei der Rückkehr in ihre Wohnungen die Wut an den aller-
unschuldigsten Objekten ausließen, an ihren Frauen und Kindern, an den Mägden . . ." Die antike (bzw. feudale) Einrichtung des „Sündenbocks", der als Stellvertreter für die eigentlich
zu bestrafende Person fungiert, belegt den gleichen Sachverhalt[14]. In allgemeiner Form läßt sich daher die Gesetzmäßigkeit
formulieren: Wird eine bestimmte Stellungnahme zu einem be-

---

[14] Die Quellen finden sich bei *J. G. Frazer*, 1922. Der Begriff des Sünden-
bocks („scapegoat") spielt in der Analyse der gegen die Mitglieder gewisser
Minoritäten gerichteten negativen Stellungnahmen („prejudice") eine große
Rolle. Schon bei *Tertullian* (Apol., 40) findet sich ein entsprechender Hinweis:
„Wenn der Tiber über die Ufer steigt, wenn der Nil sich nicht auf die Fluren
ergießt, wenn der Himmel unbewegt bleibt, wenn die Erde bebt, wenn
Hungersnot und Seuchen auftreten, sofort schreit alles: Die Christen vor
die Löwen!"

stimmten Objekt blockiert (z. B. durch die Regeln des Anstandes, die auch den sich unangenehm aufführenden Kunden im Laden des Geschäftsmannes schützen), dann verschiebt sich die gleiche Stellungnahme auf andere Objekte, sie tut dies (bezüglich Intensität und Wahrscheinlichkeit ihres Auftretens) nach Maßgabe der Ähnlichkeit zwischen dem Ur-Objekt und dem Ersatz-Objekt. Dieses Gesetz wird in der Psychologie der Lernvorgänge als das Generalisationsprinzip bezeichnet. Es findet sich seit *Pawlow* (der es — wahrscheinlich in unzureichender Weise — aus der Irradiation von Erregungen im Kortex ableiten wollte) in allen zeitgenössischen Lerntheorien[15]. Der Sozialpsychologe hat es mit Generalisations-Erscheinungen zu tun, wenn er feststellt, daß gewisse Wörter (z. B. Namen) an der Affektbesetzung des durch sie bezeichneten Gegenstandes partizipieren. Magische Bräuche (z. B. auch die Hinrichtung „in effigie") sind hier zu erwähnen. Im Alltag wird man vielfach feststellen können, daß gewisse Gestalten der mitmenschlichen Umwelt eines Individuums zu Objekten von Stellungnahmen werden können, die ursprünglich im bezug auf andere Personen, etwa die Eltern, entwickelt wurden. Nicht selten bemühen sich daher auch die Träger von Führerrollen darum, von ihren Untergebenen als Vater-Imagos (d. h. als Generalisationsobjekte für die auf den Vater gerichteten Stellungnahmen) angesehen zu werden.

b) Lerntheorie

Die vorstehenden Erörterungen haben uns bereits zum zweiten Systemansatz der Gegenwart geleitet. Den älteren Trieb-Theorien erwuchs in der Lerntheorie ein ernsthafter Gegenspieler. Zur Einführung zwei Beispiele: Selbst im Schlaf können wir noch unsere Muttersprache (oder auch die Sprache unseres täglichen Um-

---

[15] In theoretischer Hinsicht besteht allerdings die Schwierigkeit einer Objektivierung des Sachverhältnisses der Ähnlichkeit. Definiert man das Ähnlichkeitskontinuum unter Bezugnahme auf die abnehmende Generalisationswahrscheinlichkeit, dann wird das Prinzip zu einem tautologischen Zirkel.

gangs, sofern dies nicht die Muttersprache sein sollte) sprechen. Diese Sprache haben wir aber einmal gelernt; wir haben sie so ausgiebig gelernt, daß ihr Gebrauch nahezu automatisch geworden ist. Amerikanische Kinder „wissen", daß der Christbaum in Flammen aufgeht, wenn man auf ihm Wachskerzen anzündet. Daß er dies in der Regel nicht tut, haben sie niemals erfahren, da die Stadtverwaltung Wachskerzen zu Weihnachten verbietet. Die beiden Beispiele zielen auf gelernte Stellungnahmen ab, im ersten Fall handelt es sich um ein motorisches Verhalten (Sprechen), im zweiten um eine Wissensorientierung. Dabei könnte man freilich argumentieren, daß auch dem motorischen Vollzug eine Wissensorientierung zu Grunde liegt, bzw. daß das „Wissen" um die Gefährlichkeit der Wachskerzen am Verhalten erworben worden sei. Im Augenblick schließt man sich mit seiner Entscheidung hinsichtlich dieser an sich recht müßigen Frage einer der beiden Hauptrichtungen der Lerntheorie an. Die sich von *Pawlow* und *Thorndike* herleitende Schule *C. L. Hull's* (1943) sieht im Lernen den Erwerb von Verhaltenstendenzen („Reaktionspotentialen"); die Richtung *E. C. Tolman's* (1932) betont die kognitiven Aspekte des Lernens (Wissensorientierung). *Hull* muß daher die Dynamik des Lernens aus dem Verhaltenserfolg („Lohn" oder „Strafe") entwickeln („reinforcement theory"), während *Tolman* sich auf die erfaßte Regelmäßigkeit von Abfolgen und Nachbarschaftsbeziehungen stützt („cognitive theory"). Es scheint in unserem Rahmen nicht nötig, auf diese Kontroverse näher einzugehen, da sich eine Versöhnung der Standpunkte bereits am Horizont erkennen läßt. Diese dürfte sich im wesentlichen durch die Ausgestaltung des Begriffs der „Erwartung" („expectancy") herbeiführen lassen[16]. Der Verhaltenserfolg wird in eben dem Maße für unser zukünftiges Verhalten wirksam, als er erwartungsmäßig vorausgenommen wird; unser „Wissen" ist aber

---

[16] Zur Orientierung eignen sich *K. Foppa,* 1966; *E. R. Hilgard* und *G. H. Bower,* 1966; *M. H. Marx* 1969, 1970.

in weiten Bereichen nichts anderes als das Reservoir, aus dem wir in konkreten Situationen Erwartungen schöpfen[17].

Da gelernte Stellungnahmen in einem sehr hohen Maße automatisiert sein können, laufen sie vielfach ohne ein Erlebnis des Vorsatzes oder der Entscheidung ab. In diesem Sinne benimmt sich dann das Individuum so, als ob sein Verhalten aus angeborenen Triebquellen stammte. Seine Stellungnahmen erscheinen ihm dann auch selbst als „selbstverständlich" und als unabdingliche Charakteristika seines Wesens. Daß die Ausbildung von Erwartungskonstellationen schon in den ersten Lebensjahren beginnen kann, hat bereits *Freud* gesehen. Die neuere Sozialpsychologie behandelt daher das Hineinwachsen des Individuums in eine bestimmte Kultur als einen Lernprozeß, in dessen Verlauf sich auch spezifische Generalisierungstendenzen einstellen (*J. Dollard* und *N. E. Miller:* 1950; *B. F. Skinner:* 1953; *J. W. M. Whiting* und *I. L. Child:* 1953). Als Lernvorgang läßt sich auch die Beeinflussung individueller Stellungnahmen durch propagandistische und reklameartige Maßnahmen darstellen (vgl. *C. I. Hovland, I. L. Janis* und *H. H. Kelley:* 1953).

Sehr grausame, auf weltanschauliche Konversionen abzielende Lernprozesse sind unter dem Namen „Brainwashing" bekannt und sehr oft in unrichtiger Weise auf das *Pawlow*'sche Prinzip des bedingten Reflexes zurückgeführt worden. Es handelt sich hier zunächst um das Aufsagen ideologischer Formeln, dem jeweils eine Milderung der Haftbedingungen folgt („instrumentale Konditionierung" nach *B. F. Skinner*). Daran knüpft sich die Erwartung, daß zur Gewohnheit gewordene Sprach-

---

[17] Das Erwartungsprinzip ist ein Hauptbestandteil des Modells des „Regelkreises" (feedback), das sich in der Verhaltensforschung eingebürgert hat. Der Kreis selbst setzt sich aus Stellungnahmen des Individuums, deren Erfolgen oder Mißerfolgen, der Rück-Erfahrung dieser Resultate und schließlich aus der Vorwegnahme der Resultate in der Erwartung zusammen. Dieses Modell stammt aus dem Denken des XVIII. Jahrhunderts (*D. Hartley*, 1749); es ist später von *A. Bain* (1855), *J. M. Baldwin* (1897) und *W. Bechterew* (1913) benutzt worden; neuere Anwendungen stammen von *F. H. Allport* (1924) und *E. B. Holt* (1931). Im deutschen Schrifttum haben *A. Gehlen* (1958) und *V. v. Weizsäcker* (1940) von ihm ausgiebigen Gebrauch gemacht. Zur Zeit wird es im Bereich der sog. Kybernetik ausgebaut.

schemen auch das eigene Denken in die gewünschten Bahnen
lenken (vgl. *A. D. Biderman*, 1963; *R. J. Lifton*, 1961; *E. H.
Schein*, 1961).

Einer der interessantesten Lernvorgänge spielt sich auf dem
Gebiet des Spracherwerbs ab[18]; in seinem Verlauf entwickeln
wir mit dem motorischen Vollzug sehr komplexer Bewegungs-
gestalten (für die das koordinierte Funktionieren von nicht
weniger als 72 Muskelpaaren erforderlich ist) auch ein Struk-
turbild des Universums bzw. das System der Kategorien, nach
welchen wir unsere Erfahrungen ordnen können, ja, im Bereich
einer bestimmten Kultur ordnen müssen. Es ist darum nicht
verwunderlich, daß die antiken Griechen den kulturellen
Außenseiter als einen Sprachfremden („Barbaren" von altind.
„barbarah" = stammelnd, vgl. *W. Brandenstein*, 1954) charak-
terisierten. Er drückt sich nicht nur in den täglichen Kontakt-
beziehungen ungeschickt aus, er sieht auch sich selbst anders als
dies etwa der im Denkstil der griechischen Grammatik (und,
was nahe zu dasselbe ist, der aristotelischen Logik) aufgewach-
sene Hellene tut[19]. *Wilhelm v. Humboldt* (1836) hat auf diesen
Zusammenhang schon aufmerksam gemacht; sein Hinweis wurde
von den heute bereits als „älter" erscheinenden Anthropologen
(*Boas, Sapir*), von den Soziologen in der Tradition *Comte's* und
Durkheim's, sowie in der Philosophie durch *E. Cassirer* übernommen, und schließlich von *B. L. Whorf* (1963) und *D. D. Lee*
(1938, 1950) weiter ausgebaut. Wie die kritischen Referate von
H. Hoijer (in: *A. L. Kroeber*, 1953) und von *R. Brown* (1958)
jedoch zeigen, besteht auch die Gefahr einer Übersimplifizierung
des Zusammenhanges. Nicht wenige Sprachstrukturen, z. B. das
grammatikalische Geschlecht, scheinen im Alltag nahezu bedeu-
tungslos zu sein. *Hofstätter* (1963) konnte z. B. zeigen, daß sich
der „männliche" italienische „sole" kaum von der „weiblichen"

---

[18] Vgl. *H. Hörmann*, 1967; *E. H. Lenneberg*, 1967; *J. Deese*, 1970;
Th. Herrmann, 1972.

[19] Eine etwas hyperthrophische Ausgestaltung findet dieses Thema in der
Schule der „Semantizisten" (*A. Korzybski*, 1933; *S. I. Hayakawa*, 1949), die
(größtenteils unwissentlich) an den mittelalterlichen Nominalismus an-
knüpfen.

deutschen „Sonne" unterscheidet. Für den Bereich der Sozialpsychologie ist der Gedankengang wichtig, daß wir uns nur in
dem Maße unserer eigenen Befindlichkeit bewußt sein können,
als wir gelernt haben, die betreffenden Zustände durch Benennungen zu objektivieren (*Dollard* und *Miller*, 1950; *Hofstätter*,
1951). Diese Tatsache spielt sehr wesentlich in die Theorie des
psychotherapeutischen Prozesses hinein, weil die Kategorisierung
der affektiven Erlebnisse des Kindes durch die Eltern (im
Sprachverkehr) oft unscharf und bisweilen in sinnloser Weise
verallgemeinernd (z. B. „schlimm") ist. Als Aufforderung
zum meditierenden Einfügen in das sprachliche Kategoriensystem der eigenen Kultur — und damit in diese selbst — darf
man wohl auch den seit der Antike gern wiederholten Imperativ
des „Erkenne Dich selbst!" verstehen (*Hofstätter*, 1959). Exer-
zitien dieser Art intendieren nicht die Individualisierung, sondern die Sozialisierung des Übenden. Ein zweiter Problemkreis
erwächst der Sozialpsychologie aus der Generalisations-Bezie-
hung zwischen Ereignissen und deren Benennungen. Der Wert-
akzent der gewählten Wortmarke bestimmt in vielen Fällen
(z. B. in der Propaganda) die Erscheinungsweise des gemeinten
Sachverhaltes.

c) *Rollentheorie*

Eine vollständige Aufzählung all dessen, was wir normaler-
weise zu lernen haben, ist natürlich unmöglich, jedoch muß ein
Gebiet unseres Lernens herausgegriffen werden, weil es einen
der heute am häufigsten verwendeten Integrationskerne der
sozialpsychologischen Theorienbildung enthält. Gemeint ist die
Erfassung der Rolle, die wir selbst in dieser oder jener Situation
zu spielen haben, sowie das Ansichtigwerden der Rollenhaftig-
keit im Verhalten anderer Personen. Das sozialpsychologische
Denken zeigt hier den Fortbestand einer mythologischen Welt-
betrachtung, die aus der Analogie zwischen Schauspiel und
Leben schöpft. Offenbar liegt diesem Ansatz die häufig anzu-
stellende Beobachtung zu Grunde, daß ein und dasselbe Indi-

viduum im Wechsel der mitmenschlichen Umwelten, zu denen es Stellung nimmt, in recht verschiedener Weise erscheinen kann. Als Erwachsene gestehen wir uns diese Variationsweite in der Regel nicht gerne ein; wir können aber nicht umhin, das Ausmaß und den Eifer zu vermerken, mit dem Kinder sich dem Rollenspiel widmen. Buben spielen „Räuber und Gendarm", Mädchen praktizieren die Mutterrolle mit ihren Puppen. Daß im Spiel hier gelernt wird, dürfte keines weiteren Hinweises bedürfen. Dieses Lehrmittel benützen sogenannte „primitive" Kulturen sehr ausgiebig; es wird neuerdings auch in unserer eigenen Kultur zu Ausbildungszwecken (Führertraining nach *A. Bavelas*; Interviewer-Vorbereitung nach *Barron*) adaptiert.

Die wissenschaftliche Etablierung des Rollenbegriffs ist vor allem *G. H. Mead* (1934) zu danken, für seine weitere Ausgestaltung sind *N. Cameron* (1947), *W. Coutu* (1949), *T. M. Newcomb* (1950) und *T. R. Sarbin* (1950, 1954) heranzuziehen (vgl. *M. Banton*, 1965; *H. Popitz*, 1967). *Moreno's* „Psychodrama" (1946) stellt den — offensichtlich sehr aussichtsreichen — Versuch einer psychotherapeutischen Auswertung des Rollenspiels dar. Dieses ist diagnostisch aufschlußreich; es erlaubt zudem die Abfuhr innerer Spannungen und schließlich ermöglicht es die Wahrnehmung der Realität zwischenmenschlicher Beziehungen in einer Situation, die nur einen halben Einsatz verlangt, dafür aber eine erhöhte Freiheit („Narrenfreiheit") gewährt (bezüglich der Ausweitungen dieses Ansatzes vgl. S. 104).

Als Rolle kann man eine in sich zusammenhängende Verhaltenssequenz definieren, die auf die Verhaltenssequenzen anderer Personen abgestimmt ist. Was diese Sequenz charakterisiert, ist somit erstens ein Moment der Gestalthaftigkeit (d. h. der Umstand, daß der Beobachter einen notwendigen Zusammenhang zu erkennen vermag, ein „Leitmotiv"), zweitens ihr Bezug auf die Rolle anderer Personen, und drittens die Abhebbarkeit von ihrem jeweiligen Träger bzw. die Möglichkeit einer Übernahme durch verschiedene Individuen. Eine Rolle muß sowohl deutbar als auch systembezogen sein. Der Verlauf der Stimmen im polyphonen Satz und das Zusammenspiel der

Mitglieder eines Quartetts lassen sich zur Illustration heranziehen.

Die Vorstellungen, die wir uns von unseren Mitmenschen machen, orientieren sich meistens an deren Berufsrollen. Unter Umständen müssen wir daher einer Überraschung gewärtig sein, wenn wir einen uns hinsichtlich seiner Berufsrolle bekannten Menschen gelegentlich einmal in einer seiner anderen Rollen — z. B. bei einer politischen Veranstaltung oder im Wartesaal des Arztes — wiedertreffen. Die Frage stellt sich dabei nicht selten ein, wie denn der andere nun „wirklich" sei, so, wie wir ihn als Lehrer kannten, oder so, wie er uns nun begegnet. Die Frage ist wahrscheinlich falsch gestellt, denn sie läßt den Umstand unberücksichtigt, daß jeder Mensch eine große Anzahl verschiedener Rollen im Leben „spielt". Recht verlockend ist es daher, einzelne Personen nicht — wie üblich — durch die Zuschreibung bestimmter Eigenschaften zu charakterisieren, son-

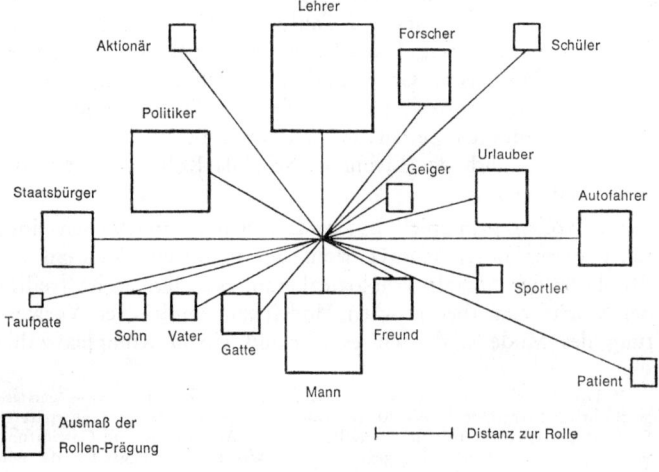

Abb. 1: Das Rollen-Repertoire einer Person

dern durch ihr persönliches Rollenrepertoire[20]. Einen Fall dieser
Art stellt Abbildung 1 so dar, daß die Flächeninhalte der einzelnen Felder dem Ausmaß entsprechen, in dem das Verhalten
dieses Menschen von den einzelnen Rollen geprägt wird. Seine
persönliche Einstellung zu den einzelnen Rollen, sein Enga-
gement, veranschaulicht die Entfernung der Felder vom
Zentrum.

Der Proband ist Lehrer; unter allen Rollen prägt diese sein
Verhalten am stärksten, obwohl die Rolle des Violinspielers
diesem Mann offenbar nähersteht als sein Beruf. Am weitesten
rückt er von sich die Patienten-Rolle ab. Viel mehr ins Detail
möchte ich an dieser Stelle nicht gehen. Ich merke nur einige
Besonderheiten an: Der Proband ist politisch engagiert, aber die
Staatsbürger-Rolle hat nur ein relativ geringes Gewicht. Man
würde daher vermuten, daß er sich einer überstaatlichen oder
vielleicht sogar einer staatsfeindlichen Politik verschrieben hat.
Ein wenig indiskret erscheint mir der Hinweis auf die Bedeutung der Mann-Rolle, die größer zu sein scheint als die
Bedeutung der im einzelnen aufgezählten Rollen des Gatten,
Vaters, Sohnes, Freundes und Taufpaten. Vielleicht gerät unser
Proband somit hin und wieder in eine Situation, in der er
bedauert, daß unsere Gesellschaft die Rolle des „Liebhabers"
nicht mehr kennt bzw. nicht akzeptiert. Es fiele ihm gewiß
leicht, aus anderen Zeiten und Kulturen Belege dafür zu er-
bringen, daß auch das Liebhaber-Sein als Rolle institutionali-
siert werden kann.

Da Rollen prinzipiell auf andere Rollen angewiesen sind,
führt dieser Begriffsansatz wohl am unmittelbarsten an die
Probleme der Sozialpsychologie heran. Schwieriger ist freilich
der Schritt vom theoretischen Modell zur empirischen Verwer-
tung des Modells, da wir es hier mit einem Komplex zahl-

---

[20] Die Annahme scheint mir einiges für sich zu haben, daß — geistes-
geschichtlich betrachtet — die Abstraktion von Eigenschaften erst ein späteres
Stadium der Charakterologie darstellt, dem eine Aufzählung und Gewichtung
von typischen Rollen vorausgegangen ist. Wo Beschreibungs-Begriffe neu
formuliert werden (z. B. „sadistisch") orientiert man sich an konkreten
Leitbildern eines bestimmten Rollenverhaltens.

reicher Variabler zu tun haben. Im Falle des Schauspielers X, der den „Hamlet" spielt, mag man sich z. B. fragen: a) Wie sieht X seine Rolle? b) In welchem Ausmaße vermag er diese Auffassung darzustellen? c) In welchem Umfange zeigt der „Hamlet" des Schauspielers X die Züge anderer Rollen, die der gleiche Akteur spielt (z. B. des „Mephisto")? d) Inwieweit richtet sich der Schauspieler nach den Auffassungen, die seine Mitspieler bezüglich ihrer Rollen hegen? Analoge Fragen lassen sich stets stellen, wenn ein bestimmtes Verhalten als „rollenhaft" bezeichnet wird.

Zur Veranschaulichung diene eine experimentelle Untersuchung *T. R. Sarbin's*, in der jeder von 14 Studenten in drei verhältnismäßig ungekünstelten Rollen „auftrat": I. mit einem gleichaltrigen Partner gleichen Geschlechts. II. mit einem gleichaltrigen Partner des anderen Geschlechts, III. mit einem älteren männlichen Partner, einem Autoritäts-Imago. Der Rollenauftrag lautete in jeder dieser drei Situationen, sich gegenseitig kennen zu lernen. Die im Experiment ja niemals ganz vermeidbare Unnatürlichkeit des Arrangements lag darin, daß diese Begegnungen vor Zuschauern (ebenfalls Studenten) stattfanden, wobei jede Beobachtergruppe aber jeweils nur einen männlichen und einen weiblichen Akteur in nur einer einzigen Rolle zu sehen bekam. Die Beobachter hatten anschließend die Akteure („Sozialobjekte") an Hand einer Eigenschaftsliste zu charakterisieren. Wir haben hier eine dreidimensionale Versuchsanordnung vor uns, da die von den Beobachtern gelieferten Beschreibungen einmal etwas über diese selbst aussagen (z. B.: Um wieviel leichter ist der Beobachter A dazu bereit, jemanden als intelligent zu bezeichnen, als der Beobachter B?), zum andern lassen sich diese Beschreibungen auf die Darsteller (unabhängig von deren Rollen) und schließlich lassen sie sich auf die Rollen (unabhängig vom jeweiligen Darsteller) beziehen (Abb. 2). Mit Hilfe der sogenannten „Zerlegung des Streuungsquadrats" („analysis of variance") kann man komplexe Probleme dieser Art sehr elegant behandeln; *Sarbin* scheint aber von dieser Methode keinen Gebrauch gemacht zu haben. Es soll

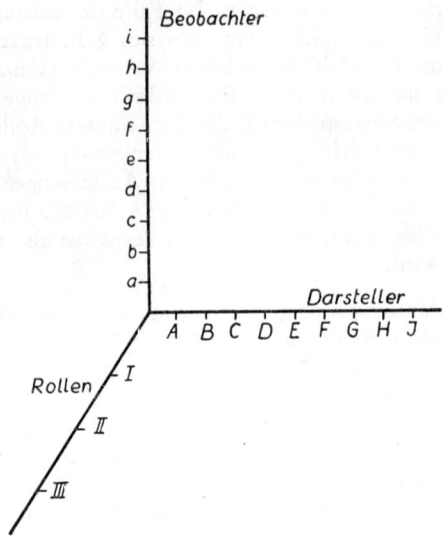

Abb. 2: Das Ineinander der Variablen in einem Rollen-Experiment

im Augenblick nicht darauf eingegangen werden, daß sich aus diesem Experiment sehr interessante Ähnlichkeitsrelationen zwischen Beobachtern einerseits und zwischen den Rollen und den Darstellern andererseits herleiten lassen. Wir beschränken uns vielmehr auf die hervorstechenden Eigenschaften der drei Rollen. Die nachfolgende Übersicht gibt die am häufigsten (für männliche Sozialobjekte) gebrauchten Kennzeichnungen.

Tabelle 1: Die Erscheinungsweisen von Rollenträgern.

Rolle	Partner	Eigenschaften
I	gleichaltrig, gleichgeschlechtig	entspannt, aufrichtig, ernsthaft
II	gleichaltrig, gegengeschlechtig	manierlich, intelligent
III	männliche Autoritäts-Figur	ambitioniert

Eine Reihe von Persönlichkeitsvariablen dürfte mit Hilfe des Rollenexperiments aufklärbar sein. Einmal spielen hier vermutlich mindestens zwei Begabungsfaktoren herein, die Befähigung zur Darstellung einer Rolle und die Befähigung zur Wahrnehmung der Partnerrollen. Diese Begabungen dürften zum Teil angeboren sein; dabei ist aber natürlich die Bedeutung der Übung und des Lernens keinesfalls zu übersehen. Offenbar steht die Möglichkeit der Übernahme einer beobachteten Rollen-Sequenz auch in einem innigen Zusammenhang mit der Sprache. So konnte z. B. *H. Head* (1926) zeigen, daß viele Aphasiker die direkt beobachteten Bewegungen des Versuchsleiters (dieser führt z. B. seinen linken Mittelfinger an sein rechtes Ohr) nicht nachahmen können. In diesem Falle ist nämlich eine Seiten-Transposition erforderlich, d. h. das Sich-Versetzen in die Position des Gegenübers. Die gleichen Patienten hatten aber nur geringe Schwierigkeiten, wenn sie die in einem Spiegel beobachteten Bewegungen des Versuchsleiters kopieren sollten, da nunmehr der Spiegel die Transpositionsleistung für sie übernahm[21]. *C. H. Cooley* (1902; 1930) hat darauf aufmerksam gemacht, daß der Gebrauch und das Verständnis der Personalpronomina Transponierungen verlangt: „ich" bin, was du „Du" nennst, usw.

Im Zuge des Rollen-Transponierens scheint sich auch der Begriff des Selbst allmählich zu kristallisieren, er wird damit zu einem Produkt des sozialen Kontakts (*Cooley, Mead, Sullivan*). *T. R. Sarbin* (1954) gibt eine Übersicht dieses Prozesses:

S^1 Das Körper-Selbst des Neugeborenen, aus dem sich später das Körper-Schema (*P. Schilder*) entwickelt.

S^2 Das Rezeptor-Effektor-Selbst, das sich aus der erfahrenen Rückmeldung des Erfolges eigener Akte entwickelt (vgl. Anm. 17, S. 33).

S^3 Die primitive Selbst-Konstruktion, auf Grund deren das Kind (um die Mitte des ersten Lebensjahres) seine eigenen

---

[21] Von Transponierungsleistungen und dem Unterschied zwischen direkten und indirekten Bezugsmöglichkeiten handelt auch *K. Goldstein* (1940).

Zuständlichkeiten auszudrücken beginnt und zwischen den Gestalten seiner mitmenschlichen Umwelt zu unterscheiden anfängt.

S⁴ Das Selbst der Introjektion und Projektion (im Sinne der Psychoanalyse).

S⁵ Das soziale Selbst, das sich im eigentlichen Rollenspiel entfaltet.

Dieser Übersicht sollte noch ein letztes Glied angefügt werden, nämlich das aus den verschiedenen Rollen, die man spielt, abstrahierte „unbedingte Selbst", das je einmalig und damit peinhaft einsam sein dürfte. Für die christliche Anthropologie ergibt sich aus der Unmöglichkeit, das im strengen Sinn Einmalige sprachlich zu objektivieren, die Notwendigkeit eines Bezuges des „unbedingten Selbst" auf eine absolute, göttliche Person.

Auf empirischem Boden befinden sich die Untersuchungen zum Problem der Rollenwahrnehmung, der sogenannten „Einfühlung" („empathy") in fremde Wesenheiten. Der Sozialpsychologe ist an diesem Problem besonders interessiert, weil die an die Erscheinungsweisen der mitmenschlichen Umwelt geknüpften Erwartungen die Stellungnahmen des Individuums zu dieser Umwelt zweifellos mitbedingen. Zur Erfassung der Einfühlungsgabe hat *R. F. Dymond* (1950) einen Test vorgeschlagen, in dem sich zwei Personen (A und B) an Hand eines Fragebogens zunächst selbst beurteilen. Sodann, nach einer Kontakt-Periode, beurteilt jede Person die andere und noch einmal sich selbst, aber diesmal so, wie sie der anderen Person zu erscheinen glaubt; außerdem hat jede Person die andere so zu beurteilen, wie sie glaubt, daß diese sich selbst beurteilt[22]. Eine Konfrontation dieser verschiedenen Persönlichkeitsbilder erlaubt gewisse Rückschlüsse auf die Transponierungsfähigkeit bzw. die Einfühlungsgabe der beiden Personen. Ein eventuell

---

[22] Eine Variante dieses Verfahrens hat *R. Tagiuri* in den Plan der Soziometrie *Morenos's* (vgl. S. 100) eingeführt. Dabei hat jede Vpn zu schätzen, von wem sie für ein bestimmtes Attribut (z. B. „Beliebtheit") nominiert werden wird. Vgl. *R. Tagiuri* u. *L. Petrullo* (Hgb.), 1958.

noch zu behebender Nachteil des Verfahrens muß darin erblickt werden, daß es die Selbstbeurteilungen der Personen A und B als „objektive" Feststellungen hinnimmt. Durch eine planmäßige Variation der Partner-Situationen dürfte sich auf diesem Wege auch Einblick in die Wesensvoraussetzungen der Menschenkenntnis gewinnen lassen[23]. Einer Untersuchung von *A. Scodel* und *P. Mussen* (1953) ist z. B. zu entnehmen, daß autoritär eingestellte Vpn (bestimmt an Hand der von *Adorno* und seinen Mitarbeitern entwickelten „F-Skala") ihre nichtautoritären („equalitären") Partner weniger richtig beurteilten als dies umgekehrt der Fall war. In Anbetracht der nicht zu vernachlässigenden negativen Korrelation zwischen Intelligenz und Stellung auf der F-Skala (im Durchschnitt : r = — 0,44) ist dieser Befund allerdings nicht ganz schlüssig. Intelligenz, Lebenserfahrung und ästhetische Einstellung werden gemeiniglich als Korrelate der Menschenkenntnis aufgezählt; als noch unentschieden muß jedoch die Frage gelten, ob mehr nach innen gekehrte (introvertierte) Personen bessere oder schlechtere Menschenkenner sind als Personen, die mehr aus sich heraus gehen (extravertierte). Nur sehr wenig dürfte der Forschung mit der Pseudo-Erklärung gedient sein, daß es bei der Menschenkenntnis auf „Intuition" ankomme (*Wellek*), damit erhebt sich nämlich die keineswegs leichter zu beantwortende Frage, was Intuition sei.

Ein letzter Zusammenhang, in dem sich die Rollentheorie als fruchtbar erweist, ist mit der Beobachtung gegeben, daß zahlreiche Schwierigkeiten, die das Individuum mit sich selbst oder im Zuge seiner Stellungnahme mit Partnern hat, auf unscharfe bzw. mehrdeutige Rollendefinitionen zurückgehen. Das gilt z. B. für die in unserer Kultur sehr unklar definierte Rolle des Adoleszenten (er ist nicht mehr Kind und noch nicht Erwachsener; was ist er aber wirklich?) sowie für die des aus dem Produktionsprozeß ausscheidenden „Ruheständlers". Der Psychologe selbst hat hier allen Grund zum mitfühlenden Verständnis, da auch seine Rolle in unserer Kultur umstritten ist.

[23] Vgl. *T. R. Sarbin, R. Taft* u. *D. E. Bayley*, 1960, sowie *R. Cohen*, 1969.

Manchmal tragen wir auch selbst zur Verwischung eines Rollen-
charakters bei, wenn wir z. B. in bester Absicht versuchen,
gleichzeitig Vorgesetzte und Gleichgestellte (Kameraden) zu
sein.

In einem Lande mit weitreichenden Minoritätsproblemen wie
den USA (*G. E. Simpson* und *J. M. Yinger*, 1953) wird man
auch des Problems der eigenen Rollenfindung ansichtig. Wie
denkt sich z. B. im Durchschnitt das amerikanische Neger-Kind
die Rolle „des Negers"? Oder wie stellt sich das weiße Kind
diese Rolle vor? Zur Beantwortung von Fragen dieser Art
eignen sich die indirekten (oder projektiven) Methoden der
Einstellungsforschung (vgl. S. 76). *M. J. Radke* und *H. G.
Trager* (1950) ließen z. B. Kinder der beiden Rassen, die am
besten zu zwei Puppen — eine davon weiß, die andere
schwarz — passende Kleidung aussuchen. Zur Verfügung
standen drei Kleider, ein elegantes Abendkleid (das weitaus
am beliebtesten war), ein Hauskleid und ein recht schäbiger Ar-
beitsanzug. Es ergab sich, daß im Alter von 5 bis 7 Jahren die
Kinder beider Gruppen das Gesellschaftskleid der gleichfarbigen
Puppe wesentlich öfter zusprachen als der gegenfarbigen. Interessant wäre die Fortsetzung dieses Versuches mit Kindern
höherer Jahrgänge. Es ist dabei wohl anzunehmen, daß sich
bei den Negerkindern allmählich das „Realitätsprinzip" (Verzicht auf das elegante Kostüm) gegenüber dem „Lustprinzip"
durchsetzt. Hinweise in dieser Richtung gibt ein Experiment
von *K. B. Clark* (1955), in dem Negerkinder (6 Jahre alt) von
zwei Puppen (einer schwarzen und einer weißen) vorzugsweise,
d. h. zu 71 %, die weiße Puppe zum Spielen wählten. Danach
befragt, welche der beiden Puppen „böse" aussehe, zeigten 63 %
der Negerkinder die schwarze Puppe. Auf die Frage, welche
der beiden Puppen ihnen selbst ähnlich sei, wählten 68 % der
Kinder die schwarze Puppe. Hinter diesen anscheinend so harm-
losen Zahlen erblickt man das Problem der Angehörigen einer
Minorität, die gelernt hat, alles Schöne und Gute mit dem
Kennzeichen der Majorität zu assoziieren, und die zugleich sich
selbst diese Anzeichen nicht mehr zuschreiben kann. Im Alter

von drei Jahren bezeichneten noch 64 % der Negerkinder die weiße Puppe als ihnen selbst ähnlich. Es geht hier um einen überaus schmerzlichen Prozeß der Rollenfindung. Angesichts dieser Tatsache ist es nicht verwunderlich, wenn es bei den Angehörigen einer in negativer Weise diskriminierten Minorität zu Versuchen der Auflehnung kommt, die ihrerseits darauf abzielen, das bisher akzeptierte Bild der Majorität zu Gunsten des eigenen Bildes („black is beautiful!") abzuwerten.

d) Feldtheorie

Die aus der Tradition der Berliner Gestaltpsychologie (*Köhler, Koffka* und *Wertheimer*) hervorgegangene persönliche Schöpfung *K. Lewin's* (1936; 1948; 1953) bezeichnet sich als Feldtheorie des Verhaltens. Sie lehnt die als „aristotelisch" charakterisierte Suche nach den Antriebskräften innerhalb des Individuums ab und bemüht sich um eine „galileische" Naturbeschreibung, in deren Sicht, z. B. der schwere Stein nicht aus eigenem nach unten (d. h. zur Erde) strebt, sondern von dieser angezogen wird. Eine solche Feldtheorie wurde bereits von den Sozial-Physikern des XVII. Jahrhunderts proklamiert (vgl. *P. Sorokin,* 1928). In diesem System nimmt das Individuum nicht eigentlich Stellung zu seiner mitmenschlichen Umwelt, es bewegt sich vielmehr in einem Feld von Anziehungs- und Abstoßungs-Kräften nach dem Prinzip der vektoriellen Addition von Kräften. Das Mädchen, das nach dem Volkslied „... wollt' es wär ein Mann", würde somit von der männlichen Region seines „Lebensraumes" angezogen; es mag sich dabei allerdings darüber im klaren sein, daß der Weg zu dieser Region weit ist (vieles liegt dazwischen) und daß er kaum beschritten werden kann (Hindernisse blockieren den Weg). Es wird also diesen Weg nicht beschreiten können, sondern in der Balance der Kräfte irgendwo zwischen der ausgesprochen weiblichen und der ausgesprochen männlichen Region des Feldes stehen bleiben, vielleicht z. B. bei einem als typisch männlich geltenden Beruf.

Lewin und seine Schüler (*Festinger, Cartwright, Escalona, Lippitt, White* u. a.) haben räumliche Metaphern entwickelt, mit deren Hilfe sie die Zustände des Individuums und die von Gruppen beschreiben. Sie verwenden dabei den Begriff eines nicht-metrischen Raumes, des sogenannten „topologischen" oder „hodologischen" Raumes. Mit der mathematischen Disziplin der Topologie hat diese „topologische Psychologie" freilich nicht mehr als den Namen gemeinsam. Sie ist zudem in sich selbst widerspruchsvoll, da sie in ihrem nicht-metrischen Raum trotzdem die Skalarbeträge von Vektoren (die Intensität von Kräften) definiert.

Die Verräumlichung situativer Gegebenheiten ist ein legitimes, wenn auch metaphorisches Mittel der Objektivierung, das erst dadurch bedenklich wird, daß es in Verbindung mit der Feldhypothese das Individuum völlig entleert. Mephisto's „Du glaubst zu schieben, und du wirst geschoben" ist wohl niemals konsequenter in die wissenschaftliche Psychologie übersetzt worden. Es scheint jedoch fraglich, ob *Lewin* wirklich bereit gewesen wäre, die unvermeidlichen philosophischen Konsequenzen seines Ansatzes (z. B. den Verzicht auf individuelle Verantwortlichkeit) zu ziehen. An sich hätte der feldtheoretische Ansatz den Gang der Forschung wohl kaum sehr nachhaltig beeinflußt, wenn *Lewin* nicht außerdem ein höchst einfallsreicher Experimentator gewesen wäre. Die Versuchsanordnungen, mit denen er in Berlin begann und die er später in den USA weiter ausbaute, sind sehr viel lebensnäher als die älteren Laboratoriumsexperimente. In ihrem Verlauf hat er auch als einer der ersten Untersuchungen zur Gruppendynamik angestellt. Berühmt sind z. B. die Beobachtungen an Freizeitgruppen männlicher Jugendlicher, in die entweder „autoritäre" oder „equalitäre" Führer eingesetzt wurden (*R. Lippitt* und *R. K. White*, 1947).

In der neueren Entwicklung der Gruppendynamik ist das abstrakte Modell der Feldtheorie etwas in den Hintergrund getreten. Ihm entsprechen jedoch zwei Begriffe, die für die Analyse sozialer Bezugnahmen unentbehrlich zu sein scheinen, einmal der Begriff des Zusammenhalts (der „Kohäsion") einer Gruppe und zum anderen der der „sozialen Distanz" zwischen den Mitgliedern einer Gruppe und zwischen verschiedenen

Gruppen[24]. Beide Begriffe schließen sich an erlebbare Sachverhalte an, wie wir denn z. B. auch außerhalb der Wissenschaft von uns näher und ferner stehenden Personen sprechen. Auf der einen Seite des Kontinuums lassen sich die Erlebnisschilderungen der „Nähe", des „Besser", „Lieber" und „Größer" in einem Komplex zusammenfassen, auf der anderen deren Gegenteile[25].

In die praktische Sozialpsychologie führt die von der Schule *Lewin's* stark betonte Beobachtung, daß Entscheidungen, die das Individuum als Mitglied einer Gruppe trifft, dieses oftmals stärker binden als private Entscheidungen, und daß sich solche Entscheidungen durch einen Diskussionsprozeß leichter herbeiführen lassen als etwa durch den bloß passiven Empfang von Mitteilungen und Instruktionen. Inwieweit dieses letztere Phänomen allerdings auch auf nicht-amerikanische Verhältnisse übertragbar ist, läßt sich schwer abschätzen. In den unter den Auspizien der UNESCO in Indien durchgeführten Untersuchungen (*G. Murphy*, 1953) fanden sich z. B. Ausnahmen. Es fällt überdies auf, daß die großen Kultur-Reformatoren fast ausnahmslos predigten und nicht diskutierten. Eine analoge Frage muß hinsichtlich des sehr unerfreulichen Bildes gestellt werden, das die unter autoritärer Führung stehenden Knabengruppen zeigten (*Lippitt*, 1947). Aus der amerikanischen Kriegsmarine stammt z. B. ein gegenteiliger Bericht (*E. L. Scott*, 1952; vgl. auch *C. A. Gibb's* Beitrag zu *Lindzey's* Handbuch, 1969). Besatzungen, die unter strikter und recht unnachgiebiger Führung standen, entwickelten eine ganz besonders gute Gruppenstimmung. In diesem Zusammenhang ist wohl noch einmal

[24] Der Begriff der sozialen Distanz geht wohl auf *R. E. Park* zurück, von ihm hat ihn *E. S. Bogardus* übernommen (vgl. S. 63).

[25] *G. H. Smith* (1953) ließ seine Vpn die Größe projizierter Gesichtsphotos in einem Gang-Apparat so einstellen, wie sie diese zu sehen wünschten. Als „angenehm" und „freundlich" betrachtete Bilder wurden dabei größer eingestellt als „unfreundliche". Größere Einstellung entspricht aber einer geringeren Distanzierung. Daß die Größe wünschenswerter Gegenstände überschätzt zu werden pflegt, ergaben auch die Experimente von *J. S. Bruner* und *C. D. Goodman* (1947) und von *J. S. Bruner* und *L. Postman* (1948); vgl. auch *W. W. Lambert*, *R. L. Solomon* und *P. D. Watson* (1949). Eine tiefschürfende Diskussion dieser Befunde gibt *F. H. Allport*, 1955.

an das schon S. 43 über die Klarheit von Rollendefinitionen
Gesagte zu erinnern. Die Feldtheoretiker haben offenbar übersehen, daß die Auswirkungen eines bestimmten Führungsstiles
sehr wesentlich von den Rollen-Erwartungen der Geführten
abhängen.

Zum Abschluß des Berichtes über die zeitgenössischen Systemansätze in der Sozialpsychologie ist zu sagen, daß die meisten
Forscher sich in ihrer Arbeit eine eklektische Haltung zurecht-
gelegt haben, die sich keinem einzigen Ansatz völlig verschreibt
und die aus allen nach Bedarf schöpft. Dies scheint auch kaum
vermeidbar zu sein, weil keiner der Grundsätze bisher in so
vollständiger Weise entwickelt ist, daß er sich klar und scharf
von anderen absetzte. Erst in diesem Falle wäre es aber möglich,
Voraussagen so zu konstruieren, daß ihr Zutreffen oder Nicht-
Zutreffen eindeutig für den einen und gegen einen anderen
Ansatz spräche, kurz gesagt, ein experimentum crucis durch-
zuführen. Angesichts dieser Sachlage ist heute eine weit-
verbreitete Unzufriedenheit mit dem Stand der sozialpsychologischen Theorienbildung festzustellen.

III. Methoden der Forschung

1. Allgemeine Erwägungen

Eine Disziplin, deren Jugendzeit in das 20. Jahrhundert fällt, sieht sich einem Überangebot der aus einer langen Denktradition stammenden theoretischen und spekulativen Formulierungen gegenüber; sie hat sich jedoch ihre konkreten Forschungsmittel vielfach erst in harter Arbeit zu schaffen. Zugegeben, jede Methode impliziert gewisse theoretische Annahmen und Voraussetzungen; es schadet aber kaum, wenn diese relativ schwach strukturiert sind. Sicher wird erst im Vollbesitz einer reichen Methodologie der Schritt zur Theorienbildung aussichtsreich[1].

Die wissenschaftliche Beschäftigung mit den Stellungnahmen des Individuums zu seiner menschlichen Mitwelt gründet einmal auf der freien Beobachtung handlungsmäßiger und sprachlicher Stellungnahmen in der natürlichen (d. h. nicht planmäßig kontrollierten) Umwelt des Individuums und zum andern auf der systematischen Variation von Umweltsbedingungen, d. h. auf dem Experiment. Da sich die sozialen Umweltsbedingungen nur in einem relativ beschränkten Maße und meistens nur für kürzere Zeit kontrollieren lassen, sind dem Experiment sehr fühlbare Grenzen gesetzt; um so wichtiger wird allerdings auch eine maximale Auswertung der Umweltsvariationen, die der Forscher nicht selbst herbeigeführt hat. Man denke etwa an die klassische Frage nach der Beschaffenheit eines Menschenwesens, das nie gelernt hat zu sprechen. In einer feudalen Gesellschaft ist es denkbar, daß der Herrscher einfach eine Reihe

---

[1] Zur Einführung in die Methodologie seien empfohlen: *P. Atteslander,* 1971; *R. Mayntz* u. a., 1969; *K. D. Opp,* 1970; *C. A. Selltiz* u. a. 1964; *R. König,* 1967, 1969.

von Kindern ohne Sprachkontakt aufziehen läßt; das scheint auch tatsächlich mindestens dreimal geschehen zu sein (*Psammetich, Friedrich II.* von Hohenstaufen, *Jakob IV.* von Schottland), es erscheint uns aber als völlig unangebracht (trotz *Dennis*, 1941)[2]. Manchmal ereignet sich aber eine so weitgehende Variation der normal-menschlichen Lebensbedingungen ohne unser Zutun, z. B. im Falle des „wilden Knaben von Aveyron (*Itard*, 1799), näherungsweise in dem „Kaspar Hauser's" (*Feuerbach*, 1828), bzw. in neuerer Zeit in dem der indischen „Wolfskinder" (*Zingg*, 1940; *Gesell*, 1941), dessen Autentizität aber fraglich ist, sowie bei den beiden von *K. Davis* (1947) beschriebenen Mädchen.

Der Sozialpsychologe steht hier vor einer ähnlichen Situation wie der Gehirnphysiologe, der (im allgemeinen) am menschlichen Kortex nicht freizügig experimentieren kann, und der daher auf Konstellationen angewiesen ist, die sich ohne sein Zutun ergeben haben (Krankheiten, Unfälle, Kriegsverletzungen). Diese Fälle sind aber in der Regel sehr viel komplexer, als der Forscher dies wünschen würde, d. h. die Variationen, an denen er interessiert ist, stehen im Kovariationsgefüge zahlreicher (meist interdependenter) Variabler, die er gerne konstant gehalten hätte.

In welcher Weise beeinflußt z. B. eine bestimmte Methode der Aufzucht (z. B. Abstillung vor dem 5. Lebensmonat) die späteren Stellungnahmen eines Individuums? Nach *Maslow* und *Szilagyi-Kessler*, 1946) korreliert die Länge der Brustfütterung mit dem Gesichertheitserlebnis des späteren Erwachsenen; nach *Goldman-Eisler* (1950; 1951) korreliert sie mit einer optimistischen Lebenshaltung im Sinne des Begriffs des „oralen Optimismus" der Psychoanalyse. Woher wissen wir aber, daß der

---

[2] Als an der Grenze des Möglichen stehende (und tatsächlich in den meisten Fällen sich sehr bald als unmöglich erweisende) Sozialexperimente lassen sich die Gemeinschaftsgründungen auffassen, die eine mehr oder minder utopische Gesellschaftsordnung zu realisieren bestrebt waren (z. B. *R. Owen's* „New Harmony", 1825, und die auf *Ch. Fourier's* Ideen zurückgehende „Brook Farm", 1844). Vgl. dazu: *W. A. Hinds*, 1902. *B. F. Skinner* hat in „Walden Two" (1948) in romanhafter Weise den Plan einer solchen Gründung aus seiner Lerntheorie entwickelt.

Zeitpunkt der Abstillung wirklich die entscheidende Variable ist? Es wäre z. B. durchaus denkbar, daß zur Introversion neigende Mütter ihre Kinder früher abstillen, daß diese Mütter aber auch eine Tendenz zur Introversion vererben. Diese Auffassung vertritt z. B. *H. J. Eysenck* (1970). Es wäre weiterhin denkbar, daß späte Abstillung mit einer Strategie der Aufzucht einhergeht, die ihrerseits das fragliche Resultat zeigt. *Sewell, Mussen* und *Harris* (1955) berichten positive Korrelationen zwischen der Dauer der Brustfütterung (in Monaten) und der Abwesenheit eines Stundenplanes für die Fütterung (r = 0,43), dem Schlafen des Kindes im Bett der Mutter (r = 0,30) und dem Verzicht auf eine strenge Regelung im Defäkationstraining (r = 0,25)[3].

Daß solche Kovariationsnetze nicht willkürlich aufgelöst werden können, reduziert zwar die Reichweite des Experiments, es macht jedoch die Forschung noch nicht unmöglich, da uns ja statistische Methoden zur hypothetischen Ausschaltung von Variablen (z. B. die Technik der Partialkorrelationen und der Faktoren-Analyse) zu Gebote stehen. Wegen der Wichtigkeit dieses Punktes sei er noch durch ein zweites Beispiel illustriert. Die ausgedehnten sozialpsychologischen Untersuchungen, die während des zweiten Weltkrieges im amerikanischen Heer durchgeführt wurden[4], ergaben u. a., daß aus dem Mannschaftsstand hervorgegangene Offiziere während ihrer Dienstzeit in einem höheren Prozentsatz heiraten als Unteroffiziere (Tab. 2).

In der beobachteten Beziehung zwischen Rang und Stand haben wir ein Rohdatum vor uns, das natürlich der Interpretation bedarf. Dabei wird sofort klar, daß die Länge der

---

[3] Diese Korrelationen sind zwar als statistisch gesichert anzusehen, aber gering, wie sich denn überhaupt aus der genannten Untersuchung die weitgehende Unabhängigkeit verschiedener Aufzuchtsmaßnahmen ergibt. Die Komplexität der Beziehungen zwischen Aufzucht und Persönlichkeit (Temperament) veranschaulicht *C. A. Barnes* (1952), der aus den Korrelationen zwischen Aufzuchtdaten und Eigenheiten des Temperaments elf Faktoren isolierte, die nur geringe Übereinstimmung mit den aus der psychoanalytischen Theorie abgeleiteten Voraussagen erkennen lassen.
[4] *S. A. Stouffer* (1949, 1950). Sein Werk kann als Markstein der Methodenentwicklung bezeichnet werden.

Tabelle 2: Der familiäre Status amerikanischer Soldaten

Stand	Rang: Offiziere	Unteroffiziere	Mannschaften
unverheiratet	42 %	59 %	64 %
verheiratet vor			
dem Eintritt	20 %	21 %	27 %
verheiratet seit			
dem Eintritt	38 %	20 %	9 %
Anzahl	774	1 574	2 008
Mittl. Lebensalter			
(in Jahren)	26,6	25,8	23,8

Dienstzeit in Rechnung gestellt werden muß, da sie beide Variable beeinflussen und damit zu einer Schein-Korrelation führen kann[5]. Wir beschränken daher unsere weitere Analyse auf Soldaten, die mindestens ein Jahr, aber nicht mehr als zwei Jahre gedient haben und hoffen dabei auch den Einfluß einer anderen Variablen, die möglicherweise eine Scheinkorrelation erzeugen könnte, nämlich das unterschiedliche Lebensalter der verglichenen Ränge, zu reduzieren. Tatsächlich geht die Spanne von 2,8 Jahren auf 2,1 Jahre zurück. In Tabelle 3 sind die Daten nach drei Zeitintervallen aufgegliedert, dem Stand zu Ende des zweiten Dienstjahres, vor dem Eintritt in das Heer und die Veränderungen während der beiden Dienstjahre. Dies ist notwendig, weil die zukünftigen Offiziere ja schon vor dem Diensteintritt in höherem Maße verheiratet sein könnten. Die Analyse (II) zeigt allerdings, daß der tatsächlich bestehende Unterschied nicht als voll verläßlich anzusprechen ist $(P > 0,02)$[6].

[5] Musterbeispiel: Je größer die Anzahl der Löschmaschinen, desto größer der Brandschaden; beide Variable sind Funktionen einer dritten, nämlich der Größe des Brandes.
[6] Verwendet wurde die Chi-Quadrat-Technik. Die eingeklammerten Zahlen in Tabelle 3 sind die Unabhängigkeitswerte. In Spalte vier bezieht sich die erste Zahl in der Klammer auf den Vergleich zwischen Mannschaften und Dienstgraden, die zweite auf den der „unauffälligen" mit den „neurotischen" Mannschaften.

Tabelle 3: Analyse des familiären Status amerikanischer Soldaten

Rang	Offiziere	Unteroffiziere	Mannschaften (unauffällig)	Mannschaften (neurotisch)
Mittl. Alter	26,1	25,2	24,0	28,4
Prozent mit College-Ausbildung	70	21	15	8
(I) Stand nach zwei Dienstjahren				
unverheiratet	96 (140)	540 (549)	615 (562; 603)	159 (171)
verheiratet	127 (83)	331 (322)	277 (390; 289)	94 (82)
Summe	223	871	892	253
% verheiratet	57	38	31	37
	$X^2 = 52,1$; $P < 0,001$		$X^2 = 3,3$; $P > 0,05$	
(II) Stand vor dem Eintritt				
unverheiratet	156 (170)	662 (664)	696 (680; 688)	187 (195)
verheiratet	67 (53)	209 (207)	196 (212; 204)	66 (58)
Summe	223	871	892	253
% verheiratet	30	24	22	26
	$X^2 = 6,5$; $P > 0,02$		$X^2 = 1,8$; $P > 0,10$	
(III) Veränderung seit Eintritt				
unverheiratet	96 (129)	540 (547)	615 (575; 610)	159 (164)
verheiratet	60 (27)	122 (115)	81 (121; 86)	28 (23)
Summe	156	662	696	187
% verheiratet	38	18	13	15
	$X^2 = 64,8$; $P < 0,001$		$X^2 = 1,6$; $P > 0,20$	

Sofern nur Offiziere, Unteroffiziere und Mannschaften verglichen werden, ergibt sich der größte Unterschied hinsichtlich des Standeswechsels während der Dienstzeit (III). Damit wird klar, daß die beim Ende des untersuchten Zeitabschnittes erreichte Differenzierung (I) aus den während der Dienstzeit bestehenden Verhältnissen zu erklären ist. Es könnte sich z. B. um die Entwicklung einer stärkeren Heiratsneigung im Zuge tatsächlicher oder als sicher erwarteter Beförderungen handeln. Diese Auffassung scheinen die Herausgeber des „American Soldier" zu vertreten. Eine Gegenhypothese, die ebenfalls aufgestellt werden könnte, stützt sich auf eine zusätzliche Variable, die sowohl Beförderung als auch Heiratslust begünstigen dürfte, nämlich die größere oder geringere Stabilität der betreffenden Individuen. *Kendall* und *Lazarsfeld* (in: *R. K. Merton* und *P. F. Lazarsfeld*, 1950) glauben diese Interpretationsmöglichkeit nicht ausschließen zu können. Dem kann jedoch nicht beigepflichtet werden, da in diesem Falle ein wesentlicher Unterschied zwischen den beiden Mannschaftsgruppen zu erwarten gewesen wäre; deren eine ist psychiatrisch unauffällig, während die andere neurotische Tendenzen zeigt. Die Analyse läßt jedoch erkennen, daß die Unterschiede in keiner der drei Phasen (am wenigsten in III) die Zufallsgrößen übersteigen[7].

Leider gestatten die vorliegenden Daten die Überprüfung einer dritten Hypothese nicht. Die zukünftigen Offiziere hatten im Durchschnitt eine wesentlich höhere schulische Vorbildung als die anderen beiden Gruppen. Es läßt sich daher nicht ausschließen, daß u. U. dieser Faktor die beiden anderen Variablen (Beförderungs-Chance und Heiratsneigung) in eine Scheinkorrelation gezwungen haben könnte. Schließlich muß der heiratslustige Mann ja auch eine Partnerin finden, die seinen Antrag annimmt. Diese Annahmebereitschaft könnte aber sowohl durch das Ausmaß der Vorbildung (als mehr oder minder

---

[7] Hinsichtlich ihrer Richtung widersprechen diese Werte der Hypothese, da der Heiratsprozentsatz der „Neurotiker" in allen drei Phasen den der übrigen Mannschaften übertrifft; diese sind allerdings auch im Durchschnitt älter.

sichere Garantie eines Lebensstandards) als auch durch erfolgte Beförderungen des anzunehmenden Mannes positiv beeinflußt werden. Mit einem Male verschiebt sich hier das ganze Problem von den Probanden der Studie zu anderen Personen, in diesem Falle zu deren weiblichen Partnern, über die wir in direkter Weise gar nichts wissen. Eine solche Problemwendung ist für sozialpsychologische Untersuchungen sehr typisch. Die einfache Frage, inwieweit nämlich der Heiratsüberschuß der Offiziersgruppe auf das Bildungsdifferential zurückgeht, hätte sich selbstverständlich in nicht allzu mühevoller Weise durch eine Zerlegung dieser Gruppe nach Bildungsstufen beantworten lassen.

Das vorstehende Beispiel, in dem wir leider zu keinem bündigen Schluß gelangt sind, wurde relativ breit ausgeführt, da es zur Veranschaulichung gewisser Interpretationsoperationen dient, die sich bei der Auswertung sozialpsychologischer Daten fast immer als nötig erweisen. Einen sehr eleganten Ansatz zur Systematisierung dieser Operationen gibt *Lazarsfeld* (in der genannten Arbeit gemeinsam mit *Kendall*, sowie in *P. F. Lazarsfeld* und *M. Rosenberg*, 1955). Die von ihm vorgeschlagene Strategie läßt sich in symbolischer Form wie folgt charakterisieren:

$$[XY] = [XY,t^+] + [XY,t^-] + [Xt][tY]$$

Die beobachtete Beziehung zwischen den beiden Variablen x und y, [XY], wird dabei versuchsweise durch einen Test-Faktor (t) interpretiert (in unserem Falle: x = militärischer Rang, y = Heiratsneigung, t = Beförderungschancen). $[XY,t^+]$ und $[XY,t^-]$ sind die beiden Partialrelationen, die sich zwischen x und y ergeben, wenn das Material hinsichtlich der Variablen t in (mindestens zwei) Gruppen aufgespalten wird. [Xt] und [tY] sind die Beziehungen zwischen den beiden Ausgangsvariablen (einzeln betrachtet) und dem Test-Faktor. Von diesem Modell leitet Lazarsfeld drei Grundtypen der Analyse ab:

a) Die Interpretation (Die Wirksamkeit von t fällt zeitlich zwischen x und y).

b) Die Erklärung (Die Wirksamkeit von t geht x und y zeitlich voran).

In diesen beiden Fällen gilt: $[XY,t^+]$ und $[XY,t^-] = 0$.

c) Die Spezifikation (Entweder die Beziehung $[Xt]$ oder $[tY]$ geht gegen Null). Die relative Größe der Partialrelationen gibt dann Hinweise auf die Bedingungen, unter denen die Ausgangsrelation $[XY]$ mehr oder weniger stark in Erscheinung tritt.

Bisher liegen nur sehr wenige Anwendungen dieses Analyse-Schemas vor, es erscheint jedoch als sehr empfehlenswert. Der Ansatz selbst resultiert aus *P. F. Lazarsfeld's* (1959) „Analyse latenter Strukturen" (vgl. *Lazarsfeld* und *Henry*, 1968).

Zur kausalen Analyse von Zusammenhängen, die in der Form von Korrelationskoeffizienten gegeben sind, haben *H. A. Simon* (1957) und *H. M. Blalock* (1960, 1964) einige sehr interessante Vorschläge gemacht. Dabei werden drei Modelle unterschieden (vgl. Tab. 4), in denen eine Variable (x) entweder zwei andere Variablen (y und z) beeinflußt (Modell A), oder gemeinsam mit einer zweiten Variablen (y) die dritte Variable (z) beeinflußt (Modell C). Im zweiten Modell (B) bewirkt die Variable y auf dem Weg über x die Variable z.

Die Beantwortung der Frage, welches der drei Modelle im Einzelfall angenommen werden kann, bedarf der Partialkorrelationen, in denen jeweils eine der drei Variablen konstant gesetzt wird, und (im Falle des Modells C) der multiplen Korrelation, durch die der gemeinsame Einfluß zweier Variabler auf eine dritte abgeschätzt wird. Sofern entweder Modell A oder Modell B zutrifft, ist zu erwarten, daß die Korrelation zwischen y und z verschwindet, wenn x nicht variiert,

d. h. wenn die Partialkorrelation $r_{yz \cdot x} = \dfrac{r_{yz} - (r_{xy} \cdot r_{xz})}{\sqrt{1 - r_{xy}^{\,2}} \cdot \sqrt{1 - r_{xz}^{\,2}}}$

gleich Null wird. Es müßte dann auch gelten: $r_{yz} = (r_{xy} \cdot r_{xz})$. Diese beiden Modelle unterscheiden sich dadurch, daß die Ausschaltung der Variablen y im ersten Fall (A) keine Veränderung des Einflusses von x auf z mit sich bringt ($r_{xz \cdot y} = r_{xz}$),

während sie im Modell B eine Verringerung dieses Einflusses
($r_{xz \cdot y} < r_{xz}$) bewirkt, da x ja seinerseits von y abhängt.

Das Modell C ist anwendbar, wenn die multiple Korrelation
$R_{z(xy)} = \sqrt{1 - (1 - r_{xz}^2) \cdot (1 - r_{yz \cdot x}^2)}$ ebensoviel an Varianz
der Variablen z erklärt, wie die beiden Einzelkorrelationen
zusammen. Da der durch eine Korrelation erklärte Varianz-
anteil durch deren Quadrat bestimmt wird, muß gelten:
$R_{z(xy)}^2 = r_{xz}^2 + r_{yz}^2$.

Zur Illustration dieser analytischen Ansätze mögen zunächst
zwei Beispiele aus einer Untersuchung des Wahlverhaltens in
den 69 Unterbezirken des Großraumes London dienen *(K. R.
Cox*, 1969). Nach dem Modell A hängt der Prozentsatz der
für die konservative Partei abgegebenen Stimmen (z) von der
geographischen Lage der einzelnen Unterbezirke ab. Je weiter
entfernt diese vom Zentrum liegen (x), um so stärker wird die
konservative Partei favorisiert ($r_{xz} = 0{,}46$), da in den weniger
dicht besiedelten Außenbezirken meist wohlhabendere Familien
mit Einzelheimen leben. Der Autor bezeichnet diesen Lebensstil
als „surbanism". Die Größe der Entfernung vom Zentrum bewirkt — im Sinne des Modells — unabhängig davon auch
eine stärkere Wahlbeteiligung ($r_{xy} = 0{,}74$), von der allerdings
auch wieder die konservative Partei profitiert ($r_{yz} = 0{,}34$).
Diese Korrelation aber kommt nicht unabhängig von x
zustande, denn die Partialkorrelation $r_{yz \cdot x}$ verschwindet in der
Tat.

Im Modell B spielt die Variable x (der soziale Status = Prozentsatz der Bewohner in gehobenen Berufen) eine Mittlerrolle
bei der Auswirkung des Lebensalters (y) auf das Wahlverhal-
ten (z), wobei ältere Personen eher zur konservativen Partei
tendieren ($r_{yz} = 0{,}71$). Hält man den sozialen Status (x)
konstant, müßte sich die Partialkorrelation eigentlich auf Null
reduzieren. Im vorliegenden Fall bleibt ein nicht signifikant von
Null verschiedener Wert übrig: $r_{yz \cdot x} = 0{,}15$. Aus der Annahme, daß der soziale Status selbst bis zu einem gewissen
Grade vom Lebensalter abhängig ist, folgt, daß durch die
Konstanthaltung von y die Partialkorrelation zwischen x und z

Tabelle 4: *Die kausale Interpretation korrelativer Zusammenhänge*

Modell:	A	B	C
Quelle:	K. R. Cox (1969)		D. S. Thomas (1941)
Variable: x	Entfernung v. Zentrum	Sozialer Status	Konjunktur in Schweden
y	Wahlbeteiligung	Durchschnittsalter	Konjunktur in den USA
z	Prozent Konservative	Prozent Konservative	Auswanderer von Schweden nach den USA
Korrelationen:			
r_{xy}	0,74	0,73	$-$ 0,17
r_{xz}	0,46	0,92	$-$ 0,53 (0,28)
r_{yz}	0,34	0,71	0,67 (0,45)
Partial-Korrelationen:			
$r_{xy} \cdot z$	0,69	0,30	0,30
$r_{xz} \cdot y$	0,33	0,62	$-$ 0,61
$r_{yz} \cdot x$	0,00	0,15	0,69
Multiple Korrelation:			
$R_{z(xy)}$	0,46 = r_{xz}	0,92 = r_{xz}	0,79 (0,62)
Bedingungen:			
$r_{yz} \cdot x = 0,00$	0,00	0,15	$r_{xy} = 0,00$
$r_{yz} = r_{xy} \cdot r_{xz}$	0,34 = r_{xz}	0,67	$R_{z(xy)}{}^2 = r_{xz}{}^2 + r_{yz}{}^2$
$r_{xz} \cdot y$	= r_{xz}	< r_{xz}	

gegenüber der ursprünglichen Korrelation verringert werden muß: $r_{xz \cdot y} = 0,62 < r_{xz} = 0,92$.

Das Beispiel für das Modell C entnehme ich einer Untersuchung von *D. S. Thomas* (1941), in welcher die Schwankungen des Auswandererstromes von Schweden in die USA (z) auf zwei ökonomische Faktoren zurückgeführt wurden, einmal die Konjunktur im Heimatland (x) und zum anderen die im Zielland (y). Da diese beiden Zyklen keineswegs parallel verlaufen, sondern fast gar nicht miteinander korrelieren ($r_{xy} = -0,17$), gibt es immer wieder Jahre, in denen einer Hochkonjunktur in den USA eine Rezession in Schweden entspricht, und in denen daher die Tendenz zur Auswanderung wegen des Zusammenwirkens von Abstoßung und Anziehung besonders stark ist. Dieses Modell läßt erwarten, daß die gemeinsame Determination der Verhaltensvarianz durch beide Variable der Summe der beiden Einzeldeterminationen gleich ist: $Rz_{(xy)}^2 = r_{xz}^2 + r_{yz}^2$. Zur Überprüfung dieser Konsequenz dienen die in der dritten Spalte von Tabelle 4 jeweils in Klammern angegebenen Quadrate der Korrelationskoeffizienten. Die Variablen x und y determinieren einzeln 28 % und 45 % der Varianz von z, zusammen jedoch nur 62 % statt 73 %. Man kann sich leicht davon überzeugen, daß für einen Wert von $r_{xy} = 0,00$ die multiple Korrelation tatsächlich auf den erwarteten Betrag von $R_{z(xy)} = 0,854$ bzw. $R_{z(xy)}^2 = 0,73$ ansteigen würde.

Bei der praktischen Arbeit wird man finden, daß die für eine Kausal-Analyse verwendbaren Daten den aufgeführten Bedingungen häufig — wie auch hier bei den Modellen B und C — nicht ganz genau entsprechen, da die Korrelationskoeffizienten immer mit statistischen Unsicherheiten belastet sind. Dennoch glaube ich, daß dem Ansatz von *Simon* und *Blalock* eine sehr erhebliche Bedeutung für das Verständnis sozialer Zusammenhänge zukommt. Er stellt jedenfalls einen Fortschritt gegenüber einer bloßen Interdependenz-Betrachtung (vgl. S. 12, Fußnote 5) dar; eine gute Einführung in die Probleme der sog. „Pfadanalyse" bietet *E. Weede* (1970, 1972).

2. Einstellungsmessung

Stellungnahmen können direkt beobachtet werden, sie sind, sozusagen, historische Daten. Indem wir diese aber zu verstehen suchen, konstruieren wir auf seiten des Individuums, dessen Gebaren und Sprechen wir registriert haben, Dispositionen, auf Grund deren sich bestimmte Stellungnahmen erwarten lassen. Wir deuten damit Stellungnahmen als den Ausdruck von Einstellungen. Der englische Ausdruck „mental attitudes" wurde von Herbert *Spencer* (1862) in diesem Sinne erstmalig verwendet. Zu diesen von uns konstruierten „Einstellungen" gelangen wir durch die mehr oder minder systematische Ermittlung der Stellungnahmen des Individuums zu Personen und Sachverhalten.

Im freien Gespräch ergibt sich manche Gelegenheit zu Stellungnahmen; eine Auswahl solcher Gelegenheiten findet in der planmäßigen Exploration statt. Sowohl das freie Gespräch als auch das geplante Interview (die Übergänge sind fließend) setzen eine soziale Situation voraus, an der mindestens zwei Personen beteiligt sind. Im Endergebnis ist somit auch die Persönlichkeit des Explorators (bzw. seine Einstellung zu den behandelten Gegenständen) in Rechnung zu stellen. Dieser Faktor spielt bereits in den Gang der Aussprache hinein (Rapport), er macht sich vielleicht noch stärker in der Schlußauswertung durch den Interviewer geltend. Sofern sich die Einstellung des Probanden wesentlich von der des Explorators unterscheiden sollte, dürfte dieser Unterschied im Resumé des Interviewers in der Regel nur in abgeschwächter Form in Erscheinung treten. Eine Übertreibung bzw. Verschärfung des Unterschiedes ist natürlich auch möglich. Nach den Befunden von *C. I. Hovland* u. a. (1957) ist damit zu rechnen, daß in einem Meinungskontinuum, das zwischen entschiedener Zustimmung (Position A in Abbildung 3) und starker Ablehnung (Position I) variiert, die eigene Position des Beurteilers einen Einfluß auf die Beurteilung der an sich neutralen Position (E) eines Partners hat.

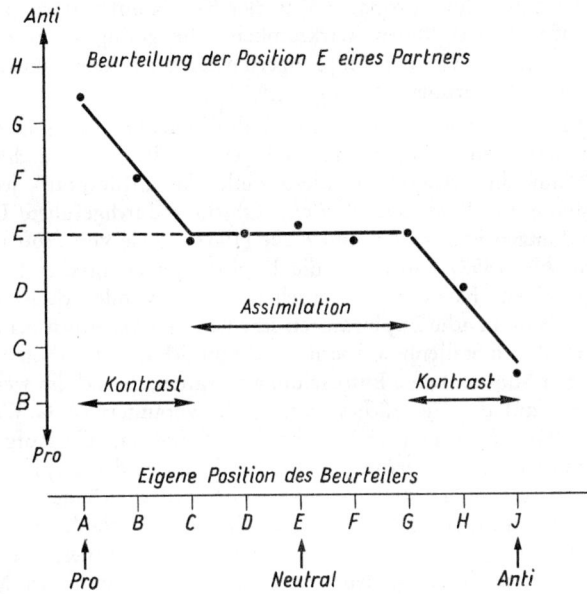

Abb. 3: Assimilation und Kontrast bei der Beurteilung fremder Meinungen

Die Vertreter von naheliegenden Meinungen (C bis G) tendieren
dazu, sie als gemäßigt bzw. neutral zu beurteilen („Assimila-
tions-Effekt"), während Extremisten sie in der umgekehrten
Richtung von der Mitte abrücken („Kontrast-Effekt"). Sie erscheint deshalb den Inhabern der Positionen A und B als recht
„unfreundlich" („anti") und den Inhabern der Positionen H
und I als zu freundlich („pro"). Wer z. B. der Meinung ist,
Neger seien Menschen wie andere auch, beurteilt diese nach
Ansicht von Neger-Feinden viel zu günstig; Angehörige einer
militanten Negerbewegung (z. B. der „Black Panthers") mögen
dagegen die gleiche Behauptung als Ausdruck neger-feindlicher
Einstellungen auffassen. Das gleiche Phänomen zeigt sich auch

bei der Beurteilung propagandistischer Kommunikationen (z. B. von Wahlreden), deren Wirksamkeit sehr gering zu werden pflegt, wenn sie von den Empfängern einer der beiden Kontrast-Regionen zugeordnet werden.

Die diagnostische Valenz des Explorations-Gesprächs ist zur Zeit umstritten. Sehr viele Psychologen und Psychiater „schwören" auf die Aussprache, diese stelle das „Rückgrat" jeder Diagnose dar (*Simoneit, Wellek*). Objektiv durchgeführte Untersuchungen von *Kelley* und *Fiske* (1951) sowie von *Holt* und *Luborsky* (1958) haben für die Exploration erschreckend niedrige Valenz-Koeffizienten ergeben. So verwunderlich ist das nicht, denn manche Exploratoren scheinen — namentlich bei der Auswahl von Stellenbewerbern — erstaunlich schnell (schon nach wenigen Minuten) eine Entscheidung zu fällen, die sich im weiteren Verlauf des Gespräches kaum mehr verändert (*E. C. Webster*, 1964). *Eysenck* (1952) weist darauf hin, daß die Aufgabe der laufenden Auswertung des Gesprächs durch den Explorator die menschliche Leistungsfähigkeit überfordern könne. Es ist jedenfalls nicht so, daß die Lebensnähe einer Methode und das oftmals berichtete Zufriedenheitserlebnis des Mannes, der sie handhabt, allein schon den wissenschaftlichen Wert dieser Methode verbürgen.

Sollte *Eysenck* recht haben, dann besteht eine mögliche Erleichterung der Aufgabe in der Zugrundelegung eines Fragenschemas, das im Gang der Exploration ausgefüllt wird. Damit sind wir aber beim „Fragebogen" (Questionnaire) angelangt. Dieses Instrument wird vielfach — wie mir scheint zu Unrecht — belächelt (es sei „seelenlos" — besäße es aber eine Seele, dann wäre es kein Instrument). Nach allen vorliegenden Erfahrungen besitzt sowohl der vom Probanden selbst ausgefüllte Fragebogen als auch der mit ihm gemeinsam durch den Explorator ausgefüllte eine höhere diagnostische Valenz als die freie Aussprache. Fragebogen lassen sich auch im voraus sorgfältiger planen als freie Explorationen.

Zum Unterschied von der psychologischen Charakterdiagnose hat es die sozialpsychologische Einstellungsuntersuchung mit einem engeren Problemkreis zu tun; der Forscher mag z. B. an der Einstellung des Probanden zu einer politischen Tagesfrage interessiert sein. Er wird sich in diesem Falle kaum darum bemühen, die etwa vorhandenen Spannungen zwischen dem Probanden und dessen Vater zu erfassen, obwohl diese selbstverständlich am Zustandekommen einer bestimmten Einstellung beteiligt sein können. Der Forscher wird aber nach dieser Verzweigung des Themas erst dann eigens Ausschau halten, wenn ihn seine Hypothese dazu veranlaßt. Daß er sich dabei sozusagen selbst mit Scheuklappen ausstattet, läßt sich im Hinblick auf die notwendige Entlastung seiner Rolle in der Aussprache rechtfertigen.

Der am schärfsten auf einen bestimmten Sachverhalt eingeengte Typus des Fragebogens wird durch die sog. „Einstellungsskala" repräsentiert. Hier geht es dem Untersucher nur um die Bewertung der Richtung (dafür oder dagegen) und des Grades einer bestimmten Einstellung (z. B. zur Programmgestaltung des Fernsehens). Heute schon ein wenig veraltet sind die ersten drei systematischen Ansätze zur Konstruktion von Einstellungs-Skalen.:

a) Die soziale Distanz-Skala von *Bogardus,* bei der sich die Einstellung des Probanden zu einer bestimmten Menschengruppe (Berufsgruppe, Minorität, Nation) nach dem Kontaktverhältnis bemißt, das er mit Angehörigen dieser Gruppe einzugehen bereit ist. Tabelle 5 zeigt die sieben Grade der Intimität sowie die Prozentsätze (p_i) mit denen die Angehörigen einer untersuchten Gruppe diesen oder jenen Intimitätsgrad akzeptieren[8]. Die Schwäche des Verfahrens liegt in seiner willkürlichen Metrik (Gewichtszahlen g_i) und darin, daß die sieben Intimitätsgrade bestimmt nicht in eine einzige Dimension fallen. Soziale Distanz-

[8] Nach *E. S. Bogardus,* 1928. Der Skalenwert einer Gruppe ergibt sich zu:

$$SW = \frac{\Sigma\,(g_i \cdot p_i)}{\Sigma\,g_i}$$

Die im Jahre 1926 gewonnenen Skalenwerte für 35 Gruppen korrelieren mit den im Jahre 1946 gewonnenen sehr hoch (r = 0,95); das System ist somit bemerkenswert stabil (*E. S. Bogardus,* 1959).

Tabelle 5: Die Skala der sozialen Distanz (nach Bogardus)

Gewichtszahlen (g_i)	Kontaktbeziehung	Beurteilte Nationen				
		Engländer %	Deutsche %	Italiener %	Türken %	
7	Einheirat	93,7	54,1	15,4	1,4	
6	Gemeinsamer Klub	96,7	67,0	25,7	10,0	
5	Wohnungs-Nachbarschaft	97,3	78,7	34,7	11,7	
4	Berufs-Nachbarschaft	95,4	82,6	54,7	19,0	
3	Zulassung zur USA-Staatsbürgerschaft	95,9	87,2	71,3	25,3	
2	Zulassung nur als befristete Besucher in den USA	1,7	6,7	14,5	41,8	
1	Gänzlicher Ausschluß von den USA	0,0	3,1	4,8	23,4	
Stellung auf der Skala		85,5	63,7	32,2	13,8	

Skalen, deren Einheiten durch gleiche Abstände voneinander getrennt sind (sog. „Intervall-Skalen") wurden von *H. C.* und *L. M. Triandis* (1960, 1965) sowie von *K. Holzkamp* (1965) entwickelt. Vergleiche zwischen verschiedenen Kulturen haben gezeigt, daß Deutsche und Japaner ihre sozialen Distanzen hauptsächlich nach den sozialen Klassen- bzw. Schicht-Unterschieden bemessen, Amerikaner orientieren sich an rassischen Differenzen, während z. B. für Griechen hauptsächlich religiöse Unterschiede maßgeblich sind.

b) *Thurstone's* Skalen[9] kommen so zustande, daß eine Gruppe von Beurteilern mehrere Hundert auf den Gegenstand ein und derselben Einstellung bezügliche Behauptungen in eine Reihe von z. B. N = 11 Kategorien sortiert. Diese Kategorien erhalten selbst keine Bezeichnung, jedoch wird von den Beurteilern verlangt, daß diese Kategorien das Kontinuum von der negativsten bis zur positivsten Einstellung nach Möglichkeit in gleiche Teile zerlegen sollten. Die Beurteiler haben dabei nicht ihre eigene Einstellung zu den einzelnen Behauptungen anzugeben, sondern bloß den Inhalt der Behauptung danach zu charakterisieren, ob er bezüglich des beurteilten Gegenstandes mehr oder weniger freundlich bzw. feindlich ist. Diese Methode stammt aus der klassischen Psychophysik, wo der Vp z. B. die Aufgabe erteilt werden kann, eine bestimmte Strecke (oder auch die Distanz zwischen zwei Reizgrößen, etwa Tonhöhen) in N gleiche Teile zu zerlegen. Für die meisten Behauptungen ergibt sich dabei eine näherungsweise normale Verteilung über die Kategorien des Systems. Der Zentralwert dieser Verteilung bestimmt den Standort einer Behauptung, d. i. deren Skalenwert. Behauptungen, die besonders weite Verteilungen zeigen (gemessen im Quartil-Maß), werden als zu unbestimmt (hinsichtlich ihres Skalenwertes) ausgeschaltet. Im Endeffekt entsteht eine Serie von 20 bis 30 Behauptungen, die den Gesamtbereich der Skala (z. B. von 0,0 bis 11,0) möglicht gleichmäßig repräsentieren sollen. Eine Auswahl aus einer solchen *Thurstone-*Skala, die von *H. J. Eysenck* und *S. Crown* (1949) zur Unter-

[9] *L. L. Thurstone* u. *E. J. Chave*, 1929.

suchung antisemitischer Einstellungen entwickelt wurde, gibt Tabelle 6[10].

Diese Skala umfaßt im ganzen 24 Behauptungen, von denen sieben wiedergegeben sind. Die Verteilung der Stellungnahmen zu diesen Behauptungen (Ja, Nein, Ungewiß) erlaubt die Berechnung des vom Verfasser entwickelten „Aktualitäts-Maßes"

$(A = \sqrt{\dfrac{p_+ \cdot p_-}{p_0{}^2}}$), aus dem sich Rückschlüsse auf die Polari-

sation einer Gruppe (hinsichtlich einer bestimmten Frage oder Behauptung) ziehen lassen (1949). Erstaunlich unaktuell ist z. B. die Behauptung Nr. 14 ($A = 0{,}93$); eine besonders hohe Aktualität ($A = 4{,}99$) erreichte die Behauptung Nr. 1. Später wird anläßlich der Frage der Homogenität einer Skala noch einmal auf diese Daten zurückzukommen sein.

Der zu untersuchende Proband erhält die Skala (natürlich ohne die Skalenwerte) vorgelegt; sein Standort in dem Einstellungskontinuum ergibt sich gleich dem Mittel der Skalenwerte der von ihm akzeptierten (bejahten) Behauptungen. Im allgemeinen erweist es sich als notwendig, Skalen von Zeit zu Zeit zu revidieren, da historische Ereignisse aber auch recht unscheinbare Verschiebungen im Sprachgebrauch die Skalenwerte in Mitleidenschaft ziehen können[11].

c) R. *Likert* (1932) entwickelte eine Methode der Skalenkonstruktion, bei der sich das Einstellungsmaß des Probanden aus der Extremität seiner Annahme bzw. Ablehnung von Behauptungen ergibt. Unser Beispiel ist der Chauvinismus-Skala

---

[10] Die Übersetzung der in den Einstellungsskalen verwendeten Behauptungen ist eine heikle Angelegenheit, da sich mit feinen Nuancen des Wortlautes nicht unerhebliche Skalen-Verschiebungen ergeben können. Für den diagnostischen Gebrauch hätte man daher eine übersetzte Skala erst in ihrer neuen Form zu eichen.

[11] *Thurstone* selbst und viele andere Autoren haben angenommen, daß die eigenen Einstellungen der ursprünglichen Beurteiler keinen Einfluß auf die Skalenwerte der Behauptungen haben. Dem widerspricht aber das Ergebnis von C. I. *Hovland* und M. *Sherif* (1952) sowie die von diesen Autoren entwickelte Theorie der Assimilations- und Kontrast-Effekte (vgl. Abb. 3). Es empfiehlt sich daher, als Beurteiler Personen zu verwenden, die bezüglich des Gegenstandes der Skala nicht zu extremen Anschauungen neigen.

Tabelle 6: *Skala der Einstellungen zur jüdischen Minorität*

Nr.	Skalen-wert	Behauptung	Antworten (%)			Aktua-lität (A)
			Ja P+	Ungewiß P₀	Nein P−	
11	0,5	Die Juden sind den meisten anderen Leuten geistig und sittlich überlegen	6	13	81	1,70
14	1,0	Die Juden haben alle Verfolgungen dank ihrer bewundernswerten Eigenschaften überstanden	33	35	32	0,93
19	2,5	Im großen und ganzen sind die Juden anständige Leute	62	18	20	1,96
1	3,7	Die Abneigung gegen die Juden geht größtenteils auf Mißverständnisse zurück	53	9	38	4,99
20	5,3	Die Juden sollten ihre Sondergebräuche aufgeben und richtige Durchschnitts-bürger dieses Landes werden	24	16	60	2,37
13	7,3	Die Juden haben dieses Land fest in der Hand	12	10	78	3,06
23	9,7	Die Juden sind die verächtlichsten Geschöpfe dieser Erde	4	5	91	3,81

(„Ethnocentrismscale") entnommen[12]: „(No. 7) Es wird immer
starke und schwache Nationen auf dieser Erde geben; im Interesse aller ist es am besten, wenn die starken Nationen die
Ereignisse der Weltpolitik lenken."

(+ 1) schwache Zustimmung   (— 1) schwache Ablehnung
(+ 2) mittelstarke Zustimmung (— 2) mittelstarke Ablehnung
(+ 3) starke Zustimmung   (— 3) starke Ablehnung

Bezeichnet der Proband seine Stellungnahme zu dieser Behauptung als „starke Zustimmung", so erhält er damit einen Wert
von + 3, der ihn in Richtung auf den Chauvinismus-Pol hin
plaziert. Die Addition der Gewichtszahlen der vom Probanden
angegebenen Stellungnahmen ergibt das Maß seiner Einstellung.
Die Auswahl der in die Skala einzubeziehenden Behauptungen
erfolgt auf Grund der Korrelationen zwischen den Stellungnahmen zu den einzelnen Behauptungen und dem Gesamtmaß
(d. h. den individuellen Summen). Das *Likert*'sche Verfahren ist
auf den ersten Blick einfacher als das *Thurstone*'sche, da bei
ihm ja die Vorsortierung durch Beurteiler entfällt. Es darf
jedoch nicht übersehen werden, daß auch bei der Erstellung einer
Likert-Skala eine Überprüfung der Korrelationen zwischen den
einzelnen items und dem Gesamtwert erforderlich ist. Manche
Skalen, so insbesondere die sog. F-Skala, lassen diesbezüglich
sehr viel zu wünschen übrig. Hinsichtlich ihrer Verläßlichkeit
(„reliability") und ihrer diagnostischen Valenz („validity") sind
beide Methoden ungefähr gleichwertig. Am meisten zu empfehlen ist jedoch eine Kombination der beiden Konstruktions-
prinzipe, wie sie von *A. L. Edwards* und *F. P. Kilpatrick* (1948)
gezeigt wurde (vgl. auch *A. L. Edwards,* 1957). Gute Übersichten über die heute (im Englischen) vorliegenden Skalen geben
M. E. Shaw und *J. M. Wright* (1967), *J. P. Robinson* und *P. R.
Shaver* (1970) sowie *R. M. Dawes* (1971).

---

[12] *T. W. Adorno* u. a., 1950. Die bekannte „F-Skala", mit deren Hilfe
„faschistische" Neigungen entschleiert werden sollen, ist nach dem gleichen
Prinzip konstruiert. Eine vorzügliche Diskussion der zahlreichen Einwände,
die sich namentlich gegen diese Skala erheben lassen, findet sich in *R. Christie*
und *M. Jahoda,* 1954.

Tabelle 7: Faktorenanalyse einer Einstellungs-Skala

| Nr. | 14 | 19 | 1 | 20 | 13 | 23 | Gewichtszahlen | | | Skalenwert |
							F_1	F_2	F_3	
11	0,23	— 0,15	0,17	0,15	— 0,09	— 0,39	0,60	— 0,25	— 0,10	0,5
14	—	0,47	0,21	— 0,17	0,10	— 0,17	0,51	0,50	0,07	1,0
19		—	0,73	— 0,39	— 0,53	— 0,69	— 0,01	0,77	— 0,65	2,5
1			—	— 0,22	— 0,55	— 0,60	0,25	0,38	— 0,65	3,7
20				—	0,08	0,16	0,03	— 0,45	0,17	5,3
13					—	0,75	0,00	0,07	0,88	7,3
23						—	— 0,35	— 0,03	0,90	9,7

Prozentualer Beitrag zum durchschnittlichen Streuungsquadrat	11 %	18 %	35 %

Im Zusammenhang mit all diesen Verfahren erhebt sich immer wieder die Frage nach der Dimensionalität des durch eine bestimmte Skala dargestellten Kontinuums, d. h. die Frage, ob die Stellungnahmen zu den Behauptungen wirklich in eine einzige Dimension fallen. Sollte dies nämlich nicht der Fall sein, dann faßte die Addition der entsprechenden Gewichtszahlen an sich unvergleichbare Größen („Äpfel und Birnen") zusammen. Die Methode zur Behandlung dieser Frage stammt aus der Testkonstruktion; es handelt sich um die von *C. Spearman* (1904, 1927) und *L. L. Thurstone* (1933, 1947) entwickelte Faktorenanalyse (vgl. *Hofstätter* und *Wendt, 1967*[3], sowie meinen Beitrag zu *R. Königs* Handbuch, 1967). Die Anwendung der Methode auf die sieben Behauptungen der Antisemitismus-Skala von *Eysenck* und *Crown* zeigt Tabelle 7, in der die Korrelationen zwischen den Stellungnahmen zu den Behauptungen (Annahme oder Zurückweisung) sowie die Gewichtszahlen von drei Faktoren wiedergegeben sind[13]. Die Untersuchung ergibt, daß das vorliegende Kontinuum keineswegs „homogen" oder „eindimensional" ist. Auf Grund ihrer Gewichtszahlen lassen sich vielmehr drei voneinander nahezu unabhängige Einstellungsdimensionen erkennen:

F_1 Pro-Semitismus (Anfangsbereich der Skala)

F_2 Neutralität; eine Einstellung, die globale Unterschiede zwischen „Juden" und „Nicht-Juden" ablehnt (Mittelbereich der Skala)

F_3 Anti-Semitismus (Endbereich der Skala).

Diesem Befund verdient nachgegangen zu werden (die vorliegende, sich bloß auf sieben Behauptungen stützende Analyse legt ihn nur nahe), da man auf den ersten Blick wohl dazu geneigt gewesen wäre, „Pro-Semitismus" für den (in der gleichen Dimension liegenden) Gegenpol von „Anti-Semitismus" zu halten. Diese Auffassung scheint jedoch unrichtig zu sein. Sehr

---

[13] *Eysenck* und *Crown* haben die ganze Skala (24 Behauptungen) einer Faktorenanalyse unterzogen, die aber nicht befriedigt. Sie finden nur zwei Faktoren, während sich in unserem Falle mindestens drei Faktoren (möglicherweise vier) ergeben. Die Existenz des von diesen Autoren postulierten allgemeinen Anti-Semitismus-Faktors erscheint daher zweifelhaft.

Tabelle 8: Beispiel einer Guttman-Skala

Frage	Antworts-Typen								Anzahl der Bejahungen
	1	2	(3)	(4)	5	(6)	(7)	8	
A) Glauben Sie, daß das Heer sich nach besten Kräften um das Wohlergehen seiner Angehörigen bemüht hat? (Ja: +)	+	−	+	+	−	−	+	−	254
B) Glauben Sie, daß Sie nach Ihrer Entlassung eine freundliche oder eine unfreundliche Einstellung zum Heer mit sich nehmen werden? (freundlich: +)	+	+	−	+	−	+	−	−	374
C) Glauben Sie, daß das Heer im allgemeinen gut organisiert ist? (gut: +)	+	+	+	−	+	−	−	−	641
Anzahl	130	165	87	11	259	68	26	254	1 000
Einstellungs-Maß	3	2	2	2	1	1	1	0	

viele antisemitische Probanden neigen z. B. dazu, die Behauptung No. 13 „die Juden haben dieses Land fest in ihrer Hand"
zu bejahen. An sich kann aber diese Anschauung auch von einem
Pro-Semiten geteilt werden.

Unsere Faktorenanalyse dient in erster Linie Illustrations-
zwecken; es wäre verfrüht, aus ihr weitreichende Schlüsse zu
ziehen. Das Beispiel aber ist wichtig, weil man erfahrungsgemäß
fast ausnahmslos mit der Mehrdimensionalität der aus dem
Alltag übernommenen Bezeichnungen für Einstellungsrichtun-
gen zu rechnen hat[14]. Dieser von der Faktorenanalyse erschlossene Sachverhalt entspricht genau dem Bilde, das hinsichtlich der aus dem Alltag stammenden Bezeichnungen für individuelle Begabungen („Intelligenz" usw.) gewonnen wurde
(*P. R. Hofstätter*, 1971). Mit Nachdruck ist daher die Durchführung von Faktorenanalysen in all den Fällen zu empfehlen,
in denen der Forscher seinen Gegenstand durch eine Reihe von
Bestimmungsstücken charakterisiert. Wer etwa an den Unterschieden zwischen Gruppen (Laboratoriumsgruppen, Vereinen,
Städten oder Nationen) interessiert ist, wird gut daran tun, die
Variablen, auf die sich der Vergleich stützt, einer Faktorenanalyse zu unterziehen. Bahnbrechend ist auf diesem Gebiet
R. B. Cattell (1949) gewesen (vgl. auch *Cattell, D. R. Saunders*
und *G. F. Stice,* 1953), Verf. (1966) ist ihm mit einer Reihe
von Untersuchungen gefolgt.

d) Aus dem zweiten Weltkriege stammt die von *L. Guttman*
entwickelte Methode der „Skalenanalyse" (vgl. vor allem die
Beiträge zu *S. A. Stouffer,* 1950), in der es um die Herstellung

---

[14] Dies gilt auch sehr stark von der in den letzten Jahren so viel erörterten sog. „autoritären" Einstellung (*Adorno*, u. a.); sie ist sehr komplex
(*Hofstätter*, 1952). Die Bezeichnung eines Probanden als Vertreter des
„autoritären" oder „antidemokratischen" Typus ist daher sehr unbestimmt.
J. P. Guilford (1964) zählt fünf Einstellungsdimensionen auf: (a) Liberalis-
mus — Konservatismus. (b) Verbundenheit mit einer religiösen Institution
oder Lehre. (c) Humanitäre Einstellung, (d) Nationalismus, (e) Evolutionäre
bzw. revolutionäre Haltung („tender-" bzw. „tough-mindedness" nach
W. James u. *H. J. Eysenck*). Über den gegenwärtigen Stand der Forschung
orientieren *J. P. Kirscht* und *R. C. Dillehay* (1967) sowie *M. Rokeach* (1960,
1968).

homogener Skalen geht. Das Prinzip der Methode veranschaulicht Tabelle 8, in der die Einstellungen von 1000 Unteroffizieren des amerikanischen Heeres (befragt im Oktober 1945) wiedergegeben sind (Annahme: +, Ablehnung: —). Nimmt man an, daß die Behauptung A extremer (d. i.: stärker pro-Heer) ist als B und B wieder extremer als C, dann erwartet man, daß alle Personen, die A akzeptieren auch B und C akzeptieren. Zu erwarten wären daher vier reine Typen von Einstellungen (die Nummern 1, 2, 5 und 8 unserer Tabelle). Je größer der Prozentsatz der auf diese reinen Typen entfallenden Probanden ist, um so eher kann die Skala selbst als „homogen" bezeichnet werden[15].

Die Erstellung einer *Guttman*-Skala muß zur Zeit noch als sehr mühsam bezeichnet werden. Im Zuge dieser Arbeit haben sich aber eine Reihe wichtiger Verallgemeinerungen ergeben. Sehr oft stößt man z. B. auf die Tatsache, daß sich die Häufigkeit der Einstellungen in einem Kontinuum näherungsweise normal verteilt, während die Intensität, mit der bestimmte Einstellungen vertreten werden, das Bild einer U-Kurve zeigt. Zur Veranschaulichung diene die Antisemitismus-Skala von *Eysenck* und *Crown* (Abb. 4)[16]. Die aus dem Minimum der

[15] In unserem Beispiel entfallen 80,8 % der Probanden auf „reine Typen"; der sog. „Reproduzierbarkeits-Koeffizient" beträgt somit 0,81; dieser Betrag liegt unterhalb der von *Guttman* festgesetzten Minimalbedingung für eine echte Skala (0,90); niedrigere Koeffizienten entsprechen „Quasi-Skalen". Durch Ausschluß von Behauptungen und durch die Zusammenfassung von Antworts-Kategorien läßt sich in der Regel eine Erhöhung des Koeffizienten erzielen. Vgl. dazu *J. W. Riley* u. a., 1954.
Obwohl die vorliegende (nur aus drei Gliedern bestehende) Skala somit im Sinne *Guttman's* nur als eine Quasi-Skala anzusprechen wäre, erscheint sie doch im faktorenanalytischen Sinne als homogen; Die Matrix der drei Korrelationen zwischen den drei Variablen ($r_{ab} = 0,38$, $r_{ac} = 0,48$ und $r_{bc} = 0,40$) läßt sich durch die Gewichtszahlen eines einzigen Faktors ($r_{aI} = 0,68$, $r_{bI} = 0.60$ und $r_{cI} = 0.69$) darstellen. Allerdings lehrt diese Betrachtungsweise auch, daß nur ein verhältnismäßig kleiner Teil der Gesamtvariation der drei Variablen (zwischen 36 % und 48 %) auf diesen gemeinsamen Faktor zurückgeführt werden kann.
[16] Die Intensität wird hier an Hand der fünf möglichen Stellungnahmen zu jeder Behauptung ermittelt; starke Zustimmung (oder Ablehnung) erhielt eine Gewichtszahl von 2, bloße Zustimmung (oder Ablehnung) eine von 1 und „unentschieden" eine solche von Null.

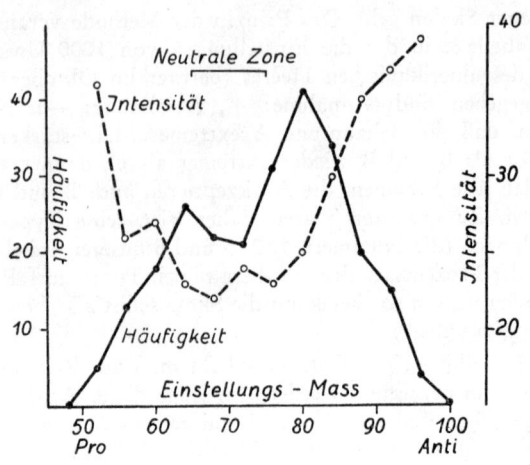

*Abb. 4: Das Verhältnis zwischen Häufigkeit und Intensität von
Stellungnahmen in einem Einstellungs-Kontinuum*

Intensitätsfunktion erschlossene „neutrale Zone" fällt auf die
linke Seite des Gipfels. Die Majorität der Probanden muß in
dieser Studie somit als im schwachen Maße antisemitisch
orientiert bezeichnet werden. Die Vermutung liegt allerdings
nahe, daß wir es hier mit einer inhomogenen Population (von
Probanden) zu tun haben, da sich die Gesamtverteilung in zwei
Partialverteilungen auflösen läßt (vgl. S. 155). *Guttman* hat ein
System der Komponenten von Einstellungen entwickelt, in dem
die Intensitätsfunktion als zweite Komponente erscheint; Wesen
und Bedeutung der von ihm angenommenen Komponenten
höherer Ordnung sind aber noch ungeklärt. *Hofstätter* (1966[4])
glaubt die Stabilitätsfunktion einer Gruppe, in der sich eine
bestimmte Einstellung näherungsweise normal verteilt, definieren zu können (Abb. 5). Unter Stabilität wird hier der Wider-
stand gegen Versuche der Umorientierung verstanden. Als besonders instabil imponieren dabei die beiden Positionen K_1 und
K_2 bzw. die an diesen Stellen des Einstellungskontinuums

lokalisierten Individuen. Am stabilsten ist die Mittel-Position, gleichfalls sehr stabil sind die beiden Extrem-Positionen. Diese Überlegung dürfte die Ermittlung des Personenkreises, auf den man mit einer propagandistischen Maßnahme abzuzielen hat, erleichtern. Der Verlauf der Stabilitäts-Funktion ergibt sich aus der Erwägung, daß dreierlei zur Stabilität einer Meinung beiträgt: (a) die Intensität, mit der eine bestimmte Einstellung durch ein bestimmtes Individuum vertreten wird, (b) die Unterstützung, die das Individuum dadurch erhält, daß seine persönliche Meinung von einer Anzahl anderer Personen geteilt wird, und (c) der „Trotz" des Individuums, das sich des Umstandes bewußt ist, mit seiner Meinung sehr stark vom Konformitäts-Zentrum der Gruppe abzuweichen.

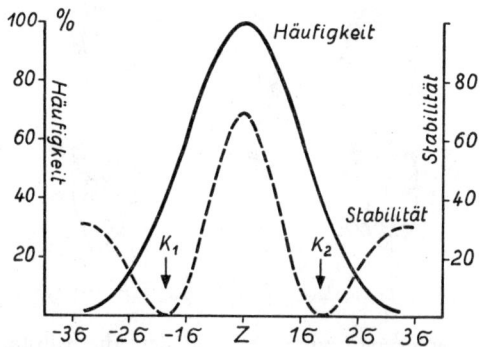

Abb. 5.: Das Verhältnis zwischen Häufigkeit und Stabilität von Stellungnahmen in einem Einstellungs-Kontinuum

Gegen sämtliche z. Z. vorliegenden Einstellungsskalen läßt lich natürlich — ebenso wie gegen alle Fragebogen — einwenden, daß der Proband die Konstruktion der Skala im allgemeinen leicht durchschauen und sich somit, sofern ihm daran gelegen sein sollte, einen irreführenden Skalenwert sichern kann. Um eine Reduktion dieser Fehlerquelle bemühen sich die sog. „in-

direkten" oder „projektiven"[17] Methoden der Einstellungsmessung (vgl. das Sammelreferat von *D. T. Campell*, 1950). Das
Prinzip läßt sich an Hand einer Bildserie erläutern, deren ich
mich gerne bediene (Abb. 6). Als Beispiele verwende ich zwei

Abb. 6: Bildvorlage zur Bestimmung von Stereotypen

nationale Stereotype (vgl. S. 93), das deutsche Selbstbild (DD)
und das zur Zeit in der BRD vorherrschende Russenbild (DR)[18].

[17] Der Terminus geht auf den Psychoanalytiker *L. K. Frank* (1948)
zurück. In ihm kommt die von *S. Freud* (1913) vertretene Annahme zur
Geltung, daß „innere Wahrnehmungen — auch von Gefühls- und Denkvor-
gängen — wie die Sinneswahrnehmungen nach außen projiziert, zur Ausgestaltung der Außenwelt verwendet (werden), während sie die Innenwelt
verbleiben sollten".

[18] Die Stereotype werden jeweils so bezeichnet, daß der erste Buchstabe
die beurteilende Gruppe oder Nation, der zweite die beurteilte Gruppe oder
Nation repräsentiert. „DR" ist somit das Bild, das sich deutsche Befragungspersonen (D) von Russen (R) machen.

Die Angehörigen einer repräsentativen Stichprobe wurden in Einzelinterviews gebeten, aus den vorgelegten zwanzig Männerköpfen die drei auszusuchen, welche am meisten (bzw. welche am wenigsten) so aussehen, als wären es Deutsche (bzw. Russen). Dabei wählten (vgl. Tab. 9) 47 % der Befragten den Kopf A (als Deutschen) und 58 % den Kopf E (als Russen); 70 % waren der Ansicht, daß der Kopf Q am wenigsten so aussieht wie ein Deutscher („negative Identifikation"), 63 % identifizierten den Kopf A in negativer Weise mit den Russen. Dabei fällt bereits auf, daß derselbe Kopf A als ganz besonders typisch („positive

Tabelle 9: Die Bildwahlen für die Stereotype DD und DR
(Häufigkeiten in Prozent; die Summe ergibt 300 %, da jede Befragungsperson drei Köpfe zu wählen hatte).

Der Deutsche (DD)		Bild	Der Russe (DR)	
Pos. Ident.	Neg. Ident.		Pos. Ident.	Neg. Ident.
47	4	A	5	63
11	14	B	21	8
11	3	C	9	3
32	3	D	8	22
2	38	E	58	6
25	3	F	9	21
23	2	G	3	21
4	9	H	15	3
3	18	J	4	3
45	3	K	3	37
7	9	L	3	4
3	11	M	13	1
4	48	N	52	6
1	27	O	46	3
12	9	P	6	12
0	70	Q	20	16
18	8	R	6	22
20	3	S	1	24
11	14	T	12	5
21	4	U	6	20

Identifikation") für die Deutschen betrachtet wurde. Über sämtliche 20 Köpfe errechnet sich zwischen der positiven Identifikation des Deutschen und der negativen Identifikation des Russen eine Rangkorrelation von rho = 0,81; nicht ganz so stark (rho = 0,68) entspricht die negative Identifikation des Deutschen der positiven Identifikation des Russen. Zwischen den beiden Stereotypen (DD und DR) scheint jedenfalls ein Gegensatzverhältnis zu bestehen.

Das Verfahren muß als „projektiv" bezeichnet werden, da kaum jemand dazu im Stande sein dürfte, bloß von den Gesichtszügen her zwischen Russen und Deutschen mit einiger Sicherheit zu unterscheiden. Die erstaunlich bestimmten Urteile unserer Befragungspersonen, die sich in jedem Fall auf relativ wenige Köpfe konzentrierten, kommen insofern durch eine Projektion zustande, als sich die Befragungspersonen offenbar durch einen charakterologischen Begriff „des Russen" bzw. „des Deutschen" leiten lassen, den sie mit physiognomischen Eigentümlichkeiten verknüpfen. Wenn ein Bild im Sinne populärphysiognomischer Anschauungen die im Begriff postulierten Eigenschaften zu verkörpern scheint, wird es gewählt (positive Identifikation); glaubt man, es drücke ganz andere Eigenschaften aus, wird es abgelehnt (negative Identifikation). Auf diese Weise erlauben aber die Bildwahlen einen Rückschluß auf die Eigenschaften, mit denen die einzelnen Stereotype ausgestattet werden.

Um Mißverständnisse zu vermeiden, sei nachdrücklich betont, daß sich das Verfahren der Bildwahlen zwar der stark vorurteilsträchtigen, durch die Massenmedien intensiv gepflegten Neigung zur Ausdrucksdeutung bedient, daß es aber weder die Richtigkeit dieser oder jener Lehrmeinung auf diesem Gebiet noch auch nur die empirische Möglichkeit einer ausdruckspsychologischen Diagnostik voraussetzt.

Für den Rückschluß aus den Bildwahlen (BW) auf die sie steuernden Eigenschafts-Vorstellungen benötigen wir Angaben über die durch die einzelnen Köpfe vermittelten Eindrücke. Wir gewinnen sie mit Hilfe der Methode des Polaritätsprofils (PP; vgl. *P. R. Hofstätter*, 1966[4], 1971) bzw. des „semantic differentials" (vgl. *C. E. Osgood* u. a., 1957). Dabei werden Gegenstände, Begriffe und Bilder auf einer Anzahl (z. B.: k = 25) mehr-stufiger (z. B.: sechs-stufiger) Skalen beurteilt, die sich zwischen adjektivischen Gegensatzpaaren (z. B.: „weich — hart") erstrecken (Tab. 10)[19]. Die von einer größeren Anzahl von Befragungspersonen erhaltenen Einzelbeurteilungen werden für jede Skala gemittelt; sie geben für diese Skala den Profilwert an. Dabei zeigt sich z. B., daß der Russe (DR) eher für „traurig" (4,0) gehalten wird, der Deutsche (DD) hingegen eher für „heiter" (2,7); der Russe erscheint auch als etwas „triebhafter" (2,5), „wilder" (2,3) und als weniger „geordnet" (3,7) als der Deutsche; man hält ihn auch für etwas „gesünder" (1,6 zu 2,2).

Zum Vergleich wurde in Tabelle 10 außerdem das über sämtliche Befragungspersonen (männlichen Geschlechts) gemittelte individuelle Selbstbild (SB) wiedergegeben. Eigentlich wäre hier zu erwarten gewesen, daß die sehr großen interindividuellen Unterschiede zu einem Ausgleich der Beurteilungen auf den einzelnen Skalen und daher durchwegs zu Profilwerten hätten führen müssen, die nur geringfügig vom theoretischen Mittel der Skalen (3,5) abweichen. Dem ist jedoch keineswegs so. Es gibt daher eine ziemlich stereotype Weise, in der man — innerhalb dieser oder jener Kultur bzw. Epoche — das eigene individuelle Wesen auffaßt (*P. R. Hofstätter*, 1967, 1971) und mit Eigenschaften wie „klar" (4,6), „hilfsbereit" (2,0), „vergnügt" (2,3), „beweglich" (4,6) und „gesund" (2,2) ausstattet.

Die Produkt-Moment-Korrelationen zwischen je zwei sich über k Polaritäten erstreckenden Profilen (— 1,00 $\leq$ q $\leq$ + 1,00) geben uns ein Maß für die Ähnlichkeit, die zwischen den beurteilten Gegenständen angenommen wird[20]. Sehr ähnlich sind

[19] Die aufgeführten k = 25 Polaritäten stellten eine Stichprobe aus dem Universum aller sprachlich möglichen Gegensatzpaare dar. Erfahrungen sprechen dafür, daß verschiedene Stichproben — sofern diese nur repräsentativ sind — vergleichbare Resultate ergeben.
[20] Dem Gebrauch der differentiellen Psychologie folgend werden Korrelationen zwischen Eigenschaften bzw. Tests und Fragen mit dem Symbol „r"

Tabelle 10: Die Polaritätsprofile der Stereotype DD und DR
und des Selbstbildes (SB, männliche Befragungspersonen)

| Pol: 1 | Beurteilungsgegenstand | | | Pol: 6 |
	SB	DD	DR	
weich	3,5	4,0	4,1	hart
heiter	2,4	2,7	4,0	traurig
verschwommen	4,6	4,6	3,7	klar
stark	2,9	2,5	1,9	schwach
großzügig	2,9	3,9	3,9	sparsam
passiv	4,6	4,6	3,8	aktiv
verspielt	4,3	4,7	4,6	ernst
zurückhaltend	3,9	3,8	3,3	offen
hilfsbereit	2,0	2,9	2,8	egoistisch
triebhaft	3,5	3,8	2,5	gehemmt
kühl	4,5	3,8	4,2	gefühlvoll
redselig	3,6	3,2	4,0	verschwiegen
friedlich	2,6	3,3	3,4	aggressiv
zerfahren	4,5	4,9	3,7	geordnet
nüchtern	2,8	2,5	3,4	verträumt
streng	3,9	3,2	3,1	nachgiebig
zurückgezogen	4,4	4,5	4,1	gesellig
robust	3,1	2,6	1,8	zart
vergnügt	2,3	2,6	2,8	mißtrauisch
wild	3,7	3,6	2,3	sanft
starr	4,6	4,1	3,1	beweglich
leise	3,6	4,3	4,9	laut
frisch	2,4	2,5	2,5	müde
unterwürfig	3,9	4,0	3,3	herrisch
gesund	2,2	2,2	1,6	krank

einander z. B. das Bild des Deutschen (DD) und das Selbstbild
(SB): q = 0,84; erheblicher weniger (q = 0,47) ähnelt diesem
das Russenbild (DR).

bezeichnet, Korrelationen zwischen Eigenschaftsträgern bzw. Gegenständen
und Begriffen aber mit dem Buchstaben „q". Hinsichtlich der Art ihrer Berechnung unterscheiden sich diese Werte aber nicht.

Zur quantitativen Auswertung der Bildwahlen (Tab. 9) steht ein von *W. H. Tack* entwickeltes und für elektronische Rechenanlagen programmiertes Verfahren zur Verfügung, bei dem die durch Standardisierung von Mittelwerts- und Streuungs-Unterschieden bereinigten Polaritätsprofile der einzelnen Köpfe (z_j) mit den zugehörigen Wahlwerten (p_j) gewichtet und sodann mit den ebenfalls standardisierten Skalenwerten der entsprechenden Begriffsprofile (z_k) korreliert werden (r_{jk}). Wir erhalten auf diese Weise die begrifflichen Affinitäten der Bildwahlen in der Form von Korrelationskoeffizienten (q-Werten), die direkt mit den Affinitäten der entsprechenden Polaritätsprofile (Tab. 10) verglichen werden können (Tab. 11).

Tabelle 11: Die begrifflichen Affinitäten der durch Bildwahlen (BW) und das Polaritätsprofil (PP) bestimmten Stereotype. (Die Korrelationskoeffizienten werden ohne Null und Komma geschrieben)

SB	DD				DR		
PP	PP	BW, pos	BW, neg	Affinität	PP	BW, pos	BW, neg
90	61	90	— 18	Mutter	22	— 08	86
87	76	81	10	Wunschbild	46	10	78
86	84	74	28	Vater	58	32	68
65	42	78	— 46	weiblich	— 08	— 44	78
56	68	42	56	männlich	72	54	38
56	66	44	47	Intelligenz	54	52	60
44	10	62	— 52	Gemüt	— 20	— 48	64
10	33	— 06	74	Kampf	61	66	09
— 13	— 01	— 16	53	Tod	26	64	— 16
— 41	— 08	— 50	60	Geiz	30	66	— 50
— 50	— 68	— 34	— 35	Erschöpfung	— 54	— 32	— 30
— 74	— 65	— 74	22	Elend	— 13	22	— 77

Die Tabelle zeigt, daß das Selbstbild (diesmal beider Geschlechter) dem Begriff „Mutter" am nächsten kommt (q = 0,90); das gilt auch für die positive Identifikation des Deutschen (DD) in den Bildwahlen (BW, pos; q = 0,90) und für die negative Identifikation des Russenbildes (BW, neg; q = 0,86). Zu dem Begriff „Elend" stehen sowohl das Selbstbild (q = — 0,74) als auch das Deutschenbild (PP, q = — 0,65; BW, pos, q = — 0,74) und die negative Identifikation des Russenbildes (BW, neg, q = — 0,77) in einem deutlichen Verhältnis des Gegensatzes.

Es ist an dieser Stelle nicht möglich, auf alle Einzelheiten der Affinitäts-Analyse (Tab. 11) einzugehen, jedoch verdient hervorgehoben zu werden, daß das Polaritätsprofil sowohl der Deutschen (DD) als auch der Russen (DR) in charakteristischer Weise von den entsprechenden Bildwahlen (BW, pos) abweicht. Diese Tatsache ist schon des öfteren beobachtet worden; sie weist auf Unterschiede hin, die zwischen dem Stereotyp der Rolle (einer Nation z. B.) und dem der Rollenträger (ihrer Angehörigen z. B.) bestehen können. Diese würden ihren Ausdruck u. U. in der nur scheinbar paradoxen Formel finden, daß

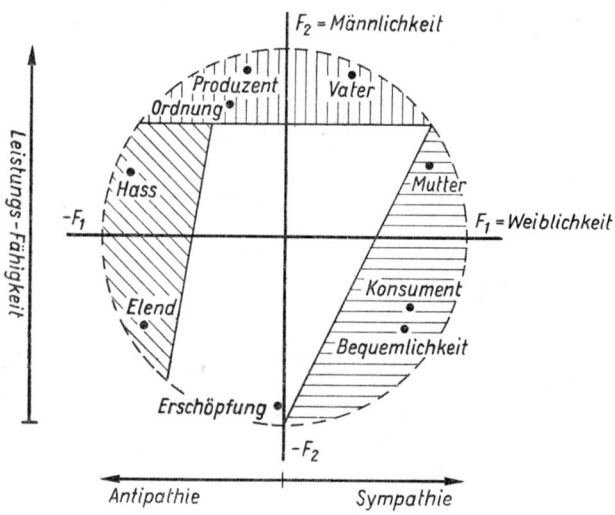

Abb. 7: Die Hauptebene des semantischen Raumes (Begriffe und Regionen

die Deutschen, wie man sie heute antrifft (BW, pos), eigentlich
gar keine richtigen oder echten Deutschen (PP) seien. In der Tat
zeigen die Bildwahlen den Deutschen als einen weichen und im
Sinne des Klischees auch „weiblichen" Menschen (q = 0,78),
während das Polaritätsprofil ihm (oder seinem Idealbild) diese
Affinität in geringerem Maße (q = 0,42) attestiert. Er steht
aggressiven Lebensäußerungen („Kampf") seltsam fern (q =
— 0,06 zu q = 0,33), jedenfalls sehr viel ferner als der Russe
(DR, q = 0,61 bzw. 0,66).

In methodischer Hinsicht führen wir unsere Überlegungen um
einen Schritt weiter, indem wir aus den q-Werten mit Hilfe
der Faktorenanalyse den Raum konstruieren, in dem sich die
verschiedenen Vorstellungskomplexe lokalisieren lassen. Der

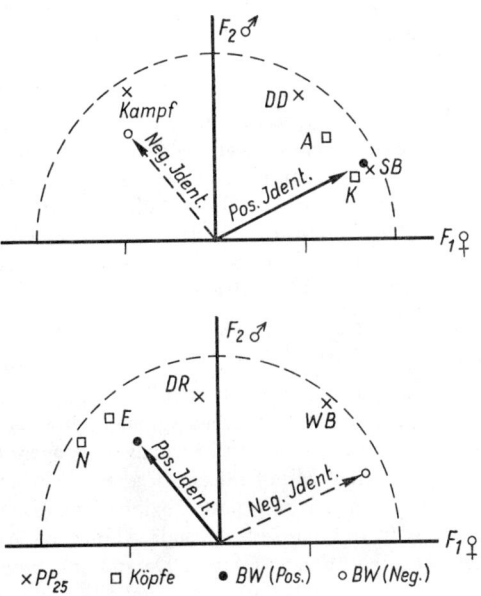

auf der linken Seite, nationale Stereotype auf der rechten).

sog. „semantische Raum" (Abb. 7) hat eine recht einfache
Struktur, d. h. es dürften kaum mehr als vier Dimensionen zu
seiner Darstellung erforderlich sein. Von diesen sind (bei ortho-
gonaler Rotation) die ersten beiden Dimensionen (F_1 = Weib-
lichkeit bzw. emotionale Bindung, F_2 = Männlichkeit bzw.
Leistungsfähigkeit) am bedeutungsvollsten (d. h. am varianz-
stärksten). Dazu kommen noch mit erheblich geringeren Va-
rianz-Anteilen F_3 = Introversion gegenüber Extraversion und
F_4 = Triebhaftigkeit. In den amerikanischen Untersuchungen
von C. E. Osgood und seiner Schule wird die sog. R-Technik der
Faktorenanalyse verwendet, d. h. es werden die einzelnen Skalen miteinander über eine Reihe von Begriffen korreliert. Dabei
ergeben sich ebenfalls drei Haupt-Faktoren („evaluation",
„activity" und „potency"), die sich von den mit der Q-Technik
bestimmten Faktoren des hier vorgelegten Systems aber nicht
prinzipiell sondern nur durch eine andere Wahl der Rotations-
lagen unterscheiden. Im Prinzip führen R- und Q-Analysen
nach dem matrix-algebraischen Theorem von C. Eckart und
G. Young (1936; vgl. F. Sixtl, 1967) zu transponierbaren Resultaten. Vergleichuntersuchungen — auch außerhalb der indo-
germanischen Sprachenfamilie (z. B. in Japan) — haben zeigen
können, daß der semantische Raum aller bisher betrachteten
Sprachgemeinschaften hinsichtlich der ersten drei Dimensionen
($F_1 \ldots F_3$) eine sehr ähnliche Struktur besitzt (J. G. Snider u.
C. E. Osgood, 1969; U. Koch, 1971).

In Abbildung 7 beschränke ich mich auf die Wiedergabe der
durch die Faktoren F_1 und F_2 bestimmten Hauptebene des
semantischen Raumes. In ihrem linken Teil zeigt die Abbildung
die Gliederung dieser Ebene in drei Regionen (elitär = senkrecht
schraffiert, alltäglich bzw. majoritätsgemäß = waagerecht schraffiert, einer abgelehnten Minorität entsprechend = schräg schraffiert) sowie einzelne der für diese Regionen charakteristischen
Begriffe. Auf der rechten Seite enthält Abbildung 7 die obere
Hälfte der Hauptebene in zweifacher Darstellung, wobei einmal
die Deutschen-Bilder (DD, oben) und zum anderen das Russenbild (DR, unten) wiedergegeben wurden. Außerdem wurden die

mit Hilfe des Polaritätsprofils ermittelten Lagen der bei den Bildwahlen (Tab. 9) besonders häufig gewählten Köpfe (A und K sowie E und N), ferner die Lage des Selbstbildes (SB) und die des Wunschbildes (WB = Schilderung eines Menschen, den man in jeder Hinsicht als besonders sympathisch empfindet) eingetragen. Wie wir aus Tabelle 11 ersehen können, sind sowohl das Selbstbild ($q = 0,87$) als auch das Deutschenbild ($q = 0,76$ bzw. $0,81$) dem Wunschbild ungemein ähnlich, während das Russenbild ihm bloß in seiner negativen Identifikation ($q = 0,78$) nahekommt.

Die Aussagen von Abbildung 7 sind im Grunde sehr deprimierend, denn sie beinhalten auf der einen Seite die beinahe schon an den klinischen Narzißmus (*S. Freud*, 1914) grenzende Selbstgefälligkeit sowohl des kollektiven (nationalen) Selbstbildes (DD) als auch der individuellen Selbstbilder (SB) und auf der anderen Seite eine ganz starre Ablehnung des russischen Menschen (DR), der in der Tat als „Gegen-Deutscher" aufgefaßt wird. Was der Deutsche nicht ist (negative Identifikation), ist der Russe (positive Identifikation) und umgekehrt. Das Russenbild gerät daher in die schräg schraffierte Feind-Region. Wie weit diese Ablehnung geht, zeigen die Korrelationen zwischen den einzelnen Stereotypen (Tabelle 12), die sich über verschiedene Erhebungsmethoden hinweg aus den auf faktorenanalytischem Wege gewonnenen Gewichtszahlen berechnen lassen: $q_{xy} = \Sigma (F_{ix} \cdot F_{iy})$. Berücksichtigt werden dabei alle vier Dimensionen ($i = 1 \ldots 4$) des semantischen Raumes, während aus Abbildung 7 nur die beiden wichtigsten von ihnen ersichtlich sind. Nur ein Zahlenwert verdient herausgegriffen zu werden: die positive Identifikation des Deutschen durch die Bildwahlen korreliert mit der negativen Identifikation des Russen im Ausmaß von $q = 0,90$.

Daß Gruppen und Nationen ihre Selbstbilder hauptsächlich mit den Eigenschaften ausstatten, die sie für besonders wichtig halten, und daß daher stets äußerst positive Bilder zustande kommen, haben Stereotyp-Untersuchungen immmer wieder gezeigt. Die Selbstgefälligkeit von DD ist deshalb gewiß kein

Tabelle 12: Die Korrelationen zwischen den einzelnen Stereotypen (errechnet aus den Gewichtszahlen; die Korrelationskoeffizienten werden ohne Null und Komma geschrieben)

Stereo-typ	Methode	SB PP	DD PP	DD BW, pos	DD BW, neg	DR PP	DR BW, pos	DR BW, neg
SB	PP	—	70	90	— 17	23	— 14	87
DD	PP	70	—	71	23	55	22	67
DD	BW, pos	90	71	—	— 12	29	— 05	90
DD	BW, neg	— 17	23	— 12	—	52	59	— 14
DR	PP	23	55	29	52	—	53	25
DR	BW, pos	— 14	22	— 05	59	53	—	— 08
DR	BW, neg	87	67	90	— 14	25	— 08	—

spezifisch deutsches Phänomen. Auch auf die Gegensatzrelation zum Russenbild werden wir noch einmal bei anderen Nationen stoßen (vgl. S. 98). Leider wissen wir nicht, wie sich das Verhältnis von der anderen Seite her, d. h. aus der Sicht russischer Befragungspersonen, darstellen würde. Ich könnte mir aber vorstellen, daß man auch dort zu entsprechenden Resultaten gelangen könnte: Gut und dem Wunschbild ähnlich ist man selbst, und die anderen (d. h. die Deutschen in der BRD) sind sozusagen „Gegen-Russen". Auch zwischen dem Bild, das man sich bei uns von den Bewohnern der DDR macht, und dem Bild, das man sich dort von uns macht, scheint ein ähnlicher Antagonismus zu bestehen. Es bereitet mir gewiß keine Freude, über derlei ärgerliche, wohl auch törichte und bestimmt unheilvolle Verschränkungen berichten zu müssen, aber ich bin der Meinung, daß die exakte Kenntnis der Lage eine unabdingliche Voraussetzung für ihre Verbesserung — d. h. für eine Entkrampfung — darstellt.

Hinsichtlich ihrer quantitativen Auswertung sind Bildwahl und Polaritätsprofil die z. Z. am besten entwickelten projektiven Methoden. Vielfach wird zur Einstellungsmessung des sog.

„Thematic Apperception Test" (TAT) verwendet, der von den Probanden die Interpretation mehrdeutiger Situationsbilder verlangt. Im Prinzip dürften sich sämtliche von der diagnostischen Psychologie auf diesem Gebiete entwickelten Methoden (*R. Heiss*, 1963) heranziehen lassen.

3. Erforschung der öffentlichen Meinung und der Stereotype[21]

Sehr oft richtet sich das Interesse des Sozialpsychologen nicht so sehr auf die Einstellung eines bestimmten Individuums, sondern auf die von Gruppen (im Extrem: „der Öffentlichkeit") zu einer Frage. Im demokratischen Prozeß dienen Wahlen und Abstimmungen der Ermittlung dieser Einstellungen; diese Mittel sind aber äußerst kostspielig, außerdem aktiviert ihre Anwendung sehr oft Propagandaapparate; sie führt demnach leicht zu Spannungen in der Bevölkerung, die u. U. besser vermieden werden. Es ist in vielen Fällen aber auch gar nicht nötig, die Gesamtbevölkerung zu befragen, da eine relativ kleine Stichprobe — von z. B. nur 2000 Personen — ein repräsentatives Bild liefern kann.

Die Meinungsforschung arbeitet mit Fragebogen, und sie hat es daher mit den Problemen der Konstruktion solcher Instrumente zu tun; sie teilt diese Sorgen mit der Einstellungsforschung. Ihre charakteristischen eigenen Probleme resultieren jedoch aus der Frage nach der Gewinnung einer repräsentativen Stichprobe. Diese Stichprobe („sample") soll ja ein möglichst genaues, wenn auch wesentlich verkleinertes Abbild einer bestimmten Gesamtgruppe liefern. Berühmt ist der Mißerfolg

---

[21] Zur Einführung empfehlen sich: *P. R. Hofstätter*, 1949; *F. Lenz*, 1956; *E. Noelle*, 1963; *G. Schmidtchen*, 1961²; *J. Habermas*, 1971.

Als „öffentlich" kann man Meinungen bezeichnen, wenn die Meinungsträger eine ungefähre Vorstellung von der Verteilung der Meinungen in ihrer Gruppe besitzen; diese Vorstellung kann natürlich sachlich auch unzutreffend sein.

eines frühen Versuches der Wahlvoraussage in den USA, der sich zwar auf eine sehr große (viele Hunderttausende) aber durchaus nicht repräsentative Stichprobe stützte. In dieser aus Auto- und Telefon-Besitzern zusammengestellten Stichprobe ergab sich (1936) ein Überwiegen der Stimmen zugunsten des republikanischen Präsidentschafts-Kandidaten, tatsächlich wurde aber der demokratische Kandidat (Roosevelt) gewählt. Auf Grund sehr viel kleinerer Stichproben hatten die gewerbsmäßigen Meinungsforscher, die sog. „Pollster" (unter ihnen z. B. *G. Gallup*) den Ausgang der Wahl richtig vorausgesagt[22].

Das Streben nach repräsentativen Stichproben führt zu sehr diffizilen statistischen Überlegungen (vgl. *M. H. Hansen, W. N. Hurvitz* und *W. G. Madow*, 1953; *W. G. Cochran*, 1953; *L. Kish*, 1965), die der Psychologe kaum mehr zu bewältigen vermag. Es ist dabei immer wieder überraschend, wie schwierig es ist, den reinen Zufall planmäßig zu imitieren. *W. Hellpach* (1942) hat „das Gesicht" verschiedener deutscher Stämme beschrieben, indem er „am Wege" sich von den typischen (d. h. in einer bestimmten Gegend besonders häufigen) Erscheinungsformen beeindrucken ließ. Es ist sehr unwahrscheinlich, daß auf diese Weise eine repräsentative Stichprobe zustande gekommen ist, denn „am Wege" trifft man gewisse Alters- und Berufsgruppen leichter an als andere. Der Reisende gelangt zu einem Bild der („des") Menschen eines Landes auf Grund von Typen, die ihm besonders häufig begegnen. Der Reisende bewegt sich aber auf einem Pfad, der gewisse Kontakte (z. B. mit den Angehörigen des Gast- und Transportgewerbes) begünstigt und andere wieder (z. B. mit den Bauern in abgelegenen Tälern oder mit chronisch Kranken) unwahrscheinlich macht.

---

[22] Die Voraussage von Präsidentenwahlen ist an sich recht uninteressant, da hier das Resultat ohnedies bald bekannt sein wird; solche Voraussagen gestatten aber eine Überprüfung der Methode. die sich dann auf Fälle anwenden läßt, in denen keine allgemeinen Abstimmungen stattfinden. Außerdem dienen die Voraussagen von Präsidentenwahlen Reklamezwecken. da die sog. „Pollster" einen Großteil ihres Einkommens aus Marktuntersuchungen im Auftrag der Industrie schöpfen. Dieser Kreis möglicher Auftraggeber muß daher durch die entsprechenden Voraussagen auf die Existenz einzelner Poll-Firmen aufmerksam gemacht werden.

Will man einer Population eine Zufalls-Stichprobe entnehmen, dann benötigt man eine Liste sämtlicher Mitglieder der
Population, aus der man dann mit Hilfe einer Tafel der
Zufallszahlen oder nach dem Los Individuen herausgreift. Ver-
läßt man sich auf eine starre Regel (z. B. „jeder Zehnte"), so
hat man vorerst zu überprüfen, ob die Ausgangsliste nicht selbst
schon eine gewisse Periodizität aufweist. Wäre die Liste z. B.
so aufgebaut, daß jeweils ein Vorarbeiter und sodann die ihm
unterstellten neun Arbeiter aufgeführt wurden, so würde die
Regel „jeder Zehnte" u. U. nur Vorarbeiter (oder gar keine
Vorarbeiter) in die Stichprobe bringen. Die üblichen statistischen
Methoden basieren samt und sonders auf richtigen Stichproben;
de facto hat es aber der Forscher nur höchst selten mit solchen
zu tun. Die 250 Personen, auf die sich z. B. die Untersuchung
von *Eysenck* und *Crown* bezog, stellten wahrscheinlich keine
Zufalls-Stichprobe aus dem Mittelstand und der Arbeiterklasse
Londons dar. Diese Personen waren nämlich Bekannte und
Freunde der Hörer eines Volkshochschulkurses; dieser Umstand
dürfte aber in mancher Hinsicht bereits ein Auswahlkriterium
darstellen. Allein schon die Bereitschaft eines Probanden, sich
überhaupt interviewen zu lassen, mag zu einer spezifischen Auswahl führen. Dies ist auch gegen die beiden Bände des *Kinsey*-
Reports eingewandt worden, da die Antwortbereitschaft natürlich vom Thema der Fragestellung (Geschlechtsleben) abhängt.

Es wäre kaum möglich, wenn eine Organisation zur Erforschung der öffentlichen Meinung ihre Auskunftspersonen
aus einer Liste sämtlicher wahlberechtigter Bürger eines Landes
auswählen wollte. *Gallup* und viele andere behelfen sich daher
mit der sog. „Quota-Technik", durch die gewisse Allgemein-
Charakteristika der Befragten (Alter, Geschlecht, Wohngegend,
Berufsniveau usw.) sowie die Anzahl der in diesen Kategorien
zu befragenden Personen („Quoten") spezifiziert werden. Es
bleibt dann aber dem Gutdünken des einzelnen Interviewers
überlassen, welche Einzelperson er befragen will. Gefährlich
aussehende Raufbolde in verwahrlosten Seitengassen werden
daher durch die Interviewer (vorwiegend Frauen mittleren

Alters aus dem Mittelstande) im allgemeinen gemieden. Kostspieliger aber nicht in allen Fällen verläßlicher ist die sog.
„Area-Technik", bei der aufs Geratewohl bestimmte geogra-·
phische Gebiete herausgegriffen werden und in diesen kleinere
Einheiten bis herunter zu einer bestimmten Wohnungsanschrift
bzw. zur Spezifizierung der Person, die in dieser Wohnung
(z. B. der Haushaltungsvorstand) befragt werden soll. Die Methode ist darum besonders zeitraubend, weil beim ersten Besuch
nicht angetroffene Probanden noch einmal und u. U. des öfteren
aufgesucht werden müssen.

Sehr häufig kommt das sog. „Cluster-Sampling" zur Anwendung. Nehmen wir z. B. an, daß die 2500 Abiturienten einer
Stadt in 100 Schulklassen mit je 25 Schülern zusammengefaßt
sind. Der Untersucher beabsichtigt, 250 Abiturienten in seine
Stichprobe einzubeziehen und beispielsweise nach ihrer Einstellung zur Wehrpflicht zu befragen. Es ist in diesem Falle sehr
viel ökonomischer, zehn ganzen Klassen einen Fragebogen vor-
zulegen, als die 250 Probanden einzeln einen Fragebogen ausfüllen zu lassen. Die zu untersuchende Population besteht somit
aus Gruppen-Einheiten („clusters"), und zehn dieser Einheiten
(herausgegriffen nach dem Lose etwa) machen unsere Stichprobe
aus. Bei Untersuchungen dieser Art wird man einer für den
Sozialpsychologen höchst bedeutungsvollen Erscheinung ansichtig. Es zeigt sich nämlich, daß innerhalb der einzelnen
Gruppen in der Regel charakteristische Gemeinsamkeiten (sozusagen ein Binnen-Klima der Einstellung) bestehen. Diese
Tendenz zur Gruppen-Homogenie hat bereits *W. Lexis* (1903)
beobachtet; auf ihn geht auch im wesentlichen das Verfahren
zurück, das eine Quantifizierung dieses Parameters erlaubt. In
jüngster Zeit ist allerdings an die Stelle des *Lexis*'schen Dis-
persionsquotienten" (L $= \dfrac{\sigma}{\sigma_B}$ mit einer Unsicherheit von:

$\sigma_L = \dfrac{L}{\sqrt{n}}$) die sog. „Intra-Klassenkorrelation" (Rho$_i$) getreten.

Tabelle 13 zeigt die Anwendung des Verfahrens auf ein fingiertes Beispiel. Mit n_i wird die Anzahl der Ja-Antworten (auf die Frage: „Sind Sie bereit, ihrer Dienstpflicht zu genügen?") in der i-ten Klasse bezeichnet. In unserer Stichprobe sprechen sich im ganzen 150 Befragte (von 250) für eine solche Entscheidung aus. Die Gruppenproportion beträgt im Durchschnitt: $\bar{p} = \dfrac{150}{250}$ = 0,60. In den einzelnen Klassen variiert die Proportion der Ja-Stimmen aber zwischen $p_i = 0{,}32$ und $p_i = 0{,}88$. Das Streuungsquadrat von p_i beträgt:

$$\sigma^2 = \frac{(1-f)}{m} \cdot \frac{\Sigma (p_i - \bar{p})^2}{m-1} = \frac{0{,}90}{10} \cdot \frac{0{,}3456}{9}$$

$$= 0{,}003456,$$

wobei: m = Anzahl der Gruppen in der Stichprobe (= 10), und M = Anzahl der Gruppen in der Gesamtpopulation (= 100), $f = \dfrac{m}{M}$ = 0,10 (Korrektur für die endliche Größe der Gesamtpopulation). Der eben errechnete Wert des Streuungsquadrats ist mit dem Streuungsquadrat zu vergleichen,

Tabelle 13: Analyse einer Cluster-Stichprobe

Klassen No.	n_i	$p_i = \dfrac{n_i}{n}$	$(p_i - \bar{p})$	$(p_i - \bar{p})^2$
3	13	0,52	— 0,08	0,0064
7	22	0,88	0,28	0,0784
12	16	0,64	0,04	0,0016
16	8	0,32	— 0,28	0,0784
22	20	0,80	0,20	0,0400
25	12	0,48	— 0,12	0,0144
28	18	0,72	0,12	0,0144
31	12	0,48	— 0,12	0,0144
37	9	0,36	— 0,24	0,0576
44	20	0,80	0,20	0,0400
Summe	150	6,00		0,3456
Durchschnitt	15	0,60 = p		

das sich im Falle einer nicht nach Gruppen zusammengefaßten Population ergeben hätte:

$$\sigma_B{}^2 = (1 - f)\,\frac{\overline{p}\,(1 - \overline{p})}{N - 1} = 0{,}90\,\frac{(0{,}60)\,(0{,}40)}{249} = 0{,}000868.$$

Der Quotient dieser beiden Streuungsquadrate gibt die Intra-Klassen-Korrelation:

$$\frac{\sigma^2}{\sigma_B{}^2} = \frac{0{,}003456}{0{,}000868} = 3{,}98 = 1 + \mathrm{Rho}_i\,(n - 1),$$

wobei: n = Anzahl der Personen in jeder Gruppe ($= 25$);

sodann wird: $\mathrm{Rho}_i = \dfrac{3{,}98 - 1{,}00}{25 - 1} = +\,0{,}12.$

Der *Lexis*'sche Dispersionsquotient hätte in diesem Falle betragen:

$$L = \frac{\sigma}{\sigma_B} = \frac{0{,}0558}{0{,}0295} = 1{,}99\,(\pm\,0{,}09).$$

Für die Intra-Klassen-Korrelation (Rho_i) gelten die Grenzen: $-1{,}00 \leq \mathrm{Rho}_i \leq 1{,}00$. Positive Werte der Korrelation weisen darauf hin, daß die Gruppen in sich homogener sind als die Gesamtpopulation[23]. Es kann sich in unserem Falle z. B. darum handeln, daß die einzelnen Schulklassen als solche nach gewissen Stellungnahmen tendieren. Als Gründe kommen dafür der Einfluß bestimmter Lehrer oder dominierender Schüler sowie Gemeinsamkeiten der Herkunft (Wohngegend, Stand der Eltern) in Frage. *P. J. McCarthy* (in: *Selltiz* u. a., 1964) berichtet, daß sich in den Wohnblöcken (mit je etwa 75 Erwachsenen) einer amerikanischen Kleinstadt (Elmira) hinsichtlich der schulischen Vorbildung eine solche Binnen-Homogenität der Gruppen ($\mathrm{Rho}_i = +\,0{,}11$) finden läßt; bezüglich der Stellungnahmen zu der Behauptung „Die Katholiken sind zu mächtig in den USA" fand sich ein Wert von $\mathrm{Rho}_i = +\,0{,}07$. Diese Befunde erlauben

---

[23] In dieser Formulierung wurzelt die in den letzten beiden Jahrzehnten ständig an Bedeutung gewinnende statistische Methode der Zerlegung des Streuungsquadrates (analysis of variance). Der Extremfall von $\mathrm{Rho}_i = 1{,}00$ träte ein, wenn in sechs der zehn Schulklassen alle Schüler die Frage bejahten ($p_i = 1{,}00$), während in den restlichen vier Klassen alle Schüler sie verneinten ($p_i = 0{,}00$).

Rückschlüsse auf die Entwicklung geistiger Atmosphären in Nachbarschaftsbereichen. Leider gibt es einstweilen nur sehr wenige Erhebungen, die von diesem Hilfsmittel Gebrauch machen. Für die Stichprobentechnik ergibt sich aus dem Vorliegen einer signifikanten Intra-Klassen-Korrelation, daß man bei der Formulierung der Befragungsergebnisse eine größere Unsicherheits-Spanne in Kauf zu nehmen hat, da die dafür maßgebliche Größe der Stichprobe (N′) kleiner ist als die Anzahl (N) der tatsächlich befragten Personen (vgl. *L. Kish*, 1965).

Die in der Meinungsforschung ausgelösten Stellungnahmen implizieren in der Regel Vorstellungskomplexe, die in der Frage vorkommende Personen und Sachverhalte charakterisieren. Fragt man etwa nach der Wünschbarkeit eines Bündnisvertrages mit einer anderen Nation, so werden die Antworten sehr wesentlich davon abhängen, wie diese andere Nation gesehen und beurteilt wird. Es konnte darum nicht lange ausbleiben, daß sich das Interesse der Forscher auf diese Vorstellungskomplexe richtete. Ein Journalist (*W. Lippmann*) ist hier allerdings mit seinem Buche über „Public Opinion" (New York 1922) den Wissenschaftlern zuvorgekommen, indem er den höchst fruchtbaren Begriff des „Stereotyps" einführte. Wir sehen die Mitglieder gewisser Gruppen — z. B. „Ärzte", „Juden", „Russen" usw. — oftmals in sehr stereotyper Weise, nämlich so, als ob sämtliche Mitglieder dieser Gruppe in wesentlichen Punkten einander gleich wären. Dabei überschätzen wir tatsächlich vorhandene, aber in der Regel sehr geringfügige Intra-Klassen-Korrelationen[24].

Als Vorbild für eine Reihe weiterer Untersuchungen diente die Befragung von *D. Katz* und *K. W. Braly* (1933), bei der die Vpn — es waren Studenten der Universität von Princeton — aus einer Liste von 84 Adjektiven fünf auswählen mußten, die

[24] Die Überschätzung an sich vorhandener aber sehr geringer Korrelationen ist eine der häufigsten Täuschungsformen überhaupt. Zu Beginn von *B. Schaffner's* Buch (1948) ist daher auch zu lesen: „Wie kommt es bloß, daß — unbeschadet oberflächlicher Unterschiede — die Deutschen einander so stark gleichen . . .?"

nach ihrer Meinung „die Deutschen" (bzw. andere Nationen) am besten charakterisieren. Dabei ergab sich eine erstaunlich hohe Konzentration auf relativ wenige Eigenschaften: 78 Prozent der Befragten wählten z. B. im Jahr 1933 die auf Deutsch nicht ganz leicht wiederzugebende Bezeichnung „scientifically minded" (vgl. Tab. 14). Als die Untersuchung im Abstand von 18 bzw. nach weiteren 16 Jahren durch G. M. Gilbert (1951) und von M. Karlins u. a. (1969) ebenfalls an Princeton-Studenten wiederholt wurde, entschieden sich noch immer 62 % (bzw. 47 %) für die Zuschreibung dieses Attributes. Die einzelnen Prozentzahlen gibt Tabelle 14, in der auch die von M. Karlins erhobenen Bewertungen der einzelnen Eigenschaften aufgeführt sind[25].

[25] Verwendet wurde eine Skala, die von + 2 (= sehr vorteilhaft) bis — 2 (= sehr unvorteilhaft) reichte. Die Prägnanz (P) von Stereotypen läßt sich im Anschluß an D. Katz und K. W. Braly daraus ersehen, daß relativ wenige Attribute von sehr vielen Befragten angegeben werden. Da jede Befragungsperson fünf Attribute auswählte, entfiel im Jahr 1933 die Hälfte aller Zuschreibungen (= 250 %) auf bloß fünf Eigenschaften; die Prägnanz wurde daher mit P = 5,0 beziffert. Im Jahr 1951 erreichten die sechs am häufigsten gewählten Eigenschaften (bis „arrogant" inkl.) einen Summenprozentsatz von nur 244 %; es mußte daher noch ein gewisser Prozentsatz der an siebenter Stelle genannten Eigenschaft („methodical") hinzugenommen werden: P = 6,0 + $\frac{6}{20}$ = 6,3. Durch besonders prägnante Stereotype wurden im Jahr 1933 die Neger (P = 4,6), die Deutschen (P = 5.0) und die Juden (P = 5.5) charakterisiert, durch besonders wenig prägnante die Türken (P = 15,9) und die Chinesen (P = 12.0). In Tabelle 14 wurden die Prozentsätze der Eigenschaften, welche nicht in die Prägnanzberechnung eingehen, in Klammern gesetzt.

Die Bewertung (B) der einzelnen Stereotype ergibt sich aus den Produkten der Zuschreibungshäufigkeiten (p_i) und der Einzelbewertungen (b_i) der Eigenschaften (i), welche zur Erreichung des Halbwertes (250 %) erforderlich sind: B = $\frac{\sum (p_i \cdot b_i)}{250}$. Das Stereotyp der Deutschen war 1933 sehr positiv (B = 0,89); es hat sich unter dem Eindruck des Krieges zunächst verschlechtert (B = 0,60) und seither offenbar wieder verbessert (B = 0,77). Noch stärkeren Schwankungen unterlag das Stereotyp der Japaner (B = 0,66; — 0,14; 0,84). Sehr erstaunlich ist das Absinken des amerikanischen Selbstbildes in den drei Untersuchungen (B = 0,99; 0,86; 0.49) das z. Z. (bei Studenten!) weniger vorteilhaft zu sein scheint als sowohl das japanische als auch das deutsche Stereotyp. Am wenigsten freundlich wurden in allen drei Untersuchungen die Türken geschildert (B = — 0,98; — 1,03; — 0,62).

Tabelle 14: Das Stereotyp der Deutschen
bei amerikanischen Studenten

Bewertung (b$_i$)	Eigenschaft	Befragung (Zahlen in %)		
		1933	1951	1967
0,81	„Scientifically minded"	78	62	47
1,32	arbeitsam	65	50	59
0,32	unerschütterlich	44	(10)	(9)
1,61	intelligent	32	32	19
0,24	„methodical"	31	20	21
0,10	extrem nationalistisch	(24)	50	43
0,99	progressiv	(16)	(3)	(13)
1,18	tüchtig	—	—	46
0,18	aggressiv	—	27	30
— 1,30	arrogant	—	23	(18)
Prägnanz (P)		5,0	6,3	6,2
Bewertung (B)		0,89	0,60	0,77

Die durch bestimmte Eigenschaften gekennzeichneten Kollektivpersönlichkeiten der Stereotype entwickeln bzw. übernehmen wir sowohl hinsichtlich von Gruppen und Nationen, denen wir uns selbst zurechnen („Autostereotype"), als auch bezüglich von Gemeinschaften, denen wir nicht angehören („Heterostereotype").

Interessante Vergleiche zwischen Hetero-Stereotypen und Auto-Stereotypen ermöglicht eine um 1950 im Auftrag der UNESCO durchgeführte Untersuchung. Die Technik bestand ebenfalls in der Auswahl von als besonders charakteristisch erscheinenden Eigenschaftswörtern aus einer Liste von 12 Adjektiven[26]. Tabelle 15 gibt die Selbstbilder (Auto-Stereotype)

[26] Nach W. *Buchanan* und H. *Cantril*, 1953. Befragt wurden in jedem Lande ungefähr 1000 Personen. Die weitere Verarbeitung des Materials stammt vom Verf. Zur Abkürzung bedienen wir uns der Konvention, daß der erste Buchstabe die Bewohner des befragten Landes (A = US-Ameri-

von 5 Nationen sowie die Fremdbilder (Hetero-Stereotype) bezüglich „der Amerikaner" (DA ... IA), „der Russen" (AR ... IR) und „der Chinesen" (DC und EC). Die Zahlen entsprechen den Prozentsätzen, mit denen die Beurteiler in einem Land der beurteilten Bevölkerung bestimmte Eigenschaften zuschrieben; z. B. bezeichneten 82 % der in den USA befragten Personen „die Amerikaner" als „friedliebend", nur 23 % der in Deutschland Befragten schrieben den Amerikanern (DA) diese Eigenschaften zu.

Zur weiteren Aufarbeitung dieses Materials bedienen wir uns mit der im Zusammenhang mit dem Polaritätsprofil (S. 80) bereits eingeführten Ähnlichkeitsrelationen (Tabelle 16). Die Q-Werte lassen auf den ersten Blick schon eine Reihe wesentlicher Übereinstimmungen erkennen, und zwar hinsichtlich der Autostereotype der fünf Nationen ($\bar{q} = 0,74$), ihrer Russen-Bilder ($\bar{q} = 0,80$) und ihrer Amerikaner-Bilder ($\bar{q} = 0,67$). Ausnahmslos gilt auch, daß zwischen dem Amerikaner-Bild und dem Russen-Bild eine näherungsweise Gegensatzrelation ($\bar{q} = -0,56$) besteht. Weiter führt uns abermals eine Faktorenanalyse, die drei voneinander unabhängige (orthogonale) Faktoren der Interpretation zur Verfügung stellt:

F_1 (AA = 0,98): Das allgemeine Auto-Stereotyp in der westlichen Zivilisation (friedliebend, großzügig, nicht rückständig, nicht grausam).

F_2 (EC = 0,98): Das westliche Kuli-Stereotyp (arbeitsam, rückständig, nicht eitel, nicht herrschsüchtig).

F_3 (EF = 0,93): Das romanische Stereotyp (intelligent, eitel, nicht selbstbeherrscht, nicht grausam).

Beim deutschen Selbstbild (DD) fällt der relativ hohe Anteil des Kuli-Stereotyps (F_2 = 0,35) auf. Die Russen-Bilder, deren feindselige Konnotationen wir schon aus den deutschen Bildwahlen (vgl. S. 85) kennen, werden einerseits durch den Gegen-

---

kaner, D = Deutsche, E = Engländer, F = Franzosen, I = Italiener) bezeichnet, der zweite Buchstabe aber die Bewohner des Landes, über die Aussagen gemacht wurden (R = Russen, C = Chinesen). Das Selbstbild der Amerikaner ist somit AA, ihr Russen-Bild AR.

Tabelle 15: Nationale Stereotype (Eigenschafts-Zuschreibungen)

Eigenschaft	AA	DD	EE	FF	II	DA	EA	FA	IA	DR	ER	AR	FR	IR	DC	EC
Friedliebend	82	37	77	69	27	23	39	26	29	12	6	7	10	6	5	22
Großzügig	76	11	48	62	41	46	52	34	60	5	3	3	7	5	1	7
Intelligent	72	64	52	79	80	34	38	37	34	22	12	12	15	13	6	17
Fortschrittlich	70	39	31	34	17	58	58	75	32	7	21	15	19	13	1	8
Sehr arbeitsam	68	90	57	46	67	19	32	37	39	4	53	49	51	22	18	40
Tapfer	66	63	59	56	45	6	19	26	18	7	31	28	42	22	6	21
Praktisch	53	53	47	17	24	45	38	81	59	5	21	13	11	5	3	11
Selbstbeherrscht	37	12	44	12	5	11	10	34	16	5	9	14	9	4	5	15
Eitel	22	15	11	30	24	15	52	24	22	20	13	28	14	12	0	2
Herrschsüchtig	9	10	6	4	8	10	37	46	11	12	42	49	49	45	1	2
Rückständig	2	2	6	4	7	1	4	2	2	10	36	40	56	48	12	37
Grausam	2	1	1	0	3	2	3	4	3	10	39	50	41	55	6	18

Tabelle 16: Ähnlichkeiten zwischen nationalen Stereotypen*)

Stereotyp	Korrelationen															Faktoren-Ladungen		
	DD	EE	FF	II	DA	EA	FA	IA	AR	DR	ER	FR	IR	DC	EC	F₁	F₂	F₃
AA	68	91	87	68	66	55	44	72	−68	−70	−44	−51	−77	01	05	98	00	−01
DD	—	68	58	80	30	24	40	46	−08	−39	20	03	−39	46	38	70	35	16
EE		—	78	61	37	25	28	58	−61	−59	−38	−43	−72	18	24	93	20	−03
FF			—	82	42	48	08	52	−58	−58	−46	−41	−60	02	08	89	03	56
II				—	29	32	11	50	−21	−40	−04	−09	−38	35	27	68	24	57
DA					—	78	79	82	−68	−60	−47	−62	−64	−38	38	68	−42	−18
EA						—	62	66	−48	−75	−41	−52	−61	−51	−56	56	−60	20
FA							—	64	−40	−62	−15	−40	−55	−36	−42	45	−46	−43
IA								—	62	−62	−40	−58	−73	−16	−20	74	−24	−28
AR									—	67	92	90	83	47	34	−70	39	05
DR										—	58	67	89	41	46	−71	51	−07
ER											—	92	73	60	48	−45	52	−26
FR												—	85	60	54	−52	59	−10
IR													—	33	32	−79	38	05
DC														—	96	01	98	−01
EC															—	05	98	−01

*) Die Koeffizienten werden ohne Null und Komma geschrieben.

satz zu den Auto-Stereotypen ($\overline{F}_1 = -0,63$) und andererseits durch den Kuli-Faktor ($\overline{F}_2 = 0,48$) charakterisiert, der die Amerikaner-Bilder der betrachteten Nationen in etwa ebenso starker aber in gegensätzlicher Weise mitbestimmt ($\overline{F}_2 = -0,43$). Deutlich in Frankreich (FA) und ein wenig auch in Italien (IA) wird eine Abhebung des Amerikanerbildes vom romanischen Stereotyp vermerkt ($F_3 = -0,43$ bzw. $-0,28$).

Die Frage der objektiven Berechtigung von Stereotypen läßt sich natürlich nicht beantworten, weil die tatsächliche Verteilung von Charakterzügen in keiner einzigen Nation, Rasse oder Religionsgemeinschaft bisher bekannt ist. Erst dann wäre es aber möglich, mit Hilfe des Zentralwertes der Verteilungen die repräsentative („modale") Persönlichkeit einer bestimmten Gruppe (*R. Linton,* 1945) zu beschreiben. Der Sozialpsychologe hat es aber bei den Stereotypen mit Einstellungen zu tun, die um ihrer selbst willen und weil sie weitere Stellungnahmen begünstigen können, bedeutungsvoll sind.

Eine andere Frage, die hier bloß angeschnitten werden kann, zielt auf die Korrelation zwischen verschiedenen Ausdrucksformen ein und derselben Einstellung ab. Wird, wer ein sehr unfreundliches Stereotyp „des Juden" hat, diesem auch in seinem Handeln Ausdruck verleihen? Da zu dem Problem nur wenige, recht anekdotische Berichte vorliegen, läßt sich im Augenblick nur vermuten, daß die in Rede stehende Korrelation zwar positiv aber keineswegs sehr hoch sein dürfte. Offenbar muß man hier dem Umstand Rechnung tragen, daß verschiedene Formen von Stellungnahmen (z. B. konkretes Verhalten bei Begegnungen und verbales Verhalten in einem Fragebogen) durch unterschiedliche Schwellen charakterisiert sind; man entschließt sich leichter, über eine abwesende Person etwas unfreundliches zu sagen als ihr bei einem Zusammentreffen in entsprechender Weise zu begegnen. Außerdem dürfte auch hier die Diskrepanz zwischen dem Stereotyp der Rolle und dem der Rollenträger (vgl. S. 82) von Bedeutung sein.

Bei der Erforschung der öffentlichen Meinung muß man sich stets vor Augen halten, daß es sich um ein sehr wandelbares

Gebilde handelt. Was wir über diesen Wandel tatsächlich wissen, stammt großenteils aus dem Prozeß der Kristallisierung von Wahlentscheidungen bzw. aus Untersuchungen, in denen eine bestimmte Personengruppe (das sog. „Panel") mehrmals im Laufe des Wahlkampfes befragt wurde. Diese Untersuchungsmethode hat besonders *P. F. Lazarsfeld* kultiviert, sie wurde vom Institut f. Demoskopie bei der Bundestagswahl von 1969 verwendet (*E. Noelle-Neumann,* 1969). Die Ausweitung dieses Verfahrens dürfte die Erstellung stochastischer Modelle für den Prozeß der Meinungsbildung gestatten.

4. Soziometrie[27]

Einen Spezialfall der Einstellungsmessung hat man in dem vor allem auf *J. L. Moreno* (1934) zurückgehenden Soziogramm vor sich. Die Fragestellung zielt auf eine Auswahl aus einem bestimmten Personenkreis hinsichtlich eines Kriteriums ab, z. B.: „Nenne drei Mitschüler, mit denen du besonders gerne (bzw.: am wenigsten gerne) eine Reise unternehmen möchtest". Auf Grund der von sämtlichen Angehörigen (N) einer Gruppe eingehenden Antworten lassen sich die folgenden Parameter der Gruppenstruktur quantitativ erfassen bzw. definieren:

a) Der Wahlstatus der Person X =

$$\frac{\text{Anzahl der Personen, die X wählen}}{N - 1}$$

b) Der Zurückweisungs-Status von X =

$$\frac{\text{Anzahl der Personen, die X zurückweisen}}{N - 1}$$

c) Die Kohäsion einer Gruppe[28] =

---

[27] Eine gute Einführung geben: *E. Höhn* u. *C. P. Schick,* 1964. Das Hauptwerk *Moreno's* ist in deutscher Übersetzung unter dem Titel „Die Grundlagen der Soziometrie" (1967) zugänglich.

[28] Diese Beziehung gilt nur, wenn die Anzahl der Wahlen (bzw. Zurückweisungen) des Einzelindividuums nicht limitiert ist. Sind nur k Wahlen zulässig, dann beträgt der Nenner $\frac{k(N-1)}{2}$

$$\frac{\text{Anzahl der gegenseitigen Wahlen von Mitgliedern}}{\frac{N(N-1)}{2}}$$

d) Die Gruppen-Integration =

$$\frac{1}{\text{Anzahl der isolierten Personen}}$$

wobei unter einer „isolierten" Person ein Gruppen-mitglied verstanden wird, das von keinem anderen ge-wählt wird;

e) Die Kohärenz einer Gruppe (nach *Criswell*, 1946) =

$$\frac{R \cdot q}{U \cdot p}$$

wobei: R = Anzahl der gegenseitigen Wahlen
U = Anzahl der nicht-gegenseitigen (einseitigen) Wahlen

$p = \dfrac{k}{N-1}$; $q = 1 - p$; k = Anzahl der zulässigen Nominierungen.

Der Zufallswert für R beträgt:

$$W_R = \frac{N(N-1)}{2} \cdot p^2$$

Der Zufallswert für U beträgt:

$$W_U = N(N-1) \cdot p \cdot q.$$

Der Zufallswert für die Anzahl der isolierten Personen beträgt: $W_I = N(q^{N-1})$.

Zur Veranschaulichung diene eine von *Moreno* und *Jennings* (1938) untersuchte Gruppe von 26 Mädchen, die jede drei andere Mädchen als mögliche (gewünschte) Nachbarn am ge-meinsamen Mittagstisch vorschlugen ($N = 26$; $k = 3$; $p = \dfrac{3}{25}$; $q = \dfrac{22}{25}$). Wie Tabelle 17 zeigt, weichen die beobachteten Werte von den Zufallswerten ab; die Gruppe enthält mehr isolierte Personen aber auch mehr Paare (d. h. gegenseitige Wahlen),

als dem Zufall entspräche. Tatsächlich scheinen beide Phänomene den Zusammenhalt von Gruppen zu fördern, d. h. auch
der an sich unerfreuliche Umstand einer überzufallsmäßigen
Isolierten-Quote. An 42 Mittelschul-Klassen hat *J. F. Muldoon*
(1955) gezeigt, daß die Abneigungen (Zurückweisungen) sich
in diesen stärker auf bestimmte Personen konzentrieren als die
Zuneigungen (Wahlen)[29], daß aber die beiden Konzentrations-
grade miteinander positiv korrelieren (r = 0,41). Klassen, in
denen relativ wenige Schüler das Gros der allgemeinen Zuneigung auf sich ziehen, haben in der Regel auch eine kleine
Anzahl „schwarzer Schafe", die allgemein unbeliebt sind.

Tabelle 17: Analyse eines Soziogramms

Parameter	Anzahl	
	Beobachtet	Zufallswert
Isolierte Personen (I)	5,0	1,09 $(= W_I)$
Einseitige Wahlen (U)	51,1	68,64 $(= W_U)$
Gegenseitige Wahlen (R)	13,4	4,68 $(= W_R)$
Gruppen-Kohärenz (e)	1,92	0,50

Weitere Schlußfolgerungen lassen sich aus dem Soziogramm
ziehen, wenn die Wahlen nicht bloß auf die Mitglieder einer
bestimmten Innen-Gruppe beschränkt werden. Im Falle von
zwei Gruppen ergibt sich z. B. die Frage nach der Anzahl der
Mitglieder der Gruppe A, die Personen der Gruppe B wählen
(oder zurückweisen), bzw. die Frage nach dem Quotienten der
Anzahl der Binnen-Wahlen und der Außen-Wahlen. Man gelangt auf diese Weise zu einer Bewertung des Zusammenhalts
(Kohäsion) von Gruppen, die zu anderen Gruppen bezüglich
ihrer Angehörigen in einem Konkurrenzverhältnis stehen.

---

[29] Als Konzentrationsmaß wurde der Prozentsatz der Mitglieder einer
Klasse bestimmt, auf den 50 % der im ganzen vorhandenen Zuschreibungen
(bzw. Wahlen) entfallen. Die Methode ist der von *Katz* und *Braly* verwendeten (vgl. Anm. 25) nachgebildet. Die Mittelwerte betragen für Abneigungen 19,8 % (σ = 4,6 %) und für Zuneigungen 25,5 % (σ = 4,0 %). Der
Unterschied zwischen ihnen ist als statistisch gesichert (t = 7,78) anzusprechen.

Die ältere Soziometrie hat sich vielfach um eine bildhafte Darstellung der Wahl- und Zurückweisungs-Relationen zwischen den Mitgliedern einer Gruppe bemüht (das „Soziogramm"); die einschlägigen Verfahren sind aber nur von beschränktem Wert. Aussichtsreichere Versuche führen heute zu einer Matrizen-Darstellung der entsprechenden Relationen (*E. Forsyth* und *L. Katz,* 1946; *K. Cervinka,* 1948; *L. Festinger,* 1949; vgl. *A. Rapoport,* 1963). Die von *Tagiuri* (1952) vorgeschlagene Bereicherung des Wahlverfahrens durch Einbezug der Schätzungen hinsichtlich der Personen, von denen man selbst gewählt werden wird, ist oben schon (vgl. S. 42) erwähnt worden.

5. Gruppenexperimente

Die systematische Variation der Funktionsbedingungen größerer Verbände (Nationen, z. B.) ist viel zu verantwortungsvoll und auch viel zu schwierig, um für experimentelle Zwecke in Frage zu kommen. Die mehr oder minder diktatorischen Versuche dieser Art (etwa der groteske Vorsatz der „Umerziehung" einer Nation durch Besatzungsbehörden) gehören der Geschichte an; man kann aus ihnen (wie aus einer Währungsreform oder aus den Resultaten einer Umsteuerung der Verkehrswege) lernen, man kann hier aber nicht wirklich experimentieren. Leichter und mit geringerer Gewissensbelastung manipulierbar sind kleinere Gruppen, die sich z. B. in einem Sommerlager für Jugendliche oder in einem geselligen Verein zusammenfinden können. *N. Polansky, R. Lippitt* und *F. Redl* (1950) untersuchten z. B. die Frage der Ausbreitung („Ansteckung") von Stimmungen und Einstellungen in solchen Lagern. *M. Sherif* (1953, 1969) bildete in einem solchen Lager entgegen den (soziometrisch festgestellten) Anfangsneigungen der Teilnehmer zwei Gruppen und beobachtete den inneren Zusammenschluß („Kontakt schafft Sympathie") dieser Gruppen sowie die Spannungen, die sich zwischen diesen beiden Gruppen einstellten. Im Bereich großer industrieller Unternehmen (z. B. General Electric, Hawthorne-Werk) sind mehrfach kleinere Belegschaftsgruppen herausgegriffen und experimentell untersucht worden (*F. J. Roethlisberger* und *W. J. Dickson*, 1939). Da sehr viele Konflikt- und Problem-Situationen in unserer Gesellschaft durch Gruppenaussprachen (Verhandlungen) geregelt werden, besteht auch ein ziemlich großes öffentliches Interesse an der Dynamik solcher Zusammenkünfte[30]. Ein Forschungsprojekt der Universität des Staates Michigan zielt auf eine Klärung dieser Frage ab (*H. Guetzkow*, 1951). Als Forschungs- und Lehrinstrument wurde in Bethel, Staat Maine, das „National Trainings laboratory in group developments" eingerichtet (vgl. *L. P. Bradford* u. a. 1964), auf dessen Anregung, die heute vielerorts verwendeten „Trainings- oder T-Gruppen" zurückgehen (*M. Argyle*, 1972). Sie bemühen sich um die Erwerbung und die Verfeinerung des „Gespürs" für zwischenmenschliche Beziehungen („sensitivity"; vgl. *R. T. Golombiewski* und *A. Blumberg*, 1970; *D. I. Malamud* und *S. Machover*, 1965), durch die nicht nur bessere Formen der Kooperation ermöglicht, sondern auch psychotherapeutische Wirkungen erzielt werden sollen. Die Erfolge und namentlich die Übertragbarkeit des Gelernten aus der Trainings-Situation in die alltägliche Berufs- und Privat-Welt der Trainierten sind umstritten. Nicht ganz unproblematisch scheinen mir Ausweitungen des Sensitivity-Trainings zu sein, bei denen der körperliche Kontakt in emotional stark aufgeladenen Situationen gepflegt wird (*W. C. Schutz*, 1971).

Das eigentliche Laboratoriumsexperiment ist selbstverständlich in der Regel weniger lebensnah; es eignet sich jedoch oftmals besser zur Isolierung der wesentlichen Variablen und zur Erfassung der sich zwischen Menschen einstellenden Zusammenhänge. Wie wird z. B. ein einzelner Gruppenangehöriger einen Sachverhalt beurteilen, wenn er sich in seiner Gruppe einer (instruierten) Majorität gegenüber sieht, die eine mehr oder minder widersinnige Anschauung vertritt? *S. E. Asch* (1952) und

---

[30] Eine halb-populäre Darstellung gibt *S. Chase*, 1961.

W. Berenda (1950) stellten ihren Vpn (Studenten und Kindern) die Aufgabe, aus drei vertikalen Linien unterschiedlicher Länge diejenige auszuwählen, die ebenso lang sei wie eine vorgezeigte Vergleichslinie. In Gruppen von 7—20 Personen variierten sie sodann die Anzahl der instruierten Personen, die in sieben von zwölf Fällen eine falsche Zuordnung vollzogen. Die einzige naive Vp in der Gruppe stand somit vor der Wahl, entweder zu ihrer eigenen Anschauung zu stehen oder der Majoritäts-meinung zu folgen; gibt sie nach, dann produziert sie natürlich ein Fehlurteil. Tab. 18 zeigt die Verteilung der Fehler bei naiven Vpn. Diese Versuchsanordnung erlaubt einmal die Variation der Urteilsbedingungen (Auffälligkeit der Längen-unterschiede), sodann die der Größe der instruierten und irre-führenden Majorität (der maximale Effekt wird schon bei n = 4 erreicht) und schließlich eine Untersuchung der Persönlichkeits-unterschiede zwischen den der Majoritätsmeinung nachgeben-den und den resistenten Vpn. Hinsichtlich dieses letzten Punktes sind die vorliegenden Befunde noch nicht spruchreif. Ungün-stigere Urteilsbedingungen erhöhen die Nachgiebigkeit der naiven Vpn. Eine Verbesserung der Technik von *Asch* hat *R. S. Crutchfield* (vgl. *Krech, Crutchfield* und *Ballachey,* 1962) beschrieben. Hier geht es um Meinungs- und Einstellungsfragen, bezüglich deren die einzelnen Vpn über eine Anzeigetafel von den (angeblichen) Antworten anderer Vpn unterrichtet werden. Die Nachgiebigkeit bzw. die Tendenz zum Konformismus, die dabei registriert werden, korrelieren im allgemeinen negativ mit dem Ausmaß der Originalität des Denkens und der sog. „Krea-tivität" (*G. Ulmann,* 1968; *F. Barron,* 1969).

Ausgiebig wurde die Frage nach der Etablierung einer Führerrolle in ursprünglich organisationslosen Gruppen von Gleichgestellten untersucht[31]. Sehr viele Entwicklungslinien ge-hen hier auf die von der deutschen Wehrmachtspsychologie (*J. B. Rieffert*) ausgebildete sog. „Führerprobe" zurück. Der älteren Auffassung, daß es so etwas wie einen durch besondere

---

[31] Gute Übersichten geben *C. A. Gibb,* 1969, sowie *B. M. Bass,* 1960.

Tabelle 18: Ergebnisse im Beeinflussungs-Versuch von Asch

Versuchs-gruppen		Anzahl der Fehler								Durch-schnitt
		0	1	2	3	4	5	6	7	
Studenten (unbeeinflußt)	%	56	36	8	—	—	—	—	—	0,5
Studenten (beeinflußt)	%	20	23	19	13	13	3	3	6	2,3
Jugendliche (10—13 J.)	%	20	13	15	8	12	8	12	12	3,1
Kinder (7—10 J.)	%	7	18	11	11	11	11	5	26	3,8

Persönlichkeitseigenschaften ausgezeichneten und daher diagnostisch erfaßbaren „geborenen Führer" gebe, stellt sich dabei
immer stärker die Meinung entgegen, daß die Übernahme der
Führerrolle und der Erfolg in dieser weitgehend von den Eigenheiten der Aufgabe und dem Charakter der zu führenden
Gruppe abhängen. Die beliebteste und wohl auch am einfachsten herzustellende Situation, in der sich Führerpositionen
herausbilden können, ist das Rundgespräch, in dem ein gestelltes
Thema diskutiert wird. Bau- und Konstruktionsaufgaben lassen
sich in analoger Weise verwenden. Eine sehr hübsche Versuchsanordnung, mit deren Hilfe die Zusammenarbeit von Gruppenmitgliedern untersucht wurde, stammt von *A. Mintz*, 1951).
Die Aufgabe besteht darin, kleine Papierzylinder aus einer
Flasche mit engem Hals herauszuziehen. Jeder Teilnehmer (in
Gruppen von 15—21 Personen) erhält einen Faden, an dem
ein Zylinder befestigt ist. Veranlaßt man die Gruppenmitglieder
durch die Ausschreibung von Prämien (für ein möglichst früh-
zeitiges Herausziehen des eigenen Zylinders) zur individuali-
stischen Konkurrenz, dann entsteht in der Regel eine „Verkehrs-
stockung" im Flaschenhals. Die Gesamtgruppe macht daher nur
sehr langsame Fortschritte. Bei Abschwächung oder Fortfall
des individuellen Gewinn-Motivs arbeitet die Gruppe erfolg-

reicher. *Mintz* sieht in diesem Experiment die Miniatur-Kopie einer Panik-Situation.

Besonders beliebt sind seit einiger Zeit „strategische Spiele", bei denen sich die Partner zwischen kooperativem und egoistischem Verhalten entscheiden können. Das Paradigma (*R. D. Luce* und *H. Raiffa*, 1957; *M. Deutsch*, 1958; *A. Rapoport*, 1960, 1964; *W. E. Vinacke*, 1969) ist das sog. Dilemma des Gefangenen („the prisoner's dilemma"); es geht dabei um das Verhalten zweier Verbrecher (A und B) vor dem Untersuchungsrichter (Tab. 19, obere Hälfte). Wenn A gesteht, stellt ihm der Richter eine vergleichsweise milde Strafe (1 Jahr Gefängnis) in Aussicht; in diesem Fall wird allerdings B sehr hart bestraft (20 Jahre). Das gleiche gilt für B, der ebenfalls im Falle eines Geständnisses mit nur einem Jahr davonkommen würde. Gestehen beide Partner, dann erhält jeder von ihnen eine Strafe von 10 Jahren. Nicht viel kann man ihnen jedoch nachweisen, wenn sie beide schweigen; jeder von ihnen würde dann eine Strafe von zwei Jahren erhalten. Wer selbst — in der Erwar-

Tabelle 19: Die Gewinn- und Verlust-Matrizen der beiden Partner in einer Entscheidungs-Situation („The prisoner's dilemma")

Person A	Person B	
	schweigt (X)	gesteht (Y)
schweigt (X)	2 / 2	1 / 20
gesteht (Y)	20 / 1	10 / 10

	X	Y
X	+ 9 / + 9	+ 10 / — 10
Y	— 10 / + 10	— 9 / — 9

Tabelle 20: Die Zusammenhänge zwischen aufeinanderfolgenden Verhaltensweisen in einer Diskussionsgruppe

Akte von A	Reaktionen von B (in %)											
	1	2	3	4	5	6	7	8	9	10	11	12
1. Zeigt Solidarität mit anderen	28,4	11,9	3,0	13,4	14,9	11,9	4,5	4,5	0,0	3,0	1,5	3,0
2. Zeigt Entspannung (Scherzen, Lachen)	0,7	68,2	3,2	3,1	10,2	6,7	2,2	1,5	0,3	1,7	0,6	1,5
3. Stimmt zu	0,6	2,7	15,9	8,5	40,8	21,4	2,3	3,0	0,9	2,7	1,0	0,2
4. Macht einen Vorschlag	1,3	6,7	46,0	8,6	9,2	8,8	2,3	1,5	1,5	12,4	1,3	0,4
5. Äußert eine Meinung	0,6	4,3	48,9	2,2	19,2	6,3	2,3	2,8	0,3	11,8	0,6	0,6
6. Gibt Auskunft	0,6	5,8	35,0	3,6	15,2	24,0	5,6	1,3	0,4	5,7	1,1	1,7
7. Ersucht um Auskunft	0,0	1,0	5,6	0,7	10,0	73,7	5,6	1,0	0,3	1,6	0,0	0,7
8. Fragt nach Meinung	1,5	5,4	9,2	2,4	45,9	13,2	10,7	3,0	0,5	4,4	2,0	2,0
9. Ersucht um Vorschlag	0,0	13,2	0,0	35,8	28,3	9,4	1,9	1,9	0,0	3,8	3,8	1,9
10. Widerspricht	0,3	6,6	12,4	5,2	25,0	13,5	3,6	2,0	0,3	24,2	3,9	3,0
11. Zeigt Spannung	4,1	7,2	5,2	2,1	39,2	22,7	2,1	4,1	0,0	4,1	9,3	0,0
12. Zeigt Gegnerschaft zu anderen	1,0	18,1	4,8	3,8	12,4	11,4	1,0	3,8	0,0	5,7	1,9	36,2
Durchschnittliche Häufigkeit	2,9	6,3	16,1	7,8	29,4	21,0	3,3	2,3	1,4	6,6	2,6	0,3

tung, daß der andere Partner schweigen werde, — gesteht, riskiert somit, indem er auf dessen Kosten einen Vorteil für sich herauszuholen bestrebt ist, den Nachteil einer verhältnismäßig sehr harten Strafe.

Wir brauchen uns über die moralische Qualität des Paradigmas nicht zu unterhalten, denn in der aktuellen Forschung verwendet man ohne so konkrete Bezüge lieber recht abstrakte Gewinn- und Verlust-Matrizen (Tabelle 19, untere Hälfte), mit denen z. B. *Morton Deutsch* (1958) sehr ausgedehnte Untersuchungen angestellt hat. Werden Vpn (im allgemeinen Studenten) in der Instruktion darauf hingewiesen, sie sollten nur auf ihren eigenen Vorteil bedacht sein, dann entscheiden sich bloß 36 %o der Einzelindividuen und 13 %o der Partnerpaare für ein kooperatives Verhalten, d. h. für die gemeinsame Wahl der Alternative X. Ermöglicht man ihnen vor der Entscheidung eine kurze schriftliche Verständigung, dann steigen diese Prozentsätze auf 71 %o bzw. 59 %o an. Unter einer Instruktion, welche die Konkurrenz fördert, bleiben sie trotz des Schriftwechsels bei 29 %o bzw. 17 %o. In all diesen Fällen liegt der Prozentsatz der Paare unter dem der Einzelpersonen; daraus ist zu ersehen, daß das Vertrauen des einen Partners ziemlich häufig durch den anderen Partner enttäuscht wird.

Eine Übertragung dieser Ergebnisse auf weltpolitische Probleme (z. B. das Entscheidungsverhalten zweier Großmächte) ist mehrfach versucht worden; ich halte das jedoch für recht fragwürdig. Das Experiment eignet sich aber sehr gut für die Untersuchung der charakterologischen und der situativen Bedingungen kooperativen Verhaltens.

Der Ertrag eines Experiments bemißt sich sehr stark nach den Möglichkeiten der genauen und verläßlichen Erfassung der sich unter den Versuchsbedingungen abspielenden Vorgänge. In dieser Hinsicht hatte die Erforschung der Gruppendynamik zum Teil ganz neue Probleme zu lösen. Im allgemeinen stützt man sich auf Beobachter, die — eventuell von einem Nachbarraum aus durch einen einseitig durchsichtigen Spiegel — die Ereignisse verfolgen und nach einem bestimmten Schema protokollieren.

Mehrere Vorschläge zur Systematisierung dieser Aufgabe sind
bisher bekannt geworden; der wichtigste scheint der von *R. F.
Bales* (1951) zu sein. *Bales* arbeitet meistens mit Gruppen von
2 bis 8 Personen (Studenten), die in freier Weise ein Problem
der „Menschenführung in Betrieben" diskutieren. Jede Gruppe
hat in der Regel vier einstündige Diskussionen. Der experimentellen Variation fähig sind z. B. Gruppengröße, personale Zu-
sammensetzung der Gruppe, Beliebtheit des Themas, Sitzord-
nung sowie andere vom Versuchsleiter geschaffene Rahmen-
bedingungen. Der Beobachter protokolliert das Verhalten der
einzelnen Teilnehmer (meistens kann allerdings ein Beobachter
nicht mehr als zwei Gruppenteilnehmer verfolgen) an Hand
von 12 Kategorien in kurzen Zeitabständen. Tabelle 20 zeigt
dieses Kategoriensystem[32] und zugleich eine sehr wesentliche
Anwendung, nämlich die Wahrscheinlichkeits-Zuordnung der
Akte der (generalisierten) Einzelperson A zu den Reaktionen
der (generalisierten) Person B. Die Tabelle erlaubt die Beantwortung der Frage: Was wird geschehen, wenn A in dieser
Situation z. B. Anzeichen innerer Spannung (Kategorie 11)
erkennen läßt? Die darauffolgende Stellungnahme eines der
Partner wird mit großer Wahrscheinlichkeit (39,2 %) entweder
eine Meinungsäußerung (Nr. 5) oder (22,7 %) eine Orientierung
(Nr. 6) sein. Der Natur der Sache nach ist in diesem Falle
Zustimmung (Nr. 3) recht selten (5,2 %), während im allgemeinen zustimmende Stellungnahmen sehr viel häufiger (16,1 %)
beobachtet werden (letzte Zeile der Tabelle). Meinungsäußerun-

---

[32] Die Systematik im Aufbau des Kategoriensystems dürfte leicht zu ersehen sein: Nr 1—3 und Nr 10—12 beziehen sich auf emotionale Stellungnahmen positiver und negativer Art; die Kategorien sind einander parallel
aber gegenpolig. In Nr 4—6 und Nr 7—9 fallen die neutralen Beiträge zur
Problemlösung; die Kategorien sind reziprok. Außerdem lassen sich zusammenfassen: 6 + 7 Verständigung, 5 + 8 Beurteilung, 4 + 9 Einfluß-
nahme, 3 + 10 Entscheidung, 2 + 11 Spannungszustand, 1 + 12 Integration
der Gruppe. Die Matrix der bedingten Wahrscheinlichkeiten (zeilenweise
Addition ergibt jeweils 100 %) bezieht sich auf Fünf-Mann-Gruppen, sie
stammt aus *R. F. Bales*, 1953. Die letzte Zeile wurde aus den von *R. F. Bales*
und *E. F. Borgatta*, 1955, gegebenen Daten berechnet. An ihrer Hand lassen
sich die Einflüsse der vorausgegangenen Stellungnahmen auf die ihnen folgenden erkennen.

gen (Nr. 5) erfolgen im allgemeinen sehr häufig (29,4 %), jedoch nur sehr viel seltener (10,2 %) im Gefolge eines Aktes der Entspannung (Scherz oder Lachen, Nr. 2); ein solcher Akt ist vielmehr „ansteckend", da ihm mit größter Wahrscheinlichkeit (68,2 %) ein gleichartiger Akt folgt. Wie man sieht, geht es in dieser Betrachtung um den Vergleich zwischen unabhängigen (letzte Zeile) und abhängigen Wahrscheinlichkeiten. Auf Grund dieser Daten hat *Bales* denn auch zur Konstruktion eines stochastischen Modells für das Geschehen in der Diskussionsgruppe angesetzt.

Die Manipulation der Kontaktmöglichkeiten innerhalb einer Gruppe wurde von *A. Bavelas* und seinen Mitarbeitern (1950) in Angriff genommen. Die Gruppe hat als solche eine Aufgabe zu lösen, jedoch können die Mitglieder nur nach bestimmten Regeln ihre Gedanken miteinander austauschen. A kann z. B. dem Partner B etwas mitteilen, er kann ihn aber nur durch die Vermittlung der Person C erreichen (Gabel-Mündung). Tabelle 21 zeigt drei mögliche Gruppierungen und deren Einfluß auf die Leistungsfähigkeit der Gruppe (Anzahl der Fehler bei identischen Aufgaben). Im „Kreis" sind jeweils sechs Schritte nötig, wenn ein Teilnehmer alle anderen erreichen will: (AB $= 1) + (AC = 2) + (AB = 2) + (AE = 1)$, daher: $\sum\limits_{y} d_{xy} =$ 6; die notwendige Schrittzahl für sämtliche Teilnehmer ($\sum\limits_{x}\sum\limits_{y} d_{xy}$) beträgt hier 30, sie ist größer im Falle der „Kette" und der „Gabel". Innerhalb dieser letzteren Anordnung sind aber einzelne Positionen „zentraler" als andere ($\dfrac{\sum\limits_{x}\sum\limits_{y} d_{xy}}{\sum\limits_{y} d_{yx}}$), z. B. die Position C. Wie ersichtlich, bestehen starke Tendenzen dazu, die Inhaber dieser Position als „Führer" anzusprechen (ganz unabhängig von deren jeweiligen Persönlichkeitseigenschaften). Weiter läßt sich zeigen (*H. J. Leavitt*, 1951), daß bei relativ einfachen Problemen mit zunehmender Zentralisierung der An-

Tabelle 21: Kommunikations-Netze

Anordnung	Summe der Distanzen	Anzahl der Fehler
Kreis	30	16,6
Kette	40	9,8
Gabel	36	2,6

ordnung (Gabel > Kette > Kreis) die Fehleranzahl der Gruppe abnimmt; stärker zentralisierte Gruppen sind also leistungsfähiger. Bei komplexeren Aufgaben kehrt sich diese Relation jedoch um; nun erweisen sich weniger stark zentralisierte Anordnungen als vorteilhafter (*E. E. Shaw*, 1964; *B. E. Collins* und *B. H. Raven*, 1969). Das gilt auch von Aufgaben, zu deren Lösung eine große Anzahl spontaner Einfälle erforderlich ist und die man daher als „kreativ" bezeichnet (*C. Flament*, 1965; *J. C. Abric*, 1971). Die durchschnittliche Zufriedenheit der Teilnehmer (Selbstbeurteilung auf einer von 0 = „unzufrieden" bis 100 = „zufrieden" reichenden Skala) ist, unabhängig von der Problemart, bei den dezentralisierten Strukturen größer.

Sehr einfallsreiche Experimente mit wesentlich größeren Gruppen hat *S. C. Dodd* (1963) unternommen. Er ließ z. B. in

und deren Auswirkungen

Merkmal	A	B	C	D	E	Durch-schnitt	Streu-ung
			Position				
Zentralität	5,0	5,0	5,0	5,0	5,0	5,0	0,0
Führer (%)			unbestimmt			—	—
Zufriedenheit	58	64	70	65	71	65,6	47,
Zentralitiät	4,0	5,7	6,7	5,7	4,0	5,2	1,1
Führer (%)	0	22	67	11	0	20,0	24,8
Zufriedenheit	45	83	78	70	24	60,0	22,2
Zentralität	4,5	4,5	7,2	6,0	4,0	5,2	1,2
Führer (%)	5	5	85	5	0	20,0	32,5
Zufriedenheit	46	49	95	61	31	58,4	22,3

kleineren Orten (ca. 1200 Einwohner) Flugblätter abwerfen. Drei Tage später wurde eine Zufalls-Stichprobe von 50 % der Bewohner exploriert. Dabei ergab sich, daß der Prozentsatz der Personen, die den Inhalt der Flugblätter kannten ($K\%$), eine einfache logarithmische Funktion der Bestreuungsdichte ($B =$ Anzahl der abgeworfenen Blätter pro Kopf der Bevölkerung, variiert zwischen 0,25 und 32) ist[33]: $K\% = 39,8 + 33,9 \log B$. Zur vollständigen Saturierung ($K\% = 100$) bedürfte es somit eines Wertes von $B = 60$ Flugblättern pro Kopf der Bevölkerung. Im Ernstfalle wäre hier natürlich die Bedeutsamkeit des Inhaltes der abgeworfenen Mitteilung in Rechnung zu stellen,

---

[33] Diese empirisch aufgefundene Beziehung erinnert an das *Fechner*sche Gesetz, das die Wirksamkeit eines Reizes mit dem Logarithmus der Reizintensität ansteigen läßt.

wobei mit deren Zunahme der zur Saturierung erforderliche
Wert von B abnehmen dürfte. Ein Experiment dieses Ausmaßes
läßt sich nur durchführen, wenn wie im vorliegenden Falle
Staatsinteressen — solche des Propagandakrieges — mobilisiert
werden können. Da dies nicht oft möglich sein dürfte, seien zwei
weitere Ergebnisse *Dodd's* kurz erörtert. Das zweite Experiment beschäftigte sich mit der Ausbreitungsweise von Gerüchten.
Am Morgen des ersten Tages wurde 20 % der Hausfrauen des
Ortes ein Reklame-Vers (einer Kaffee-Firma) mitgeteilt, außerdem wurde ihnen zugesichert, daß jeder Haushalt, in dem dieser
Vers bekannt sei, ein Pfund Gratis-Kaffee erhalten werde. Nach
48 Stunden erfolgte die Befragung in den einzelnen Haushalten
bzw. die Verteilung des Kaffees. Festgestellt wurden die Distanzen (in Einheiten von 50 Metern) zwischen den Empfängern der
Originalmitteilung und den Wohnungen der Personen, an die
diese den Vers weitergegeben hatten. Konstruiert man auf diese
Weise Paare von Mitteilern und Empfängern, so ergibt sich, daß
der größte Teil dieser Paare ($i\%$) in enger Nachbarschaft (geringer Distanz, D) wohnt. Der Zusammenhang zwischen diesen
beiden Variablen ist ungemein regelmäßig:

$$\log i\% = 1{,}79 - 1{,}80 \log D, \text{ bzw.: } i\% = \frac{61{,}9}{D^{1,80}}$$

Der allgemeine Typus dieser doppel-logarithmischen Beziehung findet sich in den meisten einschlägigen Untersuchungen
(Anzahl der Fahrten und Frachten zwischen zwei Orten, die
in einer Distanz D voneinander liegen; Distanz zwischen den
Adressen von Heiratskandidaten; vgl. *G. K. Zipf*, 1949.

Das Ausmaß des Kontaktes (K_{ab}) zwischen zwei Gruppen mit
P_a und P_b Mitgliedern bestimmt sich in der Regel nach dem
Ausdruck:

$$K_{ab} = k \left(\frac{P_a \cdot P_b}{D_{ab}^{m}}\right)$$

(vgl. *J. A. Cavanaugh,* 1950).

Das Anschwellen eines „Gerüchts" hat *Dodd* im Bereich eines
College untersucht. Dabei wurden am Stichtag an die Studenten

je 12 Karten ausgegeben, deren eine vollständig war, während die anderen 11 Karten der Komplettierung bedurften. Diese konnte durch einen Informations-Austausch zwischen den Studenten erfolgen. Preise waren für diejenigen Studenten ausgesetzt, die ihre 12 vollständigen Karten am frühesten in einen bestimmten Postkasten einwerfen würden. Jede Stunde wurde der Inhalt des Postkastens ausgezählt. Es handelt sich hier um einen Ausbreitungsprozeß, dessen obere Grenze erreicht ist, wenn alle Mitglieder der Population ihre 12 Karten ausgefüllt haben. Charakteristischerweise zeigen Prozesse dieser Art (z. B. auch solche der Bevölkerungszunahme) anfangs positive und später negative Beschleunigung. Die sog. logistische Funktion beschreibt den Vorgang ziemlich genau. Abbildung 8 gibt das Bild der Funktion:

$$R^0/_0 = \frac{100}{1 + 7,37 \cdot e^{-1,0785\,t'}} \, ,$$

nach der der Prozentsatz der Lösungen (alle zwölf Karten) zunimmt, t' bedeutet dabei die verflossene Zeit in Stunden und e die Basis der natürlichen Logarithmen.

6. Analyse von Kulturbeständen

An der Grenze des Aufgabenbereichs der Sozialpsychologie liegt die Beschäftigung mit den geistigen und materiellen Produkten größerer Gruppen, z. B. von Nationen. *Wundt's* „Völkerpsychologie" setzte in dieser Richtung an, auf sie folgt die lange Reihe der Bemühungen um eine psychologische Aufschlüsselung kultureller Phänomene (Sprache, Gebräuche, Mythen, normative Systeme usw.). Diese Belange sind als Fern-Horizonte der Sozialpsychologie zu betrachten, da sie einerseits in die spezifischen Stellungnahmen des in einer bestimmten Kultur aufgewachsenen Individuums eingehen und andererseits weil die Herleitung dieser Phänomene aus psychologischen Gesetzmäßigkeiten zumindest verlockend, wenn auch sicherlich nicht immer

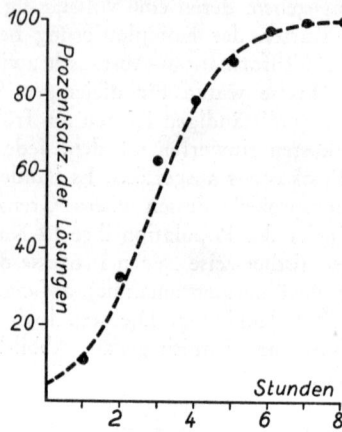

*Abb. 8: Das Anwachsen der Zahl der Problemlösungen
in einem Austauschprozeß (nach Dodd, logistische Funktion).*

möglich ist. Da auf diesem Gebiet die Jagd nach u. U. propa-
gandistisch ausschrotbaren Funden besonders rege ist, scheint
große Vorsicht am Platze. Als warnendes Beispiel mag
I. Thorner's (1945) Anwurf gegen „die Deutschen" gelten, der
sich u. a. darauf gründete, daß diese in ihrer Sprache das Wort
„Schadenfreude" besitzen, während sich eine analoge Zusam-
mensetzung in der englischen Sprache nicht findet. Die schwarzen
Schafe sind wieder einmal (1945!) besonders schwarz, wobei
allerdings übersehen wird, daß die (weder als Schafe noch als
schwärzenswert betrachteten) Skandinavier fast genau das
gleiche Wort verwenden *(O. Klineberg* in: *S. S. Sargent* und
M. W. Smith, New York 1949).

Im allgemeinen wird sich der Psychologe auf diesem Gebiet
der Führung des Ethnologen anvertrauen; er mag diesem freilich seinerseits interessante Hypothesen anzubieten haben. Dies
wird z. Z. im Zusammenhang mit der imponierenden Organisation ethnographischen Materials in den sog. „Human relations
area files" (vgl. *G. P. Murdock,* 1950[3]) akut. Aus dieser Quelle

Tabelle 22: Die Altersvariation von Erziehungsmaßnahmen in verschiedenen Kulturen

Alter (J.)	Abstillung	Training im Bezug auf:		Heterosexuelle Schranken	Selbständigkeit
		Reinlichkeit	Bescheidenheit		
—1,0	11,0 (2)	4,0 (2)	—	—	—
1,0—1,9	11,6 (5)	11,9 (2)	—	—	—
2,0—2,4	11,0 (10)	11,7 (7)	—	—	15,8 (4)
2,5—2,9	9,1 (9)	9,0 (1)	—	—	9,9 (8)
3,0—3,9	9,5 (4)	14,0 (1)	13,8 (4)	—	9,0 (9)
4,0—5,9	4,0 (2)	8,0 (1)	10,5 (3)	—	9,2 (11)
6,0—7,9	—	—	9,2 (5)	12,1 (7)	6,0 (1)
8,0—9,9	—	—	—	9,0 (3)	—
10,0—	—	—	9,0 (1)	5,5 (4)	—
Anzahl	32	20	13	14	33
Korrelation (Alter: Schuldgefühl)	— 0,42*	0,21	— 0,50	— 0,74**	— 0,34*
Korrelation (Alter: Strenge)	— 0,41*	— 0,52*	— 0,77**	— 0,53*	— 0,11

sind inzwischen mehrere größere Monographien hervorgegangen
(*G. P. Murdock,* 1949; 1968; *J. W. M. Whiting* u. *I. L. Child,*
1953; *W. N. Stephens,* 1962), die darum besonders willkommen
sind, weil in jeder einzelnen Kultur die Variationsbreite der in
Frage kommenden Variablen recht eng bemessen ist, während
der Kulturvergleich mit wesentlich weiteren interkulturellen
Streuungen vertraut macht. Zur Illustration sei der Studie von
Whiting u. *Child* eine Tabelle entnommen, die den Zusammenhang zwischen dem altersmäßigen Ansatzpunkt verschiedener
Aufzuchtstrategien einerseits und der Stärke des Glaubens an
die Schuld des Patienten im Falle einer Krankheit andererseits
darstellt (Tabelle 22). Man sieht, daß Gesellschaften (fast aus-
schließlich Primitivkulturen mit sehr kleinen Bevölkerungen),
die ihre Kinder früher unter Erziehungsdruck stellen, im allgemeinen auch ein stärkeres Schuldgefühl des erwachsenen
Kranken erzielen, d. h. daß die Korrelationen zwischen Alter
auf der einen Seite und Intensität des Schuldgefühls auf der
anderen meistens negativ sind[34]. Dabei läßt sich freilich nicht
ausmachen, ob der zeitliche Einsatz selbst die entscheidende
Variable ist, da dieser mit der Strenge des entsprechenden Trainings stets negativ korreliert ist (je strenger desto früher). Übersieht man die sehr erheblichen technischen Probleme, mit denen
eine solche Untersuchung zu ringen hat, und nimmt man die
Zusammenhänge so, wie sie in der Tabelle erscheinen, so er-
öffnen sich damit sehr interessante Ausblicke auf das Menschen-
bild, das sich verschiedene Kulturen zurechtlegen können. Der
Boden des vorliegenden Materials ist verlassen, wenn z. B. die
Frage aufgeworfen wird, ob nicht die lutherische Doktrin von
der „naturaliter et inevitabiliter vitiata natura humana" einmal
zu früheren und relativ strengen Sozialisierungsmaßnahmen und
andererseits auch zum Schuldgefühl im Falle der Krankheit
führen könne. Oder wie steht es um die utopische Gesellschaft

---

[34] Die Zahlenwerte für die Stärke des Schuldgefühls in Tabelle 22 sind
auf Grund von Beurteilungsskalen gewonnen worden; in Klammern steht
jeweils die Anzahl der „Kulturen", auf die sich der Wert bezieht. Ein Stern
beim Korrelationskoeffizienten bedeutet dessen Gesichertheit auf dem 5-%-
Niveau, zwei Sterne auf dem 1-%-Niveau der Verläßlichkeit.

in *S. Butler's* „Erewhon" (1872), in der Krankheiten im Gefängnis bestraft und Rechtsbrüche im Spital kuriert werden?

Etwas weniger weite Grenzen steckt sich die sozialpsychologische Stil-Analyse, der es meist um die Erfassung nationaler Denkschemen zu tun ist. Sie blüht vor allem dann, wenn eine direkte Befragung der Bevölkerung des anderen Landes (z. B. im heißen oder kalten Krieg) unmöglich ist (*M. Mead* u. *R. Métraux*, 1953). Aus den Annalen des 2. Weltkrieges wurde z. B. bekannt, daß englischerseits die Analyse der offiziellen deutschen Propaganda zu richtigen Voraussagen betreffs Art und Einsatz-Termin der „V-Waffen" führte (*A. George*, zit. nach *B. Berelson*). Zur systematischen Gestaltung solcher Analysen hat *B. Berelson* (1952) ein sehr wohlerwogenes System entwickelt (vgl. auch *O. R. Holsti*, 1968); über deutschsprachige Anwendungen der Aussagen-Analyse unterrichten *E. F. Mueller* und *P. Greiner* (1969) sowie *H. Bessler* (1970).

Zum Abschluß unserer Methoden-Übersicht sei noch kurz die klassische Streitfrage „Verstehen" oder „Erklären" aufgezeigt, die allerdings erst dann kritisch wird, wenn man „intuitives" Verstehen gegen „analytische Schlußfolgerungen" ausspielt. Daß die verstehende („geisteswissenschaftliche") Methode in den Händen *W. Dilthey's* und *Max Weber's* Genieleistungen gezeitigt hat, ist nicht zu bestreiten; es muß aber der Selbstbeurteilung des Forschers überlassen bleiben, ob er bereit ist, sich und seine Schüler auf das Niveau dieser Männer zu stellen. Was aber geschieht, wenn sich das einfühlende Verstehen jemals irren sollte? Im subjektiven Bereich persönlicher Stellungnahmen pflegen wir zwar die Evidenz verstandener Zusammenhänge mit dem Attribut der tatsächlichen Gültigkeit auszustatten — wir lassen uns von ihnen leiten —, doch lehren uns spätere Erfahrungen nicht selten, daß wir dabei andere Alternativen zu unrecht außer Acht gelassen haben. Das kann um so leichter geschehen, je mehr sich die Akte des Verstehens — eigentlich: der Deutung! — der von einer bestimmten Kultur zu einer bestimmten Zeit akzeptierten Selbstverständlichkeiten bedienen. Gerade die Sozialpsychologie aber erzieht zu einer für Fachfremde manchmal als schockierend oder auch als zynisch anmutenden Skepsis gegenüber kulturellen Selbstverständlichkeiten. Sie sind wandelbar. Zu ihnen gehört z. Z. wohl auch die im deutschen Geistesleben — und eigentlich nur in diesem! — mit so großem Nachdruck betonte Unterscheidung zwischen geistes- und naturwissenschaftlicher Betrachtungsweise. Zur Entspannung der Situation trüge wohl das Eingeständnis erheblich bei, daß jede Wissenschaft Hypothesen aufstellt — sie schöpft diese aus allen möglichen Quellen —, die stets aber der empirischen Validierung bedürfen. Das Evidenzerlebnis begründet die Attraktivität einer Hypothese, es garantiert nicht deren Richtigkeit.

IV. Theoreme der Psychologie

Die Anliegen der Sozialpsychologie wären verhältnismäßig leicht zu bewältigen, wenn die Psychologie als solche ihren systematischen Aufbau bereits entwickelt hätte[1]. Dies ist jedoch nicht der Fall. Es scheint aber nicht ausgeschlossen, daß dieser Aufbau unter dem Druck sozialpsychologischer Fragestellungen im Laufe der nächsten Jahrzehnte zustande kommen wird. In diesem Sinne ist eine fruchtbare Rückwirkung der Teildisziplin auf das Gesamtgebiet zu erwarten. Der vorliegende Abschnitt wird sich daher mit tastenden Versuchen in der angegebenen Richtung begnügen müssen. Dazu stehen uns zwei Ausgangsbedingungen zu Gebote:

1. Die Spezies homo sapiens unterscheidet sich in gewissen Hinsichten von den ihr anatomisch nächststehenden Arten, z. B. von den höheren Affen.

2. Die Angehörigen der Spezies homo sapiens erscheinen fast ausnahmslos als Angehörige kultureller Verbände, durch die ihre Stellungnahmen in vielfacher Weise geprägt werden.

Zwischen diesen beiden Grenzbedingungen erhebt sich die Frage nach dem Wesen des Menschen schlechthin. Religionen und Philosophien haben Antworten auf diese Frage gegeben, deren pragmatische Bedeutung keineswegs unterschätzt werden darf (vgl. z. B. die oben angepeilte Doktrin von der „naturaliter et inevitabiliter vitiata natura humana"). Diese Antworten selbst stehen aber außerhalb des Kompetenzbereiches der Fachwissenschaft. Der bedeutendste Ansatz in der von uns ins Auge gefaßten Richtung ist wohl *A. Gehlen's* Buch „Der Mensch, seine Natur und seine Stellung in der Welt" (6. Aufl., Bonn 1958, vgl.

---

[1] Eine kurze Orientierung über den gegenwärtigen Stand des Faches gibt *Hofstätter*, 1972².

auch vom gleichen Autor, Anthropologische Forschung, Hamburg 1961). In nahezu aphoristischer Weise seien im folgenden die mir für den Aufbau einer Lehre von der menschlichen Natur erforderlichen Theoreme in zwölf Punkten zusammengefaßt. Wir wollen diese Theoreme als „Postulate" bezeichnen, da sie im allgemeinen z. Z. noch nicht in die Form strikt prüfbarer Hypothesen gebracht werden können. Es sei daran erinnert, daß *C. L. Hull* (1943) ebenfalls zuerst die Postulate seiner Lerntheorie formulierte, um aus diesen die der Verifikation bzw. Falsifikation zugänglichen Hypothesen abzuleiten.

1. Enzephalisation

Mit zunehmender phylogenetischer Komplexität steigt das Verhältnis zwischen artspezifischer Körpergröße (bzw. Körpergewicht P) und der artspezifischen Masse des nervösen Zentralorgans (Gehirngewicht E) nach dem auf *E. Dubois* (1898) zurückgehenden Ausdruck: $E = K \cdot P^c$ wobei c = const. = 0,56; *v. Bonin* gibt c = 0,655; dieser Unterschied ist aber für das Wesen der Relationsgleichung ohne Bedeutung. Wir haben es hier mit einem Spezialfall des von *J. Huxley* (1932) formulierten „Gesetzes des allometrischen Wachstums" zu tun, das von der Annahme eines konstanten Verhältnisses zwischen den Veränderungsraten zweier miteinander funktional verbundener Maße (E und P) ausgeht: $\dfrac{dE}{dP} = c\,\dfrac{E}{P}$. Durch Integration und anschließende Logarithmierung erhält man den Ausdruck: $\log E = \log K + c \cdot \log P$. Von *S. S. Stevens* (1957) wurde diese Gesetzmäßigkeit für den Zusammenhang zwischen Reizstärke (S) und Empfindungsstärke (R) als „Potenzgesetz" (in Konkurrenz zum logarithmischen Gesetz von *Fechner*) in Anspruch genommen. Daß sie auch für die Größen sozialer Teilstrukturen (z. B. des Verwaltungsapparates einer Gesellschaft) gilt, wird noch auszuführen sein (vgl. S. 200).

Der Wert des Enzephalisations-Koeffizienten (K) steigt in der Säugetierreihe von sehr niedrigen Werten — 0,07 z. B. für die Maus — über 0,39 (Haushund) auf 0,96 (Schimpanse); er springt von hier auf 2,73 (Mensch). Höhere Arten besitzen daher eine stärkere zentral-nervöse Repräsentation ihres Körpers. Damit nimmt aber auch die Mannigfaltigkeit der möglichen zentralen Steuerungs- und Verknüpfungs-Vorgänge zu. *D. O. Hebb* (1949) denkt an eine Zunahme des Quotienten:

$$\frac{A}{S} = \frac{\text{kortikale Assoziations-Sphären}}{\text{kortikale Sinnes-Sphären}}$$

diese Gegenüberstellung dürfte aber zu einfach sein, da der uns überkommene Begriff der Assoziationsfelder recht unscharf ist.

2. Reifungstempo

Mit zunehmenden Werten von K (= E/P°) verringert sich das Tempo der senso-motorischen Kindheitsreifung (*Hofstätter*, 1951, 1972); dieses scheint dem Wert von K umgekehrt proportional sein. Homo sapiens benötigt zum Erwerb einfacher senso-motorischer Kontrolleistungen etwa dreimal so lange wie der Schimpanse

$$\frac{K_M}{K_S} = \frac{2,73}{0,96} = 2,84$$

Hebb betont in analoger Weise die Langsamkeit des primär-Lernens der höheren Arten. Die Phase der unselbständigen und hilfebedürftigen Kindheit ist beim Menschen somit wesentlich länger als selbst bei den höchsten Säugetieren. Während das Tempo der Reifung (oder auch des primären Lernens, nach *Hebb*) dem Wert K umgekehrt proportional ist, scheint die mögliche Komplexität des sekundären Lernens (das im wesentlichen in der Verknüpfung der Bestände des primären Lernens besteht) sowie dessen Tempo dem Wert von K direkt proportional zu sein. Der Mensch läßt sich daher als „langsamer Starter" kennzeichnen, dem aber unvergleichliche Weiten offenstehen.

3. Familienbedingungen

Aus der Langsamkeit der frühkindlichen Reifung des Menschen folgt dessen außerordentlich große Abhängigkeit von einer Regulierung der kritischen Außenwelt durch die jeweilige Erwachsenengeneration, vor allem durch die Eltern. Die Familie ist für ihn daher notwendiger und belangvoller als für die Säugetiere. Aus dieser Tatsache läßt sich die Vermutung herleiten, daß homo sapiens auf die Familie hin angelegt sei. Dieser These stellt sich allerdings die Auffassung entgegen, daß die Familie nicht Anlage sondern Schöpfung (eine „Kultur-Erfindung") des Menschen sei. Eine Entscheidung läßt sich hier schwer herbeiführen, da die Familie in diesem Falle als eine universal-menschliche Schöpfung anzusehen wäre. Es gibt nämlich keine auch noch so primitive menschliche Gesellschaft, die nicht ein Familiensystem ausgebildet und durch normative Bestimmungen stabilisiert hätte. Der Mythos vom schrankenlosen goldenen Zeitalter — „aurea aetas ... vindice nullo" (O v i d , Metamorphosen I, 89) — ist bestimmt unrichtig.

Auf dem Boden der *Darwin*'schen Selektionslehre wäre zu argumentieren, daß Gruppen (i. e. Arten) mit stärker ausgeprägtem „Familiensinn" auch eine größere Überlebens-Chance besitzen. Diese Auffassung zwänge aber zur Annahme genetischer Voraussetzungen für den Familiensinn, nicht allerdings zum Postulat eines spezifischen „Familien-Gens"; deszendenztheoretisch betrachtet hätten wir es dann beim homo sapiens mit einer Spezies zu tun, die hinsichtlich dieses genetischen Komplexes in hohem Grade reingezüchtet wurde. Der Gedanke an eine experimentelle Reinzüchtung anderer Arten in dieser Richtung ist keineswegs abwegig, da wir z. B. bei Ratten, Katzen und Hunden verhaltensmäßig zwischen „besseren" und „schlechteren" Müttern unterscheiden können. Diese Beispiele sind aber insofern nicht ganz befriedigend, als unsere Hypothese eine nicht-geschlechtsgebundene Konstitution der genetischen Voraussetzungen des Familiensinnes fordert. Es bleibt abzuwarten, welche Eigenschafts-Kovariationen sich im Zuge solcher Züchtungsexperimente einstellen werden (Polyphänie und Polygenie). Eine Möglichkeit, an die zu denken der menschliche Fall nahelegt, könnte im Auftreten der „Dauer-Sexualität", d. h. in der Unabhängigkeit des geschlechtlichen Verlangens von bestimmten Brunstzeiten, erblickt werden. *W. La Barre* (1954) weist auch darauf hin, daß kein anderes Säugetier (mit Ausnahme einzelner Domestikationsformen) eine „permanente Mutterbrust" besitzt.

Als sehr wahrscheinlich muß gelten, daß keine andere Art von der Reinzüchtung bezüglich des Familiensinnes einen auch nur annähernd so großen Vorteil haben könnte wie homo sapiens. Hinsichtlich der sozialen Stellungnahmen des Menschen ist daher die ihm wesensnotwendige Familienstruktur von fundamentaler Bedeutung. In dieser These konvergieren die Ansätze der Psychoanalyse einerseits und die der Sozialanthropologie andererseits.

4. Potential des Zentralnetzes

Der hohe K-Wert von homo sapiens ist Not (lange Abhängigkeit) und Tugend zugleich, da die Anzahl der möglichen Kombinationsleistungen mit der Anzahl (n) der Elemente, die in Gruppen zu g Elementen kombiniert werden, zunimmt:

$$nC_g = \frac{n!}{g!(n-g)!}$$ Dieses Arrangement erlaubt dem Menschen sowohl eine schärfere Abbildung der Erlebnismomente auf die Erregungsverteilung im Kortex als auch die Herstellung eines komplexeren Beziehungsnetzes zwischen diesen Verteilungs-Mustern. Es kann daher angenommen werden, daß unter Optimalbedingungen die Stellungnahmen des Menschen sich auf stärker charakterisierte (detail-reichere) Situationserlebnisse beziehen als die der höheren Säuger und daß der Mensch zugleich zwischen solchen Situationserlebnissen eine reichere Mannigfaltigkeit von Beziehungsrelationen zu stiften vermag. Ich glaube, daß diese Modellvorstellung zur Erklärung der menschlichen Sprache notwendig ist. Das potentiell sprachbegabte We-

sen konstruiert sich im lernenden Erwerb der Sprache ein System zur Kategorisierung von Erlebnisbeständen, dessen Klassen (Namen für Dinge, Tätigkeiten und Eigenschaften) prägnant aber zugleich in vielfältiger Weise aufeinander bezogen sind.

Hat eine Spezies mit einem kleineren Zentralnetz (charakterisiert durch den Wert von K) ihr Auslangen zu finden, so ergeben sich dazu drei Möglichkeiten, die einander nicht gegenseitig ausschließen:

a) Verringerung der Mannigfaltigkeit des Kategoriensystems.
b) Geringere Prägnanz der Einzelkategorien.
c) Reduzierte Mannigfaltigkeit der Relationen zwischen den Kategorien.

Diese Deduktionen erlauben uns gewisse Rückschlüsse auf die Funktionsweise der Säugetiere, zugleich aber auch auf die eines menschlichen Wesens vor dem Vollerwerb der Sprache, bzw. nach deren Verlust (Aphasie). Es ist z. B. sehr wahrscheinlich, daß der Akt der Rollen-Transposition (vgl. S. 41) unter den aufgezählten Bedingungen nicht oder nur kaum mehr möglich ist.

5. Abstraktion und Ordnung

Wesen, die ein System von (potentiell) zahlreichen, prägnanten und relationsreichen Kategorien ausbilden, vermögen aus dem Ereignisstrom Ordnungen zu abstrahieren, die für Wesen mit kleineren Zentralnetzen belanglos bleiben. Deren erlebte Umwelt verharrt somit hinsichtlich dieser möglichen Ordnungen in einem chaotischen Zustand. An sich gibt es aber einen Maximalwert der Ordnung, der sich aus dem Ereignisstrom abstrahieren läßt, da dieser selbst (zumindest vom Menschen her gesehen) teilweise von chaotischer Natur ist, d. h. er wird durch einen bestimmten Entropie-Wert gekennzeichnet. Daß wir diesen Wert nicht angeben können, verschlägt nichts, denn unser Argument zielt nur auf die schon von *F. Bacon*[2]

---

[2] „The human understanding is of its own nature prone to suppose the existence of more order and regularity in the world than it finds" (Novum Organum, II, 45; 1620).

formulierte Tendenz zur Überschätzung der Ordnung im Ereignisstrom ab. Wer etwa auf Grund bestimmter Planeten-Konstellationen politische Ereignisse voraussagt, dürfte eine kosmische Ordnung postulieren, wo die tatsächlichen Verhältnisse chaotisch sind[3]. Koinzidenzen des politischen Ereignisses (A) mit einer gewissen Konstellation (B) können sich natürlich beobachten lassen; es fragt sich aber, ob die Anzahl dieser Beobachtungen (n_{ab}) den aus n_a und n_b sich ergebenden Zufallswert (n_{ab}') übersteigt. Sollte das Ereignis A in n = 20 Jahren zehnmal eintreten ($n_a = 10$) und das Ereignis B ebenfalls zehnmal ($n_b = 10$), so dürften sieben Koinzidenzfälle ($n_{ab} = 7$) den naiven Betrachter sehr beeindrucken, da er den Zufallswert

$$(n_{ab}' = \frac{n_a \cdot n_b}{n} = 5)$$ nicht in Rechnung stellt. Tatsächlich ist

diese Beobachtung aber nicht unwahrscheinlich genug (X^2 (korr.) = 1,8; FG = 1; P > 0,10), um die Hypothese einer zufallsmäßigen Kombination von A und B (auf dem 5 %-Niveau der Verläßlichkeit) zurückzuweisen[4].

Bezeichnet man den Menschen (jeden Menschen!) als zum Aberglauben geneigt, so faßt man damit nur einen Spezialfall der allgemeinen Tendenz zur Überschätzung des Ordnungsgrades im Ereignisstrom heraus[5]. Der Aberglaube imponiert

---

[3] Anders liegen die Dinge jedoch, wenn bekannt sein sollte, daß ein Spielpartner (oder Kriegsgegner) seine Entscheidungen durch astrologische Prophezeiungen beeinflussen läßt. Diese Entscheidungen werden damit voraussagbar, obwohl sie auf einer bloß angenommenen aber nicht erwiesenen Ordnung basieren. Angeblich soll dieser Umstand während des letzten Krieges eine Rolle gespielt haben.

[4] Eine allgemeine Regel dürfte dahin lauten, daß Organismen im Lebensvollzug zur Annahme von Verläßlichkeitsniveaus neigen, die erheblich über den in der Statistik als ausreichend betrachteten liegen. Experimentelle Befunde erlauben die Festsetzung des „organismischen" Verläßlichkeitsniveaus auf einen Wert von ungefähr 10 %—15 %. „Ordnung" wird in diesem Falle eher — allerdings auch mit einem größeren Irrtums-Risiko („Fehler erster Art") — postuliert. Diese Strategie findet ihre Begründung in dem Umstand, daß wir uns den „Fehlern zweiter Art" umso stärker aussetzen, je stärker wir uns (durch die Annahme eines extremen Verläßlichkeitsniveaus) gegen die „Fehler erster Art" sichern (vgl. *Hofstätter*, 1966, 1971).

[5] Daß auch Tauben in diesem Sinne „abergläubisch" werden können, hat *B. F. Skinner* (1948) in sehr hübscher Weise demonstriert. Die Versuchstiere

in diesem Zusammenhang als die Leistung einer Intelligenz, die ihrer eigenen (durch den Entropiewert des Ereignisstromes bemessenen) Grenzen nicht ansichtig geworden ist. Was die ratio über die abergläubische Adoption von Schein-Ordnungen erhebt, ist somit die Bereitschaft zur Anerkennung in-intelligibler („chaotischer") Ereignisfolgen. Hinsichtlich dieses kritischen Potentials unterscheiden sich Individuen, Altersklassen (vgl. z. B. die hohe Suggestibilität von Kindern) und Gruppen; aber selbst ein und dasselbe Individuum mag in einer Situation kritischer sein als in der anderen. Wer z. B. im Kampfe steht, wird sich nur schwer eingestehen, daß es auf der Seite des Gegners nicht bloß „Teufel" sondern auch „Engel" gibt. Die „Engel" geraten in diesem Falle leicht in den Verdacht der Dummheit. Er wird somit eine viel zu einfache Weltordnung („alle Mitglieder der Feindgruppe sind Bösewichte") akzeptieren, obwohl man z. B. hinsichtlich der Angehörigen einer verbündeten Nation sehr wohl zwischen „besser" und „schlechter" unterscheidet.

Der „Abergläubische" rekonstruiert seine Welt unter Zuhilfenahme eines relativ unkomplizierten Kategoriensystems und auf der Basis der Annahme einer relativ kleinen Anzahl für unerschütterlich gehaltener Koinzidenz-Formeln. Er vereinfacht somit einmal die qualitative Mannigfaltigkeit und zum andern die Mannigfaltigkeit der zeitlichen Folgebeziehungen. Dabei scheint fast ausnahmslos zu gelten, daß er an sich

befanden sich unter Hunger in einem Käfig, in den in regelmäßigen Zeitabständen Futter eingeworfen wurde. Dies erfolgte ohne jeden Bezug darauf, was die Versuchstiere im Augenblick taten oder getan hatten; es war somit im Bezug auf deren Verhalten „chaotisch". Nach einiger Zeit ließ sich aber sehen, daß die Versuchstiere sehr komplizierte Bewegungszeremonielle aufführten. Offenbar stellten sie einen (sachlich unbegründeten) Koinzidenz-Nexus zwischen dem Bewegungsablauf, in dem sie zur Zeit der Futtergabe begriffen waren, und der Tatsache dieser Futtergabe her. Sie benahmen sich fortan so, als ob eine bestimmte Bewegungsformel Futter einbringe. Solange sie an dieser Strategie festhielten, konnten sie auch gar nicht „merken", daß die Futtergaben von ihrem Verhalten unabhängig waren. Derartige Vorgänge sind wohl auch in wesentlich kleineren Zentralnetzen als dem des Menschen möglich, solange diese nur im Prinzip Kategorien bilden und Relationen herstellen können.

schwache Abweichungen vom chaotischen Zustand im Sinne nahezu absoluter Korrelationen (auch Intra-Klassen-Korrelationen, vgl. S. 92) überschätzt. Die tatsächliche Korrelation zwischen Stirnhöhe und Intelligenz dürfte z. B. bei Erwachsenen den Betrag von r = 0,10 kaum übersteigen, dennoch wird die Stirnhöhe vielfach als ein verläßliches Anzeichen der Geisteskraft bewertet. Eine auf dieses Anzeichen sich gründende Schätzung ist allerdings nur um ein halbes Prozent besser (Eff. = 1 — $\sqrt{1-r^2}$) als eine völlig blinde Schätzung. Dieses Sich-Anklammern an Strohhalme wäre völlig widersinnig, wenn wir nicht anzunehmen hätten, daß der Zustand der Unentschlossenheit sehr schwer zu ertragen ist. Unsere Welt ist in eben dem Maße „unheimlich" als wir ihr die Eigenschaften des Chaos (Unvoraussagbarkeit von Nachbarschafts- und Folge-Beziehungen) einzuräumen haben. In eben dem Maße wird nämlich ein planmäßiges Verhalten unmöglich. Die Akzeptierung eines relativ engen Systems prägnanter und miteinander fest verbundener Kategorien entlastet von der Ungewißheit und befreit zugleich von der Unheimlichkeit. Dieser Sachverhalt erklärt die merkwürdige Erscheinung, daß Menschen zu Fragen in der Form von Meinungsäußerungen Stellung nehmen können, obwohl sie in keiner Weise die Möglichkeit haben, die Gültigkeit dieser Meinungen abzuschätzen. Die Vermutung, daß es sich bei dem Ausmaß, in dem Ungewißheit und Unentschlossenheit ertragen bzw. in Kauf genommen werden können, um eine Persönlichkeitsvariable handelt, wurde von *Hofstätter* („horror vacui") und *E. Frenkel-Brunswik* („intolerance of ambiguity") geäußert; sie hat viel für sich, jedoch ist auch diese Variable auf situative Gegebenheiten (Ungewißheit im Hinblick worauf?) zu beziehen.

6. Variationsweite von Stellungnahmen

Nehmen wir an, in einer primitiven Gesellschaft bestehe die Überzeugung, daß die Beibringung von Schmucknarben die Männlichkeit ihrer Träger verbürge. So lange dieser Brauch ausnahmslos befolgt wird, besteht kaum eine Möglichkeit dazu, die Irrigkeit der betreffenden Überzeugung zu durchschauen. Sollte nämlich ein also geschmückter männlicher Angehöriger des Stammes nur geringe „Männlichkeit" zeigen (ein an sich recht unwahrscheinlicher Fall), so besteht immer die Möglichkeit, dafür besondere Umstände (z. B. das Zirpen einer Grille zur Zeit der rituellen Behandlung) verantwortlich zu machen. Ebenso konnten *Skinner's* Tauben die Nutzlosigkeit ihres Gehabens nicht merken, weil sie dieses nicht variierten. Da die Angehörigen der Spezies homo sapiens aber sehr viele abergläubische Vorstellungen mit der Zeit, d. h. im Kulturwandel, ablegen oder zumindest gegen andere eintauschen, müssen wir dieser Spezies wohl ein besonders großes Variationspotential hinsichtlich ihres Verhaltens und Stellungnehmens zuschreiben. Es liegt nahe, auch dieses Attribut auf die Größe des zur Verfügung stehenden Zentralnetzes zurückzuführen. In mehr oder minder belangvoller Weise fordert aber jede solche Variation „das Schicksal heraus" (z. B. die Fällung der Donareiche durch *Bonifazius*).

Die Grundannahmen jeder Gesellschaft verlangen zu ihrer Sicherung eine Begrenzung des Variationsspielraumes für die Stellungnahmen der Angehörigen dieser Gesellschaft. Die Überschreitung dieser Grenzen kann die Gültigkeit der Grundanschauung in Frage stellen und damit zu einer Katastrophe des Weltbildes führen. Die Gesellschaft stempelt daher jedes Individuum, das diese Grenze überschreitet, entweder als pathologischen oder als einen kriminellen Außenseiter ab. Sie trifft dabei manchmal freilich auch die Urheber origineller, ja genialer Leistungen („Genie und Irrsinn" im Sinne *C. Lombrosos*, 1863), bezüglich deren seit der Antike das durch Tatsachen kaum zu erhärtende Vorurteil einer besonderen Affinität zur „Melancholie" besteht (*P. R. Hofstätter*, 1971). Das Zerschneiden einer Leiche liegt auch für unsere Gesellschaft noch hart an der Grenze des Zulässigen; es ist dem Mediziner gestattet, jedoch vergrößert es die sühnebedürftige Schuld eines Mörders. Die Anatomen der Spätrenaissance (*Vesalius* z. B.) stellten sich ganz eindeutig außerhalb dieser Grenzen, für deren Einhaltung die Inquisition zu sorgen hatte. Etwas ähnliches gilt von den Einbrüchen in Pharaonengräber, an die sich selbst noch in unserem Jahrhundert die Erwartung eines tragischen Ausganges knüpft.

Wenn Gesellschaften auch im ganzen des Konformitätszwanges nicht entraten können, so verdanken sie doch Entdeckungen und Erfindungen ihrer Bereitschaft, zumindest einzelnen ihrer Angehörigen — und diesen oft auch nur in umschriebenen Bereichen (z. B. Künstlern und Wissenschaftlern) — ein Recht auf durchaus unkonventionelles Denken, d. h. auf eine besonders große Variationsweite von Stellungnahmen, einzuräumen. Man nannte das früher „Narrenfreiheit" und pflegt dies heute sogar konstitutionell zu verankern: „Kunst und Wissenschaft, Forschung und Lehre sind frei" (Grundgesetz, Art. 5, Abs. 3). Auf diese Weise wird die Öffentlichkeit allerdings mit Neuerungen konfrontiert, deren zumindest anfängliche Ablehnung (z. B. als „Entartungen") durchaus zu erwarten ist. Die Schwierigkeit liegt in dem Fehlen — und vielleicht sogar in der prinzipiellen Unmöglichkeit — einer Definition schöpferischer Leistungen.

7. Schutz des Artgenossen

Es ist billig, fremden Aberglauben zu belächeln, jedoch übersieht man dabei meist die Schutz- und Entlastungsfunktion der niemals in experimenteller Weise überschrittenen Schranken. Diese garantieren innerhalb begrenzter Bereiche einen scheinbaren Ordnungsgrad des Ereignisstromes, der uns diese Welt „heimlich" macht, bzw. der uns mit ihr liebevoll vertraut werden läßt. Eine Spezies, deren Variationspotential — das Wort „Potential" bedeutet dabei stets eine objektiv feststellbare Möglichkeit — wesentlich enger limitiert ist als das von homo sapiens, impliziert durch festgelegte Stellungnahmen (Instinkthandlungen) einen sehr hohen Ordnungsgrad des Ereignisstromes. Wo sich diese Implikationen als ungerechtfertigt erweisen, kann es zur Vernichtung der Existenz kommen. Zweifelsohne sind z. B. sehr viele Witterungsanzeichen, auf die

Zugvögel eingestellt sind, von nur sehr ungefährer (statistisch schwacher) Gültigkeit. Die Zugvögel bezahlen daher ihr simples Voraussage-System mit dem Leben von Artgenossen. Das Voraussage-System muß nach Maßgabe der Möglichkeiten des zur Verfügung stehenden Zentralnetzes einerseits und der Fortpflanzungstüchtigkeit der Art andererseits nur eben verläßlich genug sein, um die Art selbst vor dem Aussterben zu bewahren. Schnell reifende Arten, die daher kaum Veranlassung und Gelegenheit zur Etablierung eines Familiensinnes haben, bekümmern sich auch nur wenig um den Verlust von Einzelexistenzen[6]. Homo sapiens entwickelt jedoch in seiner prolongierten Kindheit so nachhaltige Beziehungen zu Artgenossen (Kinder zu Eltern und umgekehrt), daß sich damit die Einzelexistenz als ein möglicher Wert ergibt. Neben den Aufgaben der Arterhaltung[7] erwächst damit dieser Spezies auch die Aufgabe des Schutzes der Individualexistenz — zumindest im Bereich der als artverwandt anerkannten eigenen Gruppe. Die Angehörigen dieser Gruppe sind dabei ursprünglich entweder bereits Mitglieder der eigenen Familie (und durch das Inzest-Tabu davon ausgeschlossen, dies noch einmal in einer neuen Rolle zu werden) oder potentielle Mitglieder dieser. Sehr viel geringer (eventuell völlig abwesend) ist unsere Besorgnis um die Individualexistenz der Mitglieder von Gruppen, die nach Brauch und Satzung kaum als Familiengenossen in Frage kommen. Die Massenmorde der Geschichte wären ohne diese Einschränkung kaum möglich gewesen. Innerhalb der Spezies homo sapiens ist zudem noch eine Korrespondenz zwischen der Intensität des frühkindlichen Familienkontaktes und dem Ausmaß der Akzentuierung der Einzelexistenz festzustellen. Utopische sowohl (z. B. *Plato's* „idealer Staat") als historische verwirklichte Gesellschaften, die

---

[6] Der Anblick des toten Artgenossen scheint viele Säugetiere ziemlich unberührt zu lassen, von Schimpansen berichtet jedoch *Hebb* (1968) die Auslösung panikartiger Angst durch das Vorzeigen echter oder aus Ton nachgebildeter Köpfe von Artgenossen.

[7] „Aufgabe" bedeutet im Falle der Erhaltung tierischer Arten natürlich nicht die Setzung eines bewußten Zieles. Gemeint ist eine Ausschöpfung des Ordnungsgehalts der Welt in eben dem Maße, daß die Spezies in Ansehung ihres Fortpflanzungspotentials nicht erlischt.

das Individuum dem Gemeinwohl nachordnen, pflegen daher den frühkindlichen Familienkontakt zu verringern; die bürgerliche Gesellschaft des Westens ist im letzten Jahrhundert in entgegengesetzter Richtung bemüht gewesen.

8. Stabilisierung des Lebensraums

Die Länge der menschlichen Kindheit fordert und erlaubt eine Ausgestaltung des kindlichen Lebensraumes, in den Ordnungen eingebaut werden können, die der Welt an sich entweder gar nicht oder nur in sehr schwachem Maße zukommen[8]. Nicht zu lügen stellt z. B. in der „freien Wildbahn" nicht unbedingt einen Vorteil dar, da es hier eher auf die Geschicklichkeit des Lügens anzukommen scheint. Die kindliche Lebenswelt ist aber übersichtlich genug, um den Eltern die Etablierung einer leidlich verläßlichen Koinzidenz (Lüge-Strafe, Redlichkeit-Belohnung) zu gestatten. Im allgemeinen läßt sich sagen, daß die jeweilige Elterngeneration von homo sapiens für ihre Kinder eine normative Umwelt schafft, die enger umrissen und prägnanter durchgestaltet ist als die Welt der Erwachsenen innerhalb einer Gruppe oder gar der Erwachsenen im Kontaktfeld mehrerer Gruppen. Diese normative Umwelt ist einerseits das Resultat der planmäßigen Manipulation von Ereignisfolgen (Wenn das Kind X tut, ereignet sich Y), sie ist zum andern die Basis für die Erwartungen des Kindes bzw. des späteren Erwachsenen. Den Gesamtkomplex der Ordnung, die eine Gesellschaft aus dem Ereignisstrom abstrahiert („Wissen") bzw. den sie in diesen hineinträgt („Satzungen"), bezeichnet man als die „Kultur" dieser Gesellschaft. In diesem doppelten Sinne führt die Elterngeneration ihre Kinder in die Kultur der eigenen Gesellschaft ein. So entstehen die Selbstverständlichkeiten, die uns in sehr eigentlicher Weise „in Fleisch und Blut" übergehen[9]. Letzten

[8] Man denke etwa an den Lebensraum des indischen Königssohnes Gautama, des späteren *Buddha,* aus dem Leid, Krankheit und Tod verbannt waren.

[9] Der Primitive kann im Gefolge eines Tabu-Verstoßes sterben („Voodoo-Tod"), der Moderne erwirbt damit eine leidlich solide Anwartschaft auf

Endes sind diese Selbstverständlichkeiten die — hic et nunc — allgemein akzeptierten Begrenzungen der Variationsweite des Fragens und Tuns. Sie sichern sowohl das Individuum als auch die Gesellschaft vor dem Katastrophen-Erlebnis des Chaos. Eine solche Sicherung mag bei homo sapiens gerade wegen der Weite seines Zentralnetzes im Hinblick auf das mögliche Ausmaß der interindividuellen Unterschiedlichkeit besonders notwendig sein. *Hebb* (1968) denkt außerdem daran, daß die Emotionalität in der Säugetierreihe mit dem phylogenetischen Niveau zunimmt, so daß das am weitesten welt-offene Wesen (*Gehlen*'s Ausdruck) zugleich den stärksten Emotionen ausgesetzt ist[10]. Es bedarf daher auch einer kulturellen Stabilisierung seines Lebensraumes am dringlichsten. Es bedarf dieser besonders dringlich, weil dieses Wesen erst verhältnismäßig spät zur artgemäßen Manipulierung dieses Lebensraumes heranreift.

Inwiefern sichernde Selbstverständlichkeiten „abergläubisch" (fiktive „Als Ob's") sind, läßt sich oft nur schwer ausmachen; in der Regel transzendiert eine solche Erörterung auch den Kompetenzbereich des Einzelwissenschaftlers, der nur innerhalb der Grenzen seines Fachs überkommene Selbstverständlichkeiten in Frage stellen kann.

9. Entscheidung, Information und Lasten

Die Weite des der Spezies homo sapiens zur Verfügung stehenden Zentralnetzes bedingt die Mannigfaltigkeit der Ord-

---

neurotische oder psychosomatische Schwierigkeiten, die ihm sein Dasein als sehr wenig lebenswert erscheinen lassen können. Den Oedipus der klassischen Sage suchten die Schicksalsgöttinnen heim.

[10] Als „emotional" mag dabei jeder Zustand des Kategorisierungskonflikts („ich weiß nicht, was soll es bedeuten...") aufgefaßt werden. Emotionen erscheinen damit per definitionem als „ambivalent"; ihre Namen erhalten sie auf Grund der Lösungen des Konflikts („Freude", „Trauer", „Ärger" usw.) im Sinne eines sehr vereinfachenden, wahrscheinlich kaum mehr als dreidimensionalen Kategoriensystems (vgl. die Struktur des semantischen Raumes, S. 84). Der Kategorisierungskonflikt ist dem langsam reifenden Wesen wohl einerseits durch die potentielle Weite seines Kategoriensystems und andererseits durch seine verzögerte Aktionsfähigkeit aufgezwungen.

nungsstrukturen, die diese Art aus dem Ereignisstrom abstrahieren kann. Im ganzen gesehen vermag sie daher zu mehr Sachverhalten Stellung zu nehmen als irgend eine andere. Hätte aber das Einzelindividuum sämtliche der Art möglichen Stellungnahmen mitzuvollziehen, dann bliebe ihm kaum Zeit zur Besorgung der animalischen Lebensgeschäfte. Als Einzelindividuen operieren wir daher auf einem Komplexitätsniveau, das geringer ist als das durch unser Zentralnetz potentiell angelegte Niveau.

Dieses Sachverhaltes wird man am besten in der Sprache ansichtig. Sie besteht aus — sagen wir — 39 unterscheidbaren Lauten (Phonemen), wobei wir beim Normalgebrauch in der Sekunde etwa 12,5 Laute produzieren. Sowohl der Produktions-Akt als auch der des Verstehens setzt somit in der Sekunde 12,5 Entscheidungen zwischen jeweils 39 Alternativen voraus. Definiert man im Sinne der sog. „Informationstheorie" (*F. Attneave*, 1965; *F. Klix*, 1971) die zu einer Entscheidung notwendige Information (H) als eine Funktion der Anzahl der zur Entscheidung stehenden Alternativen (N), etwa als deren Logarithmus[11], so ergibt sich die Beziehung. $H = \log_2 N$; wobei H mit Hinweis auf die Basis 2 („binary digit") in „bit" (oder: „binit") ausgedrückt wird. In unserem Falle ergibt sich pro Sekunde eine Leistung von: $H = 12,5 \log_2 39 = (12,5) \cdot (5,2855) = 66$ bit.

---

[11] Im allgemeinen werden auf diesem Gebiet Logarithmen zur Basis 2 verwendet. Auf diese Weise gibt der einer Entscheidung zwischen N Alternativen entsprechende Wert von H die äquivalente Anzahl der zwei-wertigen Entscheidungen; z. B. bei 8 Alternativen (die Aufgabe bestehe darin, eine Zahl zwischen 10 und 17 zu wählen): $H = \log_2 8 = 3$. Drei Alternativ-Entscheidungen müssen daher zur Auffindung einer Zahl zwischen 10 und 17 ausreichen. Man mag dabei in folgender Weise vorgehen bzw. seine Fragen stellen (wir nehmen an, die gesuchte Zahl sei „15"):
(1) Gerade oder Ungerade? Antwort: Ungerade; es bleiben: 11, 13, 15, 17.
(2) Größer oder kleiner als 14? Antwort: Größer; es bleiben: 15, 17.
(3) 15 oder 17? Antwort: 15.
Die Umrechnung der dekadischen Logarithmen in binäre erfolgt durch Multiplikation mit einem konstanten Faktor: $\log_2 N = 3,322 \log_{10} N$.

Tatsächlich operieren wir aber weit unterhalb dieser Grenze, da wir nicht sämtliche Phoneme mit der gleichen Häufigkeit verwenden. Wird jede Alternative (x) durch ihre Häufigkeit (bzw. Wahrscheinlichkeit) charakterisiert (p_x), so lautet die Maßformel: $H = - \Sigma\, p_x \log_2 p_x$. Sollte es sich z. B. um drei Alternativen (x, y, z) handeln, die mit den Häufigkeiten $p_x = 0{,}10$, $p_y = 0{,}20$ und $p_z = 0{,}70$ vorkommen (d. h. gewählt werden), dann beträgt[12]:

$$H = (0{,}10 \log_2 0{,}10) + (0{,}20 \log_2 0{,}20) + (0{,}70 \log_2 0{,}70) =$$
$$= (0{,}3322) + (0{,}4644) + (0{,}3602) = 1{,}1568$$

statt: $H = \log_2 N = \log_2 3 = 1{,}5850$ (für $p_x = p_y = p_z = \frac{1}{3}$).

Wir haben es daher mit einer unter-maximalen Verwendung des Zeichensystems (x, y, z) zu tun. Diesen Sachverhalt beschreibt man mit Hilfe des Begriffs der „Redundanz" (= Weitschweifigkeit):

$$\text{Red.} = 1 - \frac{H}{H_{max}} = 1 - \frac{1{,}1568}{1{,}5850} = 0{,}27 = 27\,\%.$$

Für die englische Sprache[13] ergibt sich zufolge der ungleichmäßigen Häufigkeit der Laute eine Reduktion des Wertes von 66 bit auf 60 bit (pro Sekunde); bzw. eine Redundanz von $\text{Red.} = 1 - \frac{60}{66} = 9\,\%$. Tatsächlich sprechen wir aber nicht in Lauten, sondern in Silben. Für 4500 verschiedene (zur Auswahl stehende) Silben, von denen 5 pro Sekunde gesprochen werden, erhalten wir: $H = \log_2 4500 = 60{,}8$ bit. Da aber die Silben mit ungleicher Häufigkeit verwendet werden, gelangen wir zu $H = 46$ bit (pro Sekunde); $\text{Red.} = 1 - \frac{46}{66} = 30\,\%$. Setzt man die gleiche Überlegung für Wörter (22 000 verschiedene Zeichen, 3 Wörter pro Sekunde) fort — $H = 3 \log_2$

---

[12] Der Informationsbetrag (H) ist eine positive Größe; da aber die Summanden ($p_x \log_2 p_x$) negative Größen sind, bedarf es in der Formel des negativen Vorzeichens der Summe.

[13] Diese Aufschlüsselung folgt G. A. Müller, in: S. S. Stevens, 1951.

22 000 = 43,2 bit — und stellt man deren ungleiche Häufigkeit in Rechnung, dann ergibt sich: H = 32 bit (pro Sekunde); Red. = 53 %. Kalkuliert man schließlich die grammatikalischen Restriktionen des Wortgebrauches in Sätzen ein, so ergibt sich: H = 8 bit (pro Sekunde); Red. = 88 %. Wir benutzen somit nur etwa 12 % der Kapazität unseres Phonemsystems. Oder anders ausgedrückt: die englische Sprache — und etwas Analoges gilt von allen Sprachen — ist so konstruiert, daß sie von dem zur Verfügung stehenden Zeichensystem einen Gebrauch macht, der weit unterhalb des möglichen Maximums liegt. Wahrscheinlich handelt es sich hier aber um ein Optimum im Hinblick auf die Sicherung des Verständnisses (Redundanz erlaubt die Korrektur mißverstandener Zeichen auf Grund der stochastischen Abhängigkeit der Einzelzeichen in der Zeichenfolge) und wohl auch hinsichtlich von Leistungen über längere Zeitspannen.

Experimentelle Befunde legen den Schluß nahe, daß wir über längere Zeitspannen hinaus kaum mehr als im Durchschnitt 10 zweiwertige Entscheidungen pro Sekunde fällen können (H = 10 bit sek^{-1}). Wahrscheinlich handelt es sich hier um eine spezifische Funktionsbedingung des menschlichen Zentralnetzes.

Dieser kurze Ausflug in das ungemein interessante Gebiet der Informationstheorie war zum Verständnis der aus der Funktionsweise des menschlichen Zentralnetzes ableitbaren Folgerungen erforderlich, weil:

a) jedes vom Menschen gebrauchte Kategoriensystem hochgradige Redundanz besitzt;

b) die menschlichen Kategorisierungsprozesse vorwiegend binären Charakter haben. Man denke etwa an die klassischen Tafeln der Gegensätze, die zweiwertige klassische Logik („tertium non datur"), die polare Definition der Phonememe[14], die Einteilung zahlreicher Primitiv-Gruppen in „Hälften", die sog. „moieties", das duale Motiv in Mythos und Weltanschauung, sowie an die Beliebtheit von Typen-Dichotomien in der Menschenschilderung. Als Prototyp kommt hier die Tatsache in

[14] Vgl. *R. Jakobson, C. C. Fant* u. *M. Halle*, 1955.

Frage, daß ein Element des Zentralnetzes, ein Neuron, nach dem Alles-oder-Nichts-Gesetz durch einen zugeleiteten Impuls entweder aktiviert wird oder nicht.

In schematischer Weise läßt sich nunmehr auch die Kategorienvereinfachung darstellen, deren sich der „Aberglaube" oder auch der nach Stereotypen Urteilende bedient. Nehmen wir an, unsere Aufgabe bestehe darin, aus acht Kandidaten (vier davon seien Neger und vier Weiße) einen geschickten und fleißigen Arbeiter auszusuchen. Wir haben daher die acht Kadidaten bezüglich zweier Eigenschaften (Geschicklichkeit und Fleiß) zu überprüfen, d. h. wir haben 16 zweiwertige Fragen[15] zu beantworten: $H = 16 \log_2 2 = 16$. Der Voreingenommene wird aber aus dem Stereotyp „des Negers" folgern, daß dieser nur ganz ausnahmsweise geschickt bzw. fleißig sei (z. B. $p_{Ng} = p_{Nf} = 0,10$). Zu seiner Entscheidung bedarf es daher nur eines Informationswertes von $H = 8 \, (0,50 \log_2 0,50 + 0,50 \log_2 0,50) + 8 \, (0,10 \log_2 0,10 + 0,90 \log_2 0,90) = 11,8$; Red. $= 1 - \dfrac{11,8}{16,0} = 26 \,^0/_0$. Sein Stereotyp verringert die Entscheidungslast um mehr als ein Viertel; hätte er sich ein noch stärkeres Stereotyp zugelegt ($p_{Ng} = p_{Nf} = 0,00$), dann könnte er sogar mit einer Redundanz von 50 $^0/_0$ operieren. Da er, wie wir annehmen, niemals einen Neger einstellt, kann er auch die Unrichtigkeit seines Stereotyps gar nicht erkennen. Das Verfahren ist somit völlig „sicher".

Im vorstehenden Beispiel könnte man auch an einen zwar nicht im rassischen Sinne voreingenommenen dafür aber im psychologischen Sinne „abergläubischen" Beurteiler denken, der von der Annahme ausgeht, daß geschickte Menschen auch zugleich fleißig seien. Er benimmt sich daher so, als ob diese beiden Eigenschaften im Ausmaße von $r_{gf} = 1,00$ korrelierten. Für ihn reduziert sich der zur Auswahl notwendige Informationsbestand auf $H = 8 \log_2 2 = 8$; abermals eine 50$^0/_0$-Ent-

---

[15] Dabei sei angenommen, daß die Wahrscheinlichkeit eines Negers, geschickt (bzw. fleißig) zu sein (p N_g bzw. p N_f) ebenso groß sei wie die Wahrscheinlichkeit eines Weißen (p W_g bzw. p W_f = 0,50).

lastung. Dabei kommt uns die „abergläubische" Maxime der Offiziersanwärter-Auswahl in den Sinn, daß sich zum militärischen Führer eigne, wer einem „gerade in die Augen schauen" könne. Die Verlockung zur Annahme solcher Schein-Anzeichen wächst natürlich mit der Schwierigkeit der zu beantwortenden Fragen. Die Beliebtheit typologischer Ordnungen ist ebenfalls aus dem Entlastungsprinzip zu erklären. Im „Idealfall" engt sich dabei die bunte Mannigfaltigkeit des Mensch-Seins auf eine schlichte Dichotomie (introvertiert: extravertiert; ganzheitlich: analytisch, usw.) ein. Charakter-diagnostische Fragen lassen sich nunmehr mit dem sehr geringen Informationswert von $H = 1,00$ beantworten. Wie schön und beruhigend!

Sowohl aus humanitären als auch aus sachlichen Gründen wird man diese abergläubischen, bzw. voreingenommenen und voreiligen Kategorienvereinfachungen zurückweisen, man darf sich aber nicht darüber täuschen, daß in die meisten Entscheidungssituationen unseres Lebens stereotypische Anzeichen eingehen, deren Verläßlichkeit wir (ohne Prüfung) meist überbewerten, so daß wir tatsächlich fast immer glauben, mit weniger Informationen auskommen zu können, als zur gerechten Entscheidung einer Frage erforderlich wären. Auf der Gegenseite stehen allerdings die „Kosten" (Zeitbedarf und Mühe), die zur Herbeischaffung der notwendigen Information aufgewandt werden müßten[16]. Diese Kosten wachsen in der Regel mit der Größe der Information. Setzt man Kosten und Lasten (L) in die Beziehung: $L = f(H)$, dann wird deutlich, in welchem Sinne die Verwendung von Stereotypen und Schein-Anzeichen entlastet. Offenbar ist hier mit einem Extremal-Problem zu rechnen, da in jedem Einzelfall die Sorgfältigkeit der Entscheidung den Lasten proportional ist. Sollten die Lasten zudem schneller anwachsen als H, dann ergibt sich ein $H_{optimum} < H_{maximum}$, bzw. eine Redundanz, die größer als Null ist. Im Modellfall der Umgangssprache gilt dies zweifelsohne in sehr hohem Maße. Wir könnten uns mit Hilfe einer Reihe gleich-

---

[16] Laboratoriumsexperimente zeigen, daß z. B. die zur Entscheidung erforderliche Zeit mit dem Wert von H linear zunimmt.

häufiger, stochastisch unabhängiger Laute unterhalten, doch verlangte dieses Unternehmen ein solches Maß an Konzentration, daß wir es bald wieder aufgeben würden. Ein weniger extremes Beispiel gibt der Fall einer Unterhaltung in einem lärmerfüllten Umfeld, das den Empfang einzelner Redeteile unmöglich macht und das damit die stochastische Struktur der Rede selbst abschwächt. Auch hier gibt man das Gespräch bald auf.

Ein hypothetisches Analogon zum Fall der Sprache zeigt Abbildung 9. Hier nehmen die Lasten stärker zu als die mit ihnen erkaufte Information: $L = 0{,}50 + 0{,}20\,H^{1{,}52}$. Der Quotient $\dfrac{H}{L}$, nach dem sich die „Rentabilität" des Verfahrens bemißt, erreicht sein Maximum bei Informationswerten zwischen 5 und 8 bit. Stellt sich das Bemühen somit auf maximale Rentabilität allein ein, so wird es im vorliegenden Falle zu einem sehr vergröberten (u. U. „abergläubischen" oder voreingenommenen) Auswahlverfahren kommen. Das Ergebnis entspräche sodann einer Redundanz von 80 % bis 90 %.

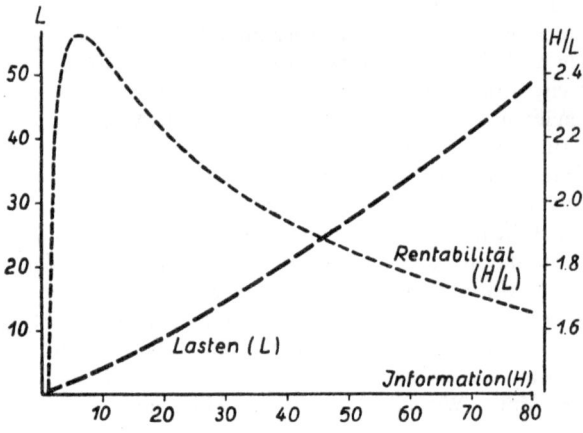

Abb. 9: Das Verhältnis zwischen Information, Beschaffungskosten (Lasten) und Rentabilität

Eine Strategie, mit deren Hilfe eine Menschengruppe als ganze sowohl einen hohen Wert von H als auch eine günstige Rentabilität ($\frac{H}{L}$ = max) erzielen kann, ist die Arbeitsteilung: Spezialisten entsagen in ihrem jeweiligen Zuständigkeitsbereich der Tendenz zur „abergläubischen" Vereinfachung, der sie jedoch im allgemeinen — d. h. außerhalb ihres Spezialisierungsgebietes — kaum weniger ergeben sind als andere Personen. Dieser Prozeß führt allerdings zwangsläufig dazu, daß „das" wissenschaftliche Weltbild für Einzelindividuen nicht mehr zu überschauen ist. Aus diesem Grunde ist in den letzten Jahrzehnten auch der Begriff der „allgemeinen Bildung" in eine ernste und wahrscheinlich überhaupt nicht mehr zu bewältigende Krise geraten. Zu rechnen war daher einerseits — namentlich im Hochschulbereich — mit dem Vorwurf des „Fach-Idiotentums" und andererseits mit einer zunehmenden Popularität von Ansätzen zu einer ideologischen Integration von Wissensbeständen (z. B. im Sinne des dialektischen Materialismus oder des Strukturalismus).

10. Bezugspunkte von Beurteilungen

Ein von *D. M. Johnson* (1955) durchgeführtes Experiment illustriert einen sehr weithin gültigen Sachverhalt. Die Vpn (Studenten) wurden dazu aufgefordert, Töne entweder als „hoch" oder „tief" zu beurteilen. Aus den so gewonnenen Daten läßt sich die Grenze errechnen, d. h. die kritische Tonhöhe, oberhalb deren das Attribut „hoch", unterhalb deren das Attribut „tief" bevorzugt wird. In sehr guter Annäherung und im Einklang mit *Fechner's* Gesetz entsprechen diese Grenzen in allen Versuchsreihen dem geometrischen Mittel (GM) der Vergleichsgrößen (x):

$$\log GM = \frac{\Sigma \log x}{n}$$

In schematischer Weise veranschaulicht dies Abbildung 10; die vertikalen Linien bezeichnen dabei die Variationsweite der

Tonhöhen in jeder einzelnen Versuchsreihe, die Abszisse gibt
die Tonhöhen der errechneten geometrischen Mittel, und die
Punkte auf den Vertikalen bezeichnen die empirisch festgestellten Kategoriengrenzen. Die schräge, gestrichelte Linie schneidet
jede der Versuchsreihen in deren geometrischem Mittel[17]. Die
Tonhöhen-Werte auf den beiden Achsen des Systems sind
logarithmisch gestuft. Das Experiment zeigt, wie sich ein zwei-
klassiges Kategoriensystem den mit seiner Hilfe zu bewältigenden Daten anpaßt. Wir haben starke Gründe zur Annahme,

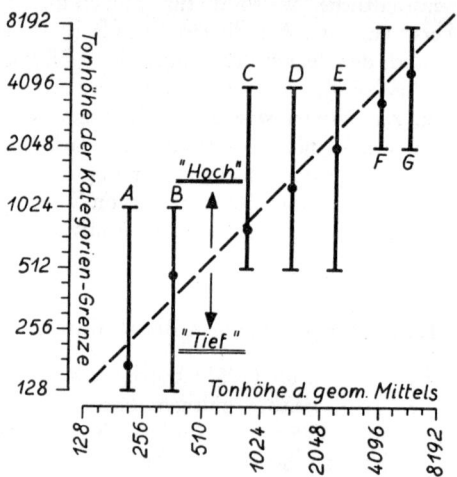

*Abb. 10: Die Relativität der kritischen Kategoriengrenze in Abhängigkeit
von der Variation der Beurteilungsgegenstände (nach Johnson)*

daß dieses Phänomen nicht nur auf einzelne Daten-Bereiche
und auch nicht nur auf zweiklassige Kategoriensysteme (Dichotomien) beschränkt ist. Wo immer wir die Glieder einer Reihe
zu beurteilen haben, etablieren wir einen Bezugspunkt, der —

---

[17] Innerhalb gleicher Variationsweiten (z. B. die Reihen C, D und E)
wurde das geometrische Mittel durch die Verteilung der Häufigkeit der
einzelnen dargebotenen Töne (schiefe Verteilungen) variiert.

in den bisher der Messung zugänglich gemachten Fällen — sehr genau dem geometrischen Mittel der Reihe entspricht. Dies gilt zweifelsohne auch von unseren subjektiven Beurteilungen sozialrelevanter Merkmale. Was bezeichnen wir z. B. noch als „originell" bzw. schon als „exzentrisch"? Wo verläuft für jeden einzelnen von uns die Grenze zwischen den von uns als „gescheit" bzw. als „dumm" bezeichneten Mitmenschen?

D. M. Johnson (1955) und *H. Helson* (1964) haben diesen Ansatz zu einer Theorie des „Adaptationsniveaus" ausgebaut (vgl. auch *V. Sarris*, 1971). Dabei konnte mehrfach beobachtet werden, daß sich einmal etablierte Kategoriensysteme allmählich einem Wandel der durch sie zu bewältigenden Daten anpassen. Die Vorführung eines mit aggressiven Szenen reichlich ausgestatteten Filmes („Saat der Gewalt") bewirkt z. B. eine Veränderung des Bezugsniveaus, hinsichtlich dessen Schüler ihre eigenen aggressiven Akte beurteilen. Gemessen an dem, was sie zu sehen bekamen, erscheinen ihnen diese als vergleichsweise harmlos. Wird gleichzeitig die subjektiv akzeptierte Toleranz-Grenze für aggressives Verhalten beibehalten, so ist mit einer objektiven Erhöhung der Intensität und der Häufigkeit aggressiver Handlungen zu rechnen (*J. Eckert* u. a., 1971; vgl. auch *S. Feshbach* und *R. D. Singer*, 1971). In Anlehnung an Abbildung 10 können wir uns die Verschiebung als einen Übergang von der Versuchsreihe A (wenige hohe Töne bzw. aggressive Akte) zur Versuchsreihe E (viele hohe Töne bzw. aggressive Akte) vorstellen. Unterhalb der Kategoriengrenze von Reihe E liegen nun sämtliche Reize der Reihe A, d. h. auch solche, die im Bezugssystem dieser Reihe ursprünglich als „hoch" (bzw. als „aggressiv") bezeichnet wurden. Dieses Relativierungs-Mechanismus bedient sich auch die politische Agitation, wenn sie z. B. die Taten einzelner radikaler Gruppen (Bankeinbrüche, Bombenwürfe usw.) mit den Zerstörungen eines Krieges vergleicht.

Das zu einem bestimmten Zeitpunkt eingestellte Adaptationsniveau erscheint damit als eine Funktion zweier Variabler, des Schwerpunktes (d. i. des geometrischen Mittels) der im Augen-

blick wirksamen Reize und des Schwerpunktes der Reize, die in
der Vergangenheit (bzw. in einer anderen Situation) auf uns
eingewirkt haben. Wer etwa aus einem streng-konservativen
Milieu stammt, wird sog. „liberale" Anschauungen als extrem
(„radikal") empfinden; sollte er aber eine Weile in einem
liberalen Milieu leben, werden ihn dieselben Anschauungen
u. U. als recht „gemäßigt" beeindrucken. Als sich während der
Nachkriegsjahre praktisch jedermann auf Geschäfte am „schwarzen Markt" einließ, wurden solche Transaktionen als keineswegs „unanständig" beurteilt. Die Kategoriengrenze zwischen
„anständig" und „unanständig" hat sich somit in diesem Gebiete verschoben.

Eine der Hauptaufgaben der gruppenspezifischen Erziehung
ist die Festlegung eines von allen Gruppenmitgliedern ziemlich
einheitlich verwendeten Kategoriensystems. Die dazu erforderliche Konstanz der zu beurteilenden Gegenstände oder Stellungnahmen wird durch normative Bedingungen erreicht („Wer die
Handlung X begeht oder die Meinung Y teilt, stellt sich außerhalb der Gemeinschaft der Rechtgesinnten"; er ist, im griechischen Sinne, ein „Idiot"). Auf diese Weise entsteht in jeder mehr
oder minder permanenten Gruppe ein Zwang zur Konformität,
der auch hinsichtlich an sich banaler Angelegenheiten (z. B. der
Länge des Haarwuchses) erstaunliche Intensität annehmen kann
(„man tut so etwas nicht"). Oftmals beobachten wir dabei eine
Spiralbewegung; je mehr Personen sich dem Konformitätszwang
fügen, um so stärker wird dieser, um so mehr Personen fügen
sich diesem, um so schmaler wird die Kategorie des zulässigen
Verhaltens. Wir haben es hier mit einer Interdependenz-Rela-
tion zwischen den beiden Variablen „Intensität des Konformitätszwanges" und „Konformität der Stellungnahmen" zu tun.

Im allgemeinen scheinen sich permanente Gruppen gegen die
an sich mögliche Verschiebung ihres Kategoriensystems durch die
Verankerung des Systems in „Vorbildern" und „abschreckenden
Beispielen" zu sichern. Daß so ein Verfahren die Stabilität eines
Kategoriensystems zu erhöhen vermag, läßt sich durch experi-
mentelle Untersuchungen belegen, aus denen wir auch wissen,

daß weit außerhalb der alltäglichen Variationsweite gelegene Verankerungspunkte (z. B. „der Heilige" und „der Teufel") die Beurteilungs-Skala weniger gut fixieren als der Normalbreite näher gelegene. Dieser Sachverhalt wird von vielen Erziehern nicht genügend gewürdigt.

11. Die Bewältigung von Widersprüchen

Im Raum der planmäßigen Erziehung pflegen die den jungen Menschen engagierenden Ereignisse so eingerichtet zu werden, daß sie seinen bisher entwickelten Erfahrungen und Maximen möglichst gut entsprechen. Man trachtet, Unstimmigkeiten zu vermeiden, obwohl sie im Leben immer wieder auftreten. Erst in den letzten Jahren wurde eine Reihe theoretischer Modelle konstruiert, die sich mit der durch unvereinbare („dissonante" bzw. „inkongruente") Erfahrungen veranlaßten Veränderungen von Einstellungen befassen[18].

Was geschieht z. B., wenn ein von mir (P) geschätzter Journalist (J) Vorgänge (V) entschuldigt oder beschönigt, die ich selbst stricte ablehne? Der Sachverhalt läßt sich durch ein Dreieck veranschaulichen, in dem die positiven (+) und negativen (—) Einstellungen durch Pfeile wiedergegeben sind (Abb. 11). Diese Struktur ist im Sinne *F. Heider's* (1946) „unbalanziert"; um sie auszugleichen, wäre die Veränderung eines Vorzeichens erforderlich: P könnte sich z. B. entschließen, auch J abzulehnen (+ → —) oder sich dessen Einstellung zu V zu eigen zu machen (— → +).

Eine andere Auflösung des Konflikts schlägt das Kongruenz-Modell von *C. E. Osgood* und *P. H. Tannenbaum* (1955) vor. Dabei wird angenommen, daß der Beurteiler P die Gegenstände

---

[18] Vgl. *C. E. Osgood* u. *P. H. Tannenbaum*, 1955; *L. Festinger*, 1957; *F. Heider*, 1958; *J. W. Brehm* u. *A. R. Cohen*, 1962; *C. A. Insko*, 1967; *C. A. Kiesler* u. a., 1968; *W. J. McGuire*, 1969; *H. C. Triandis*, 1971. Diese Überlegungen nehmen vielfach Gedankengänge wieder auf, die aus der psychoanalytischen Theorie (*A. Freud*, 1936) stammen. Zum Unterschied von diesen älteren, bloß qualitativen Ansätzen erlauben die neueren Modelle zum Teil schon recht überzeugende quantitative Analysen.

J und V auf einen gemeinsamen Platz seiner von $+3$ bis -3 reichenden Beurteilungsskala setzen wird, dessen Positionen sich aus dem Abstand zwischen den beiden Beurteilungen ($b_j = +2$; $b_v = -3$) und aus deren Extremität (d. h. den absoluten Beträgen von b_j und b_v) ergibt. Die Distanz (D_j), um die sich das Werturteil über J verschiebt, ist $D_j = -3$; für die Veränderung des Urteils über V gilt: $D_v = 2$. Am Ende dieses Prozesses werden somit beide Gegenstände leicht negativ beurteilt ($b_j = b_v = -1$), wobei sich die Lage des ursprünglich weniger extrem beurteilten Gegenstandes ($J, b_j = +2$) stärker verschiebt als die des in extremer Weise Beurteilten ($V, b_v = -3$). Bis zu einem gewissen Grade werden somit beide Balancierungs-Strategien des Modells von *Heider* in Anspruch genommen. Trotz seiner Einfachheit scheint sich das Kongruenz-Modell bei der Vorhersage von Einstellungsänderungen sehr gut zu bewähren (*P. H. Tannenbaum,* 1967, 1968; *W. J. McGuire,* 1969;

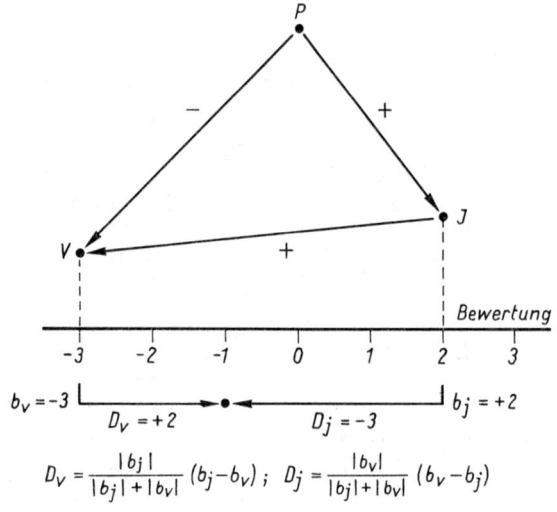

Abb. 11: Die Auflösung eines Spannungsverhältnisses nach dem Balance-Modell von F. Heider (oben) und nach dem Kongruenz-Modell (unten)

H. C. Triandis, 1971). Es lohnt sich z. B., die Konsequenzen einer „freundschaftlichen" Begegnung zwischen einem in seinem Lande allgemein hoch geschätzten Politiker (X, $b_x = +2$) und einem bisher weitgehend abgelehnten ausländischen Staatsmann (Y, $b_y = -3$) zu überlegen. Die Kongruenz würde ebenso wie in Abbildung 11 zu dem Ergebnis $b_x = b_y = -1$ führen. Derartige Treffen sind daher für das „image" von Politikern recht riskant. Diese achten daher in der Regel auf eine gewisse Förmlichkeit, die bei den Leuten zu Hause erst gar nicht den Eindruck einer bedingungslosen Annäherung aufkommen läßt.

Mehr auf qualitativem als auf quantitativem Gebiet liegen die Voraussagen der von *L. Festinger* (1957) entworfenen „Theorie der kognitiven Dissonanz". Wer z. B. als Raucher aus den Massenmedien erfährt, daß er sich dadurch einer wesentlich erhöhten Karzinom-Gefährdung aussetzt, steht vor dem Problem, zwei dissonante Sachverhalte („Freude am Rauchen": „Gefährlichkeit des Rauchens") zu vereinbaren. Er könnte sich darauf beschränken, entweder das Rauchen einzustellen oder den medizinisch-statistischen Befunden den Glauben zu versagen. Nach diesem realitätsflüchtigen Denkschema kann man mit Statistik „bekanntlich" alles beweisen; außerdem, wer weiß, ob dahinter nicht die Geschäftsinteressen der Pralinen-Hersteller am Werke sind? Einen anderen Ausweg bietet z. B. die „Technik des größeren Übels". Der Raucher vergegenwärtigt sich in ihr die tatsächlich sehr großen Risiken, die er als Kraftfahrer täglich auf sich nimmt; diese seien bedrohlicher als die möglichen Konsequenzen des Rauchens, daher könne dieses eigentlich gar nicht so besonders schädlich sein. Er verringert daher die Dissonanz durch Verharmlosung. Ähnlicherweise fallen einem bei Berichten über von Angehörigen der eigenen Nation verübte Grausamkeiten leicht die in der Geschichte verzeichneten Greultaten anderer Völker ein, wonach man sich mit der im Grunde sehr wenig besagenden Erkenntnis beruhigt, daß eben alle Menschen schlecht sind[19].

---

[19] Diese Gesetzmäßigkeit der „Hemmung" einer Vorstellung durch eine gegenteilige Vorstellung unter Zuhilfenahme einer dritten Vorstellung hat

Festinger (1957) faßt „kognitive Dissonanzen" als Spannungszustände auf, die einer Lösung zustreben; sie erfolgt z. B. durch Meinungs- und Bewertungsänderungen. Die Hoffnung, daß ein bestimmtes Mittel oder eine besondere (im Extrem: zwangsneurotische) Zeremonie die Gefahr bannen könnte (z. B. Filter, Milchtrinken oder auch das Vertrauen auf konstitutionelle Faktoren), stellt für viele Raucher eine solche Lösung dar. Andere — jüngere meist — reden sich ein, daß am Leben ohnedies „nicht so viel dran" sei. Auch die Auffindung eines „Sündenbocks" erleichtert die Situation: Man würde gar nicht rauchen, aber die Firmen geben ja für ihre Reklame Millionen aus. Aber selbst wenn das Rauchen aufgegeben wird, besteht eine Dissonanz fort, wie ja auch nach einer Kaufentscheidung zu Gunsten z. B. des Wagens X das Konkurrenzfabrikat Y unser Denken noch beschäftigt. Nun gilt es freilich, sich die Vorzüge der getroffenen Entscheidung besonders zu vergegenwärtigen und für alles Nachteilige, das von der abgelehnten Alternative zu erfahren ist, ein offenes Ohr zu behalten. Auch muß man die Unannehmlichkeiten der Entwöhnung genügend würdigen, um sich dadurch — wie durch eine Buße — der nachwirkenden Gefahr des früheren Rauchens zu entledigen. Mutatis mutandis pflegen wir an dem Bild kostspieliger Neuerwerbungen und Vergnügungen kaum einen Makel zu dulden, weil etwaige Zweifel an deren wahrem Wert den uns bedrängenden Dissonanz-Zustand zu intensivieren — „zu teuer erkauft" — geeignet wären. Auf diese Weise werden aus Konvertiten — im weitesten Sinne, der neben dem Wechsel von Lebens- und Konsumgewohnheiten auch den politischen und religiösen Gesinnungswandel umfaßt — manchmal schier unerträgliche Eiferer. Vorwürfe, die einer verlassenen Ideologie im Nachhinein gemacht werden, stammen oft von Personen, die sich eben dieser Ideologie früher einmal sehr weitgehend verschrieben hatten. Sie müssen nun allerdings auch Gründe ausfindig machen, warum sie durch Tücke und Zwang von der

J. F. Herbart (Psychologie als Wissenschaft, 1824/25) bereits quantitativ formuliert.

damaligen Ideologie verführt werden konnten. *Brown* und
Festinger weisen z. B. darauf hin, daß Soldaten, die während
ihrer Kriegsgefangenschaft mit dem Gegner kollaborierten, bei
ihrer Rückkehr dazu tendieren, die Verhältnisse in den Lagern
ganz besonders negativ zu schildern. Experimente, die natürlich
im Vergleich mit der Wirklichkeit ungemein harmlos sind, legen
den Schluß nahe, daß ein möglichst „milder" Zwang zu einem
größeren und dauerhafteren Einstellungswandel führt, weil
dann das Argument der schlechten Behandlung für das eigene
Entgegenkommen keine echte Entschuldigung abgibt. Man sieht
sich nun gezwungen, aus eigenem plausible Motivationen für
das dargebotene Verhalten — „eigentlich hatten die Leute ja
ganz gute Intentionen!" — aufzufinden. Wir verändern Einstellungen, indem wir an deren Gegenständen „neue Seiten"
entdecken oder uns zeigen lassen.

Aus der sich auf diesem Gebiet erstaunlich schnell ansam-
melnden Empirie ergeben sich manche, ethisch freilich nicht
unproblematische Hinweise auf die Techniken der Verhaltens-
manipulation, mit der ja stets der Versuch eines Einstellungs-
wandels Hand in Hand geht. Auf die allgemeinste Form gebracht, handelt es sich dabei um die Gewinnung in bestimmter
Weise nicht-repräsentativer Stichproben („persönlicher Erfahrungen") aus dem Universum der tatsächlichen Ereignisse
(Abb. 12[20]). Die spezifische „Auswahl" wird durch eine Reihe
dynamischer Tendenzen bewirkt, z. B. durch die Selektivität der
Erinnerung oder die Selektivität dessen, worüber in einer Gesellschaft viel — bzw. auch fast gar nicht — gesprochen wird
(„Soziale Bestätigung"). Wo wir affektiv gesteuert umdenken,
substituieren wir in der Regel eine unrepräsentative Stichprobe
(von Sachverhaltsmerkmalen) für eine andere; wir sind dabei in

---

[20] Das „Universum" der Ereignisse enthält vier Arten von Vorkomm-
nissen (bezeichnet durch: offener Kreis, schwarzer Kreis, Kreuz und Dreieck),
von denen wir im Beispiel annehmen, daß sie mit gleicher Häufigkeit auftreten. Von den als „Stichproben" bezeichneten persönlichen Erfahrungen
(bzw. Vorstellungen) ist nur die mittlere wirklich repräsentativ, d. h. eine
verkleinerte Abbildung des Universums.

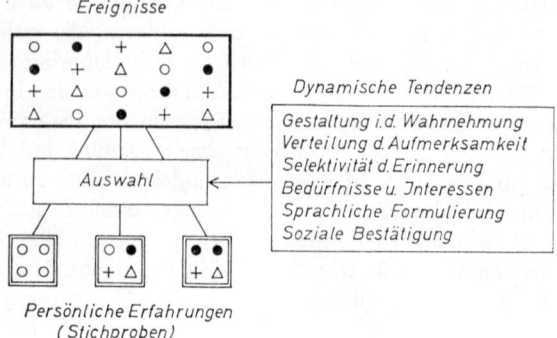

Abb. 12: Die Subjektivität von Erfahrungen

der Regel auf Dissonanz-Verminderung eingestellt[21]. Leider
gilt das auch dann noch, wenn Versuchsleiter — ohne dies bewußt zu wollen oder auch nur zu merken — die Versuchsbedingungen so ausgestalten, daß die Ergebnisse schließlich ihre
vorgefaßte Meinung oder ihre Hypothese zu bestätigen
scheinen. Man muß diese Gefahr, auf die in den letzten
Jahren mehrfach hingewiesen wurde *(R. Rosenthal,* 1966;
N. Friedman, 1967; *T. X. Barber* und *M. J. Silver,* 1968),
kennen, um ihr (z. B. durch „Blindversuche", in denen die
Versuchsleiter mit unterschiedlichen Erwartungen ausgestattet
werden) begegnen zu können.

12. Wirkungsfortpflanzung

Die Angehörigen der Spezies homo sapiens leben in permanenten Gruppen, weil sie zumindest auf eine solche Gruppe,
d. i. die Familie, unweigerlich angewiesen sind, und weil die
Kapazität ihres Zentralnetzes so groß ist, daß kein Einzel-

---

[21] Das ist im Grunde das alte Thema der „französischen Moralisten",
z. B. *La Rochefoucauld's* (1965): „Gewöhnlich haben wir nur bei kleinen
Dingen das Glück, dem Schein nicht zu trauen."

individuum Zeit fände diese auszuschöpfen. Es könnte daher unter Menschen zu einer derart großen Unterschiedlichkeit der Stellungnahmen kommen, daß das gegenseitige Verständnis kaum mehr möglich wäre (vgl. den Mythos vom Turmbau zu Babel). Diese an sich denkbare Entwicklung wird durch Arbeitsteilung und Konformitäts-Zwang innerhalb erträglicher Grenzen gehalten. Das System der Arbeitsteilung selbst besitzt mehrfache Entlastungsfunktion. Unter anderem definiert es die Rolle von Untergruppen (z. B. „Ständen"), es stiftet stochastische Abhängigkeitsbeziehungen (z. B. der „typische Gelehrte"), die ihrerseits stereotypisch überspielt werden können. Vielfach ist das Arbeitsteilungs-System auch hierarchisch geordnet („Bürger — Bauer — Bettelmann ...", im volkstümlichen Spiel), womit sich weitere Vereinfachungsmöglichkeiten („Elite — Mittelstand — Unterschicht") ergeben. Auf dieser Basis lassen sich auch schichtspezifische Konformitäts-Zwänge („Klassenbewußtsein") entwickeln.

Unser gegenwärtiges Interesse gilt der Abschätzung der Weite interindividueller Unterschiede; dabei stoßen wir auf einen Ver-

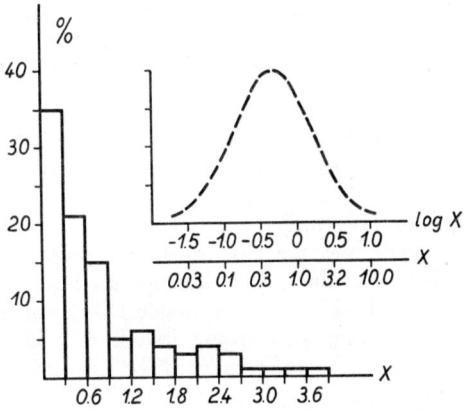

Abb. 13: Die Verteilung des Merkmals „Diskussionsbeteiligung" (x) in College-Klassen (nach Smith u. Dunbar)

teilungstypus, der in der Allgemeinen Psychologie nur wenig
Berücksichtigung findet, weil diese sich in der Regel nur mit
recht schwach streuenden Variablen beschäftigt. Gemeint ist die
logarithmische Normalverteilung. Abbildung 13 zeigt eine
Verteilung mit sehr ausgeprägter positiver Schiefe, die zu einer
Normalverteilung wird, wenn man an Stelle der (arithmetisch
gestuften) x-Werte auf der Abszisse deren Logarithmen aufträgt.
Das x-Merkmal ist in diesem Falle das Ausmaß der Diskussionsbeteiligung in College-Klassen (*H. C. Smith* und *D. S. Dunbar*,
1951). Einzelne wenige Angehörige der Gruppe erreichen ganz
besonders hohe x-Werte, d. h. sie sind in der Diskussion sehr
rege, während die Majorität nur recht wenig zum Klassen-
gespräch beisteuert. Der Zentralwert, der die Gruppe in die
obere und untere Hälfte teilt, liegt bei $x = 0,46$ ($D_{log} = -0,34$),
der Gipfelwert („Mode") bei $x = 0,10$. Verteilungen vom allgemeinen Typus der in Abbildung 11 wiedergegebenen (arith-
metisches Maß) werden mit *F. H. Allport* als "J-Kurven" bezeichnet (1933). Dieser Autor hat gezeigt, daß sich sehr viele
soziale Phänomene durch Kurven dieser Klasse beschreiben lassen. Die im folgenden entwickelte These dürfte auch auf die von
Allport untersuchten Fälle anwendbar sein; sie entspricht allerdings nicht der Theorie dieses Autors, der versucht, das Zustandekommen von J-Kurven auf die Wirksamkeit von Kon-
formitäts-Zwängen zurückzuführen.

Auch in den von *Bales* (1953) untersuchten Diskussionsgruppen finden sich sehr große Aktivitätsunterschiede. Ordnet
man z. B. die Teilnehmer einer aus sechs Personen bestehenden
Gruppe (vgl. S. 110) nach dem Grade ihrer Aktivität (von
1 bis 6), so ergibt sich die aus Tabelle 23 ersichtliche höchst
ungleichmäßige Verteilung der kommunikativen Akte (die
Daten beziehen sich auf 18 je einstündige Diskussionen), wobei
Sender-Rang und Empfänger-Rang jeweils sehr hoch miteinander korrelieren. Im vorliegenden Fall läßt sich allerdings
der Verteilungstypus nicht genau feststellen, da nur sechs
Personen dazu nicht ausreichen. Dafür illustriert aber die letzte
Spalte der Tabelle eine Gesetzmäßigkeit, die sich in den ver-

Tabelle 23: Die Richtungen kommunikativer Akte in einer Diskussionsgruppe

Teilnehmer Sender	Empfänger 1	2	3	4	5	6	(zu Individuen)	(zur Gruppe)	(zusammen: G)
1	—	1 238	961	545	445	317	3 506	5 661	9 167 = 43 %
2	1 748	—	443	310	175	102	2 778	1 211	3 989 = 19 %
3	1 371	415	—	305	125	69	2 285	742	3 037 = 14 %
4	952	310	282	—	83	49	1 676	676	2 352 = 11 %
5	662	224	144	83	—	28	1 141	443	1 584 = 7 %
6	470	126	114	65	44	—	819	373	1 192 = 6 %
Summe	5 203	2 313	1 944	1 308	872	565	12 205	9 106	21 311 = 100 %

schiedensten Gebieten antreffen läßt, sie wird entweder als „Zipf's Gesetz" oder als das „Pareto'sche Gesetz" bezeichnet. Das Gesetz besagt, daß der Logarithmus des Ordnungsmaßes (hier die Gesamtzahl der Sender-Akte, G) dem Logarithmus der entsprechenden Rangplätze (R) der Sender umgekehrt proportional ist (Abbildung 14). Es gilt somit:

$$\log G = a - b \log R = 3,95 - 1,06 \log R;$$

$$\text{bzw. } G = \frac{A}{R^b}$$

wobei A = antilog a.

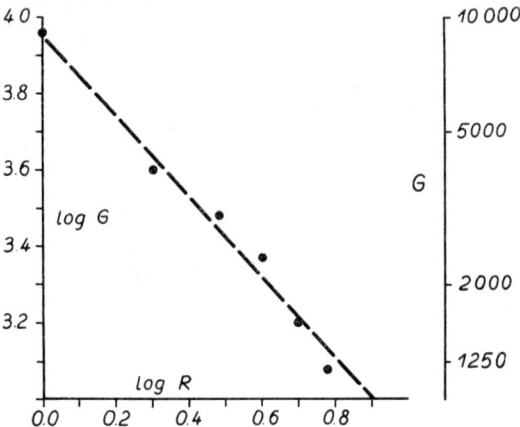

Abb. 14: Das Absinken der Anzahl (G) der kommunikativen Akte mit der Zunahme des Rangplatzes (R) der Sender in einer Diskussionsgruppe (doppel-logarithmische Darstellung)

G. K. Zipf (1935) stieß auf diese Beziehung, als er die Wörter der englischen Sprache hinsichtlich der Häufigkeit ihres Gebrauches in eine Rangreihe brachte. In späteren Arbeiten (1949) ergab sich die Anwendbarkeit desselben Gesetzes auf sehr weite Bereiche der Sozialforschung (Städtegrößen, Einkommensunterschiede usw.). Bezeichnet man mit G die Größe des

Einkommens und mit R den Rangplatz des Empfängers dieses Einkommens in der nach der Größe des Einkommens geordneten Gesamtpopulation, dann hat man im wesentlichen auch den von *Pareto* beschriebenen Sachverhalt vor sich. Das „Gesetz" selbst ist eine empirische Formulierung, die Gegebenheiten gut beschreibt, es ist aber bisher nicht möglich gewesen, es in befriedigender Weise aus allgemeinen Erwägungen zu deduzieren. Tatsächlich glaube ich, daß das Gesetz einen recht komplizierten Zusammenhang voraussetzt und daß es diesen eher verschleiert als erhellt.

Im Falle der Gültigkeit von *Zipf's* Gesetz (z. B.: G = Bevölkerungsanzahl und R = Rangplatz der Völker hinsichtlich ihrer Populationsstärke) handelt es sich stets um sehr weit streuende Verteilungen, die im Grunde — ebenso wie Abb. 13 — als logarithmische Normalverteilungen aufgefaßt werden müssen. Die Dinge liegen aber nicht ganz so einfach, weil wir es in der Regel mit Verteilungen zu tun haben, die sich in (mindestens zwei) Partialkollektive zerlegen lassen. Jedes dieser Partialkollektive ist selbst durch eine logarithmische Normalverteilung beschreibbar. Zur Veranschaulichung diene Abbildung 15, in der die Einkommensverteilung in den USA (1935

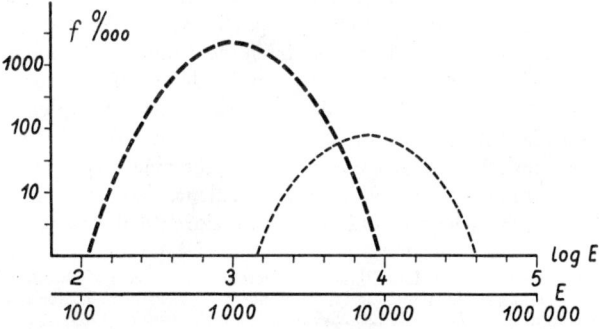

Abb. 15: Die Zerlegung der Einkommensverteilung in den USA (1935/36) in zwei Partialkollektive (doppel-logarithmische Darstellung)

bis 1936) analysiert wurde[22]. Das Gros der Einkommensempfänger (etwa 95 %) fällt in eine um $D_{log} = 3,01$ (Zentralwert = 1020 \$) streuende Verteilung; eine Minorität (etwa 5 %) konstituiert die um $D_{log} = 3,88$ (Zentralwert = 7600 \$) streuende Verteilung. Grob gesprochen gibt es somit zwei Typen von Einkommensempfängern; diese lassen sich auch leicht identifizieren: Personen, die ein Individual-Einkommen haben, und Unternehmer, deren Einkommen sich zum größten Teil aus der Arbeit anderer Personen ergibt. Wir haben heute damit zu rechnen, daß es sich in den Fällen der Gültigkeit von *Zipf's* Gesetz um Kollektive handelt, die aus (mindestens zwei) logarithmisch-normal verteilten Untergruppen mit verschiedenen Durchschnittswerten bestehen. Hinsichtlich des Vokabulars einer Sprache gilt, daß die Namen für Gegenstände, Vorgänge und Eigenschaften in die eine Gruppe fallen (niedrigerer Häufigkeits-Durchschnitt) und die Hilfswörter (Artikel, Hilfszeitwörter usw.) in die andere (höherer Häufigkeits-Durchschnitt).

Die Theorie der logarithmischen Normalverteilung wurde von *J. C. Kapteyn* (1903) und in verbesserter Form von *Kapteyn* und *M. J. van Uven* (1916) gegeben (vgl. *A. Hald*, 1952). Sie basiert auf der Annahme, daß Elemente einem Prozeß ausgesetzt sind, in dessen Verlauf die Maßwerte der Elemente sich einmal mit der Intensität der auf sie einwirkenden Kräfte und zum andern proportional zu den von den Elementen bereits erreichten Größen verändern[23]. Wir haben hier eines der ältesten stochastischen Modelle vor uns, da die Vorgeschichte (bzw. die in deren Verlauf erreichte Element-Größe) die Wirkung der in der Gegenwart operierenden Kräfte mitbestimmt. Das Einkommensbeispiel gibt eine bequeme Veranschaulichung: Wer bereits viel verdient, hat eine bessere Chance noch mehr zu verdienen (z. B. durch den Ankauf von

[22] Da die Ordinaten logarithmisch aufgetragen sind, vereinfacht sich das bekannte Glockenbild der Normalverteilung zu dem einer Parabel. Vgl. *K. Daeves* u. *A. Beckel*, 1942; *A. Hald*, 1952 und *E. Winkler*, 1965.
[23] Von der arithmetischen Normalverteilung gilt hingegen. daß die Änderungen zwar den einwirkenden Kräften nicht aber der Größe der Elemente proportional sind.

Aktien) als ein anderer, dessen Einkommen niedriger ist (und der sich daher z. B. keine Industriepapiere kaufen kann). Dies gilt jedoch von jeder der beiden isolierten Gruppen im einzelnen. Ähnliche Rückschlüsse erlaubt die von *F. M. Thrasher* (1927) berichtete Verteilung der Mitgliedszahlen in 895 „Gangs" (Tabelle 24). Etwa drei Viertel der Gruppen (73,2 %) haben höchstens 25 Mitglieder, einzelne Gruppen haben aber über 1000 Angehörige[24]. Innerhalb gewisser Grenzen wächst somit die Aussicht auf eine Vergrößerung der Mitgliederzahl mit der bereits erreichten Größe an. Dies ist durchaus plausibel, da jedes neue Mitglied wieder Freunde und Bekannte hat, die eventuell

Tabelle 24: Die Verteilung der Größen von Gangs

Anzahl der Mitglieder	3 bis 5	6 bis 15	16 bis 25	26 bis 40	41 bis 100	101 bis 500	501 bis 2 000	Summe
Anzahl der Gangs	37	389	228	101	102	36	2	895
kum. Prozente	4,1	47,7	73,2	84,4	95,8	99,8	100,0	

selbst Mitglieder werden können. Analog liegt der Fall der Verteilung der Sprecheranzahlen auf die verschiedenen Sprachen der Menschheit (*Hofstätter*, 1966). Die Altersverteilung bisher unverheirateter Frauen im Moment ihrer ersten Eheschließung zeigt ebenfalls logarithmisch-normalen Charakter, da ein längeres Zuwarten und damit die Erreichung eines höheren Alters selbst die Voraussetzungen für ein noch längeres Zuwarten zu schaffen scheint (entsprechende Daten aus Kopenhagen gibt *Hald*, 1952).

[24] Die logarithmische Normalverteilung hat in diesem Falle einen Mittelwert von $D_{log} = 0,9887$ und eine Streuung von $\sigma_{log} = 0,565$, wobei allerdings das Abzissenmaß $x = log (n - 4)$ ist, da offenbar Gruppen mit weniger als vier Mitgliedern entweger nicht als Gangs erscheinen oder nicht als solche funktionieren können.

Im sozialen Geschehen haben wir es fast immer mit einer Wahrscheinlichkeits-Determinierung der gegenwärtigen Ereignisse seitens der Vergangenheit zu tun. Ich spreche daher von einer Wirkungsfortpflanzung. Sehr leicht läßt sich dies im Falle der Diskussionsgruppen von *Bales* ausmalen; wer viele kommunikative Akte „sendet", erhält in der Regel („wahrscheinlich") auch zahlreiche Antworten und damit erneute Gelegenheit zur Sendung. Wo Wirkungsfortpflanzung eine wesentliche Rolle spielt, finden wir daher meist sehr weit streuende Verteilungen, die oft als J-Kurven imponieren und die vielfach als „ungerecht" empfunden werden, z. B. im Falle der Verteilung des Wohlstandes innerhalb einer Nation und — noch stärker — zwischen verschiedenen Nationen[25]. Unser intuitiver Gerechtigkeits-Maßstab ist aber dem Modell einer arithmetischen Normalverteilung entnommen. Wir empfinden es daher auch nicht als „ungerecht", wenn ein Erwachsener beinahe zweimal so groß ist wie ein anderer, oder daß der Intelligenzquotient des Begabten (IQ = 160) um mehr als 120 Punkte über dem des Geistesschwachen (IQ = 40) liegen kann. In diesen Fällen scheint die Wirkungsfortpflanzung sehr gering zu sein, da beide Maße weitgehend durch Vererbung determiniert und daher ziemlich milieuresistent sein dürften. Im sozialen Bereich muß man sich jedoch gründlich umstellen: der Regelfall ist hier der einer sehr starken Wirkungsfortpflanzung.

Mit den im Vorstehenden skizzierten zwölf Theoremen lassen sich die spezifischen Probleme der Sozialpsychologie behandeln. Man könnte freilich einwenden, daß sich z. B. keines dieser Postulate mit den sog. „Trieben" beschäftigt. Demgegenüber muß die Begrenzung unserer Themenstellung in Erinnerung gebracht werden. Wir haben alles auszuklammern versucht, was einerseits in eine allgemeine Theorie der Organismen (Tiere und Menschen) gehören würde, und andererseits alles das, was in konkreten Einzelkulturen zum Verständnis der Stellungnahmen des Individuums erforderlich wäre. Zum Abschluß ist

---

[25] Vgl. dazu *K. W. Deutsch,* 1953; diese Arbeit ist wegen ihrer zahlreichen Hinweise auf zum Teil ganz neue Forschungsmethoden wichtig.

jedoch auch einem Vorwurf Rechnung zu tragen, der gewiß nicht ausbleiben wird: In unseren Theoremen war von der Weite des Zentralnetzes die Rede, von der Reifungsgeschwindigkeit usw., nicht jedoch von der Seele des Menschen. Der Vorwurf einer ausgesprochen „materialistischen" Grundhaltung ist daher zu erwarten. Ich halte es für ratsam, ihm mit dem Hinweis auf eine Stelle aus der Summa theologica des Hlg. *Thomas von Aquino* zu begegnen (I, 85,7): „Je besser die körperlichen Anlagen eines Organismus sind, um so besser ist die Seele, die diesem (— secundum corpus —) verliehen wurde." Wer vom Körper und von den artspezifischen Unterschieden zwischen Körpern spricht, handelt damit gleichzeitig von der Seele. Man könnte wohl auch umgekehrt vorgehen; aber der hier eingeschlagene Weg dürfte dem Empiriker gestatten, länger innerhalb der Grenzen seines Kompetenzbereiches zu verbleiben.

V. Der Sozialisierungsprozeß[1]

Fortpflanzung und Sozialisierung haben miteinander gemeinsam, daß sie die Kontinuität von Gruppen zu garantieren bestimmt sind. In beide Akte gehen Wünsche und Erwartungen ein, jedoch ist der Sozialisierungsprozeß in bei weitem höheren Maße unserer absichtlichen Gestaltung zugänglich als das Fortpflanzungsgeschehen. Sofern in letzterem überhaupt von einer Planung zu sprechen ist, wurzelt diese selbst in den durch den Sozialisierungsprozeß festgelegten Normen (Partnerwahl, Eugenik, Kinderzahl usw.). Der Sozialisierungsprozeß ist ein kulturelles Universale, d. h. wir kennen keine menschliche Gesellschaft, die nicht ein mehr oder minder kohärentes System von Bräuchen und Annahmen hinsichtlich der zur Aufzucht der jüngeren Generation erforderlichen Maßnahmen entwickelt hätte. Ethnologen berichten immer wieder, wie leicht es sei, von den Angehörigen primitiver Gesellschaften Auskunft über die Maximen der Kinderpflege zu erhalten.

In sehr vielen Fällen sind diese Maximen analogisch konstruiert, will man z. B. den späteren Erwachsenen davor bewahren, vom rechten Weg (im moralischen Sinne) abzuweichen, dann muß man das Kleinkind bandagieren und damit in eine gerade Haltung zwingen („swaddling" bei den Zuni-Indianern). Ob der hier angenommene Kausalzusammenhang auch in der Tat wirksam ist, läßt sich in den meisten Fällen nicht feststellen, weil die als unbedingt wichtig erachteten Verhaltensmaximen dem heranwachsenden Kind in so vielfältiger Weise vorgestellt zu werden pflegen, daß der Effekt der Einzelmaßnahme kaum

---

[1] Zur Orientierung eignen sich *J. S. Slotkin*, 1952; *J. W. M. Whiting* und *I. L. Child*, 1953; *M. Mead*, 1954; *M. L.* und *L. W. Hoffman*, 1964, 1966; *Th. Herrmann*, 1966; *D. A. Goslin*, 1969; *G. A. De Vos* und *A. A. Hippler*, 1969; *E. Zigler* und *I. C. Child*, 1969; *J. W. Getzels*, 1969; *B. Caesar*, 1972.

abzuschätzen ist. Es erscheint daher als nicht sehr aussichtsreich, wenn gewisse Autoren die (angenommenen) Grundzüge des Charakters einer Nation (z. B. „der Russen") auf bestimmte auffällige Praktiken der Kinderpflege (z. B. auf das „swaddling") zurückzuführen versuchen (vgl. *G. Gorer* und *J. Rickman,* 1949). Es kommt dabei vielleicht mehr auf die symbolischen Gehalte an, die in eine Aufzuchtsstrategie hineingelegt werden, als auf deren physische Beschaffenheit. In der russischen Landbevölkerung wird der Säugling während der ersten neun Monate seines Erdendaseins fest bandagiert und dadurch in seiner Bewegungsfreiheit restringiert. *Gorer* glaubt annehmen zu dürfen, daß diese Lage vom Kind als äußerst unangenehm empfunden werde und daß sie in ihm zugleich ein Gefühl der ohnmächtigen Auflehnung entstehen lasse. Er schlägt von hier eine Brücke zur Unterwürfigkeit und zum dumpfen Trotz des russischen Bauern. Inwieweit diese letzte Charakterisierung zutrifft, sei hier nicht näher erörtert; sie erinnert jedenfalls in recht auffälliger Weise an den „Kuli-Faktor" der nationalen Stereotype (vgl. S. 96). Als sehr zweifelhaft erscheint aber die Ableitung dieses Charakterzuges. Wir wissen z. B. gar nicht, ob sechsmonatige Kinder die Bandagierung wirklich als unangenehm empfinden. Es ist eher anzunehmen, daß es dazu eines Alters von mehr als 12 Monaten bedürfte; dann aber ist das „swaddling" schon vorüber. Nicht vor dem Ende des zweiten Lebensjahres kann das Erlebnis der Ohnmacht in der eigenen Auflehnung für möglich gehalten werden. Viel interessanter erscheinen mir daher die populärpsychologischen Theorien, mit denen die russischen Bauern selbst diese Methode der Aufzucht begründen. Sie befürchten nämlich, daß das Kleinkind in seiner angeblichen Wildheit sich selbst Schaden zufügen könnte; man müsse es daher durch die Bandagierung davor bewahren. Diese Theorie ist wahrscheinlich auch unhaltbar, in ihr spiegelt sich aber eine Vorstellung vom Wesen des Menschen, die ihrerseits eher mit manchen Formen des russischen Gesellschaftsdenkens in Zusammenhang gebracht werden könnte. In der Tat findet sich das „swaddling" bei sehr verschiedenen Völkern und mit sehr verschiedenen Begründungen. Von den Zuni-Indianern war bereits die Rede. Aus *R. Benedict's* Zusammenstellung (1949) ergibt sich z. B., daß in Rumänien die Bandagierung dazu bestimmt ist, das Kleinstkind vor der Masturbation zu bewahren. In Polen erwartet man von dieser Behandlungsweise die Ausbildung eines starken Charakters; außerdem macht sie es dem Kinde unmöglich, seine Zehen in den Mund zu führen, und das wird als sehr unschicklich betrachtet. Im osteuropäischen Judentum wird schließlich angenommen, daß eine sehr lockere Bandagierung das gerade Wachstum der Beine begünstige.

Es hätte wenig Sinn, mit den Populär-Theorien zu rechten, da sie sich auf einen Reifungsprozeß beziehen, für den die Umweltsvariationen nur geringe Bedeutung haben dürften. Diese Theorien sind aber zugleich höchst wichtig, weil in ihnen die Geisteshaltung der Elterngenerationen mit ihren Wünschen und Befürchtungen zum Ausdruck kommt. Die gleiche Denkweise begegnet dem Kinde aber nicht nur in dieser oder jener Einzelsituation, sie umgibt es vielmehr während all der Jahre seines Wachsens und Reifens, und was das Kind schließlich in sich aufnimmt, ist eben diese Geisteshaltung. Um die Dinge auf die Spitze zu treiben, kann man daher das scheinbare Paradoxon wagen, daß die Beobachtung der Bandagierung eines jüngeren Geschwisters das Kind nachhaltiger beeinflußt als der Umstand, daß es selbst bis zum neunten Monat (der Termin macht deutlich, daß es sich hier um eine symbolische Fortsetzung des Aufenthaltes im Mutterleib handelt) dem „swaddling" ausgesetzt war. Zu dieser Beobachtung dürften sich nämlich elterliche Kommentare gesellen, und nunmehr „weiß" das ältere Kind, wie es zu sein hat und wie es unentrinnbar sein muß, weil es ja selbst auch durch diese Prozedur gegangen ist.

Ähnliche Überlegungen lassen sich an den Brauch der Sioux-Indianer knüpfen, den *E. H. Erikson* (1965) berichtet. Zu Beginn der Stillzeit saugt hier eine andere Frau an der Brust der Mutter. Sie entfernt damit das sog. colostrum, die erste wäßrige Ausscheidung der Brustdrüsen, und erleichtert damit dem später angelegten Baby die Saugarbeit. Man tut dies, weil man sicherstellen möchte, daß der kleine Erdenbürger nicht von allem Anfang an enttäuscht und damit zu einer mißtrauischen Einstellung erzogen werde. Sofern diese in ihrem gedanklichen Ansatz sehr sympathische Aufziehungsstrategie aber ihr Ziel erreichen sollte, tut sie das sicher nur auf Grund ihres symbolischen Gehaltes, von dem das Baby natürlich nichts merkt, wohl aber das ältere Kind. Dem Baby selbst könnte allenfalls zugute kommen, daß die ganze Prozedur die Ängstlichkeit der Mutter verringert; mit *H. S. Sullivan* (1953) wäre dann zu argumentieren, daß Angstzustände der Mutter sich in Spannungszuständen des Kindes widerspiegeln. Leider ist die an sich einleuchtende Annahme aber bisher noch nicht bündig belegt. Wollten wir aber trotz dieses Mangels an *Sullivan's* Hypothese festhalten, dann ließe sich wohl überhaupt zeigen, daß ein Gutteil der Aufzucht-Bräuche in erster Linie auf die Eltern, d. h. auf deren Entlastung von Unsicherheitserlebnissen abzielt.

Unsere eigene Gesellschaft ist ein gutes Beispiel dafür, wie unstet die Antworten ausfallen, wenn man die Frage nach der rechten Art der Kinderaufbringung aus den symbolischen Bezügen des Brauchtums herausschält. Man erinnere sich etwa der Pendelschwünge im Streit um die Festlegung eines streng geregelten Stundenplanes der Säuglingsfütterung. Ähnlich liegen die Dinge hinsichtlich des Problems der körperlichen Züchtigung („Prügel"). *Rousseau's* „Bekenntnisse" stützen die Vermutung eines Zusammenhanges zwischen masochistischen Tendenzen (im späteren Erwachsenen) und dem Empfang von Schlägen; populäre Simplifizierungen psychoanalytischer Theorien tun das gleiche, beide dürften sich aber u. U. mehr an den Ausnahmen als an der Regel (der Regel des XVIII. Jahrhunderts!) orientieren.

Die wissenschaftliche Beschäftigung mit diesen Dingen muß natürlich nach den Korrelationen zwischen markanten Aufzuchts-Ereignissen und den Charakterzügen der späteren Erwachsenen suchen. Hier erheben sich jedoch zwei Schwierig-

keiten. Stützt sich nämlich die Untersuchung auf die Angehörigen einer bestimmten Bevölkerung (oder enger: Bevölke-
rungsschicht), dann beschränkt sie ihre möglichen Resultate auf
die Folgen der vom allgemeinen Gebrauch abweichenden Zucht-
maßnahmen. Werden Kinder z. B. in einer Population im
allgemeinen nicht geprügelt, dann repräsentiert das geprügelte
Kind nicht nur die Folgen der Schläge, sondern — entscheiden-
der wohl — die Folgen einer Sonderbehandlung, worin immer
diese bestehen mag. Wählt man jedoch die Methode des Kulturvergleichs, dann muß man auch bereit sein, die äußerst schwie-
rige Frage nach den Unterschieden zwischen Nationalcharak-
teren anzugehen. Das Ergebnis einer solchen Untersuchung (z. B.
daß frühzeitige Abstillung mit einem Schuldgefühl des späteren
Erwachsenen korreliert, vgl. S. 117) läßt sich aber nicht ohne
sehr sorgfältige Prüfung auf den Fall eines Individuums übertragen, das in einer Gesellschaft aufwächst, in der im allgemeinen sehr spät abgestillt wird, das aber selbst ausnahmsweise
früh entwöhnt wurde.

J. W. M. Whiting und *I. L. Child* (1953) berichteten, daß Pri-
mitivgesellschaften, die das aggressive Verhalten des Kindes
frühzeitig und energisch unter Strafe stellen, ein hohes Maß
der Scheu vor anderen Menschen züchten (r = 0,43*, n = 32).
Wer vermöchte aber auszuschließen, daß die Scheu vor anderen
Menschen die Eindämmung des aggressiven Verhaltens inspi-
rierte? Abermals wird man hier eines (zumindest möglichen)
Interdependenz-Verhältnisses ansichtig.

In unser Problem verflechten sich somit mindestens drei
Fragen, deren sachliche Beantwortung z. Z. noch kaum möglich
ist:

1. Worin besteht das Wunschbild, das als Endresultat der
   Zucht vorschwebt?
2. Welche Zuchtmittel taugen zur Erreichung dieses Zieles?
3. Wie homogen ist eine Bevölkerung hinsichtlich ihrer Antworten auf die ersten beiden Fragen, d. h. in der Ausmalung
   ihrer Wunschbilder und in der Verwendung der Zuchtmittel?

Am einfachsten lassen sich diese Fragen in einer Gesellschaft behandeln, die aus einer festgefügten Tradition heraus lebt. Normen und Mittel stehen hier eigentlich gar nicht zur Diskussion, die Abweichungen von den allgemeinen Anschauungen bleiben in relativ engen Grenzen. Eine solche Gesellschaft ist aber nur da möglich, wo der in ihrem Schoße und in ihrem Lebensraum stattfindende Wandel vergleichsweise langsam vor sich geht. Ändern sich Anschauungen und Lebensbedingungen schnell, fast sprunghaft, dann wird jede Tradition mehr oder minder zweifelhaft, weil im allgemeinen auch die Elite, in deren Verhalten die Tradition sichtbar wird, einer „Zirkulation" (*Pareto*) unterworfen ist. Die rapide Zunahme der Bevölkerung und die „industrielle Revolution" haben in der westlichen Welt diesen Zustand herbeigeführt. *D. Riesman* (1958) hat daher im wesentlichen recht, wenn er unter diesen Umständen auf das Stadium der „traditions-geleiteten" Gesellschaft das einer „innen-geleiteten" folgen läßt. Entscheidungen, die das Individuum bisher auf Grund einer Tradition ohne wesentlichen persönlichen Einsatz fällen konnte, werden nun zu Stellungnahmen, die es seinem eigenem Gewissen gemäß wählen muß. Da sich aber der damit zugelassene Pluralismus der Werthaltungen nicht mehr auf einen allgemeinen „consensus" berufen kann, verliert dieser Leitungsmodus im Verlauf von zwei bis drei Generationen so sehr an Verbindlichkeit, daß der Übergang zu einer dritten Phase — *Riesman* spricht von einer solchen der „Außenlenkung" bzw. der „Lenkung am anderen" — kaum mehr zu vermeiden ist. In ihr orientiert sich das Individuum an den Konsequenzen seines eigenen Tuns, d. h. an dem Lob oder dem Tadel, die ihm von „anderen" (Bekannten, Freunden, Nachbarn und Verwandten) zuteil werden. Das ist so neu natürlich nicht, denn in der Kindererziehung bedienen sich alle Gesellschaftssysteme dieser Methode. Schwer zu ertragen ist allerdings die Erfahrung, daß auch Erwachsene auf die gleiche Weise gelenkt werden; aber die dritte *Riesman*'sche Phase kennt im Grund das soziale Privilegium des Erwachsenen-Status nicht mehr. Sie ersetzt es durch eine generelle Reziprozität und trägt damit dem Umstand Rechnung, daß nicht nur Eltern das Verhalten ihrer Kinder sondern auch Kinder und Jugendliche das Verhalten ihrer Erzieher und Lehrer durch Kritik und Anerkennung steuern. Der Stand der Dinge unterscheidet sich hier von dem in einer traditions-geleiteten Gesellschaft dadurch, daß das normative Prinzip („man", „die Majorität") nicht als eine verinnerlichte Ordnung erlebt wird, sondern als eine Maßnahme der Außenwelt. Es ist daher „fremd"; man hat sich ihm zu fügen, während man eine ungebrochene Tradition als eine Direktive des eigenen Willens empfindet. Das Zweifelhaft-Werden einer Tradition pflegt sich daher darin kund zu tun, daß ihre Normen nur mehr als Konformitäten erblickt werden. In diesem Sinne ist auch die Anprangerung „des großen Moloch" („Man") in den Novellen und Essays der Jahrhundertwende sowie in den „bürgerlichen" Tragödien *F. Hebbels* (1813—1863), *H. Ibsens* (1828—1906) und *G. Hauptmanns* (1862—1946) zu verstehen.

Will man den Charakter einer Nation beschreiben, so hat man im ersten Satz festzustellen, in welcher der drei *Riesman'*-schen Phasen sich die betreffende Nation im Augenblick befindet. Von primitiven Gesellschaften herkommend neigen jedoch viele Ethnologen dazu, auch Nationen modernen Stils im wesentlichen so zu sehen, als ob sie vorwiegend traditionsgeleitet wären. Die sehr unbefriedigenden Bilder vom Wesen des deutschen und japanischen Volkes, die sich in der Literatur finden (*R. Brickner*, 1943; *B. Schaffner*, 1948; *R. Benedict*, 1946; *W. La Barre*, 1945), gehen vielfach auf diese Fehlperspektive zurück.

Was wir heute über den Sozialisierungsprozeß wissen, stammt in erster Linie aus traditionsgeleiteten Gesellschaften (vgl. *J. W. M. Whiting*, 1941; *C. Dubois*, 1944). In diesen ist der Prozeß auch verhältnismäßig leicht überschaubar, weil die oben aufgeworfenen drei Fragen leidlich einfache Antworten erhalten. Unser Interesse richtet sich aber viel stärker auf die Gestaltung des Sozialisierungsprozesses in einer Gesellschaft, die an der Schwelle zwischen Innen-Leitung und Außen-

Leitung steht, und die somit 1. nur ein sehr dürftiges Wunsch-Modell („keinen Anstoß erregen", „Wohlangepaßtheit"), 2. nur geringes Vertrauen in die Wirksamkeit spezifischer Zuchtmittel, und 3. ein Bild (anfänglich noch) geringer Homogenität beisteuert. Es ist unter solchen Verhältnissen nicht verwunderlich, daß die Frage nach der rechten Art der Kindererziehung beinahe an jeder Straßenecke diskutiert wird, wobei sich die Gesprächspartner im wesentlichen nur darüber einig sind, daß „etwas" (beileibe aber nicht „was") geschehen sollte. Sozialpädagogische Fragen liegen jedoch außerhalb der Grenzen dieser Schrift; ihr Aufkommen kann somit hier nur zur Charakterisierung eines Zustandes der Gesellschaft herangezogen werden, ohne daß die möglichen Wege zur Heilung des Schadens erörtert werden könnten. Kaum ein Beobachter der gegenwärtigen Situation vermag dem Eindruck zu entgehen, daß sich das Erziehungssystem der westlichen Länder in einer äußerst bedrohlichen Krise befindet. Sehr viele Überlegungen, die *U. Bronfenbrenner* (1972) gelegentlich eines Vergleiches der UdSSR und der USA angestellt hat, gelten zweifellos auch für die BRD, in der man sich höchst unkritisch am amerikanischen Beispiel (auch an den Modellen der sog. „antiautoritären" Erziehung) orientiert. Eltern, Erzieher und Lehrer, deren Rollen die Gesellschaft jegliche Autorität abspricht, werden selbst bemitleidenswert unsicher und im Umgang mit den ihnen anvertrauten Kindern völlig ineffizient. Es liegt eine gewisse Ironie darin, daß gleichzeitig den Praktikanten einer anti-autoritären Erziehung ein erhebliches Maß an Selbstsicherheit und sich daraus ergebender Autorität durch die Berufung auf eine zwar noch nicht vorhandene, aber bereits als „wissenschaftlich" bezeichnete Theorie des Sozialisierungsprozesses ermöglicht wird.

Da hier auf die Einzelheiten nicht eingegangen werden kann, begnüge ich mich mit einem Schema, das den Sozialisierungsprozeß im allgemeinen darstellt. Dieses Schema hat seine größte Schwäche sofort einzugestehen: Wir wissen so gut wie gar nichts über die anlagemäßigen Voraussetzungen menschlicher sozialer Stellungnahmen. Die Möglichkeit solcher Vorbedingungen läßt sich jedoch nicht ausschließen. Unser Schema ist somit der Lerntheorie entnommen, wobei allerdings sehr bald deutlich wird, daß wir es mit einem Fall zu tun haben, der im Laboratoriumsexperiment einstweilen nur wenige Analoga besitzt. Während nämlich in den üblichen Versuchsanordnungen die einmal gestellte Aufgabe unverändert bleibt, haben wir an Ereignis-Sequenzen zu denken, in denen der Lernfortschritt selbst die Aufgabenstellung mitbeeinflußt.

Nehmen wir an, daß das Neugeborene sich in einem bestimmten aus einer Reihe möglicher Zustände (Z_i) befindet (es kann z. B. kräftig und gesund aussehen oder auch nicht, es ist männlichen oder weiblichen Geschlechts, usw.), und nehmen wir weiter an, daß die Eltern diesen Zustand in einer bestimmten Weise (B_i) beurteilen (die Eltern können sich z. B. ein Kind des anderen Geschlechts gewünscht haben). Die Bewertung der Eltern kann sich nun weiterhin durch bestimmte Verhaltensweisen zum Kinde ausdrücken (V_i). Damit ist eine Anfangslage charakterisiert, aus der sich ein Netz von Bewegungsläufen deduzieren läßt:

a) unter dem Einfluß des elterlichen Verhaltens V_i geht das Kind in den Zustand Z_j über.

b) Dieser Zustand wird elterlicherseits bewertet (B_j).

c) Diese Bewertung drückt sich durch das Verhalten (V_j) aus.

In den nächsten Schritten gelangen wir schließlich zu Z_t, B_t und V_t. Um den Prozeß wirklich beschreiben zu können, benötigen wir somit ein System von (mindestens) drei Matrizen von Übergangswahrscheinlichkeiten:

$$P (Z_t \rightarrow B_t);$$
$$P (B_t \rightarrow V_t)$$
und
$$P (V_t \rightarrow Z_{t+1}).$$

Man muß nunmehr aber unumwunden zugeben, daß wir einstweilen nur sehr vereinzelte Werte aus diesem Matrizen-System kennen. Wir wissen z. B., daß Anstaltskinder, mit denen sich die Erwachsenen nur wenig beschäftigen, häufig in einen Zustand von Apathie geraten (*R. A. Spitz* u. *K. M. Wolf*, 1946). Wir wissen aber z. B. nicht, mit welcher Wahrscheinlichkeit elterliche Strenge zur Verinnerlichung strenger Normen seitens des Kindes (in psychoanalytischer Ausdrucksweise: zur Ausbildung eines strengen Über-Ich) führt. Nach *Freud's* Auffassung ist dafür nämlich weniger die Strenge der Eltern als die Intensität der Bindung des Kindes an die Eltern maßgeblich[2]. Mit Hilfe projektiver Tests (TAT) haben *D. C. McClelland* und seine Mitarbeiter (1966) einen Zusammenhang zwischen elterlicher Strenge und der Intensität des Erfolgsstrebens auf seiten der späteren Erwachsenen (Studenten) glaubhaft gemacht. Dieser Befund läßt sich auch durch die vergleichende Kulturbetrachtung stützen. Die Analyse der Volkssagen von acht Indianerstämmen ergab eine sehr hohe positive Korrelation (rho = 0,74*) zwischen der Ausgeprägtheit des Erfolgsmotivs in den Sagen und der stammescharakteristischen Strenge der Erziehung des Kindes zur Selbständigkeit.

Angesichts der zahlreichen Varianten des elterlichen Erziehungsverhaltens, wie sie in Fragebögen zum Vorschein kommen (z. B.: PARI = „Parental attitudes research instrument" von *E. S. Schaefer* und *R. Q. Bell*, 1958), empfiehlt sich eine auf faktoren-analytischen Untersuchungen basierende mehrdimensionale Betrachtungsweise (vgl. Abb. 16). Mindestens zwei voneinander unabhängige Dimensionen (Liebe gegenüber Feindseligkeit, Kontrolle gegenüber Nachgiebigkeit) werden fast immer gefunden (*E. S. Schaefer*, 1959); eine dritte, ebenfalls unabhängige Dimension (ängstlich-nervöse Anteilnahme gegenüber ruhiger Gelassenheit) hat *W. C. Becker* (1964) hinzugefügt.

[2] Diesen Punkt scheinen die Theoretiker des sog. „autoritären Charakters" (*T. W. Adorno* u. a., 1950) übersehen zu haben. Der strenge und herzlose Vater ihrer Modellkonstruktion, der zudem meistens als geistig beschränkt erscheint, ist wahrscheinlich niemals für ein Gesellschaftssystem typisch gewesen, gewiß nicht für das Deutsche der Jahrhundertwende (vgl. *H. Schelsky*, 1953; *G. Wurzbacher*, 1954; *D. Claessens*, 1972[2]). In einer vergleichenden Untersuchung haben *E. C. Devereux Jr.*, *U. Bronfenbrenner* und *G. J. Suci* (1962) festgestellt. daß deutsche Eltern nicht nur strenger zu ihren Kindern sind als amerikanische, sondern daß sie sich auch gefühlsbetonter verhalten. Besonders auffallend waren die Unterschiede bei den Vätern; der amerikanische „Dad" wird erheblich seltener als der deutsche „Vati" von seinen Kindern als „guter Kamerad" angesehen (*U. Bronfenbrenner*, 1972),

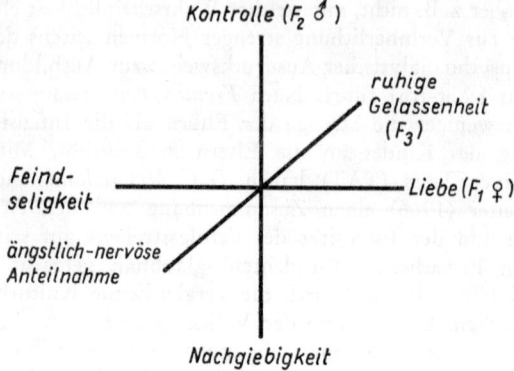

Abb. 16: Die drei Dimensionen des Erziehungs-Verhaltens

Das Bild erinnert, wie ich glaube, an die Struktur des semantischen Raumes (vgl. Abb. 7), wenn man „Liebe" und „Kontrolle" mit dem Weiblichkeits- (F_1) bzw. mit dem Männlichkeits-Pol (F_2) identifiziert. Bezüglich der dritten Dimension würde ich an den Gegensatz zwischen Extra- und Introversion (F_3) denken. Der Wert einer solchen Darstellung liegt in erster Linie darin, daß sie übermäßige Vereinfachungen (wie z. B.: „Wer sein Kind liebt, gibt ihm viel Freiheit") ausschließt: „Liebe" läßt sich nämlich ebensogut mit „Nachgiebigkeit" wie mit „Kontrolle" vereinbaren, wobei allerdings in den höheren sozio-ökonomischen Schichten — im Sinne einer freien Selbstentfaltung — eher die erste und in den niedrigeren Schichten eher die zweite Assoziation (d. h. ein Bestehen auf Gehorsam, Pünktlichkeit und Sauberkeit) anzutreffen ist (*B. Caesar*, 1972).

Bei der Beurteilung der Auswirkungen des Erzieher-Verhaltens müssen zwei recht unterschiedliche Formen des Zusammenhanges in Rechnung gestellt werden. Die eine folgt dem Paradigma der instrumentellen Konditionierung: das Kind lernt gewisse Konsequenzen seines eigenen Verhaltens — grob gesprochen: Belohnung und Bestrafung — als Erwartungen vorauszunehmen und in die Steuerung seines Verhaltens einzu-

beziehen. Kaum weniger wichtig aber ist die von *A. Bandura*
und *R. H. Walters* (1963, 1965, 1969) nachgewiesene Möglichkeit eines „Lernens am Modell" (d. h. nach dem Vorbild z. B.
der Eltern), bei dem eine Identifikation insofern stattfindet, als
die Konsequenzen des beobachteten Verhaltens anderer Personen so aufgefaßt werden, als habe das Kind sie selbst zu
gewärtigen. Vielleicht läßt sich auf diese Weise *H. S. Sullivan's*
Vermutung (vgl. S. 163) begründen: die Ängstlichkeit der Mutter
ist nämlich ein Verhalten, das bei anderen Personen (z. B.
beim Vater) eine rücksichtsvolle und aufmunternde Zuwendung
auslösen kann; das ängstliche Verhalten des Kindes erscheint
diesem daher als ein geeignetes Mittel, um ein besonderes Maß
an Pfleglichkeit zu provozieren. Auf ähnliche „Arrangements"
hat bereits die Individualpsychologie Alfred *Adler's* hingewiesen. Von besonderer Bedeutung ist das „stellvertretende Lernen"
für den Erwerb aggressiven bzw. hilfsbereiten Verhaltens. Im
Grund bestätigt sich hier die alte Maxime, daß Beispiele (oft)
wirksamer sind als verbale Anweisungen einerseits („verba
docent — exempla trahunt") und als die direkte Bekräftigung
des Verhaltens durch dessen Erfolg („Zuckerbrot oder Peitsche")
andererseits. Eltern und Erzieher, die sich u. U. mit einiger
Selbstüberwindung zu einer Strategie des Gewährenlassens ent-
schlossen haben, müssen sich daher im klaren darüber sein, daß
ihr Vorbild die Kinder ebenfalls zu einem „Gewährenlassen"
— d. h. zur Vernachlässigung mancher im Effekt sicherlich nicht
nur äußerlicher Umgangsformen — ermuntern kann.

Diese wenigen Beispiele müssen im Augenblick ausreichen,
um die Art der Befunde zu illustrieren, auf die sich eine stochastische Theorie des Sozialisierungsprozesses zu stützen haben
wird. In diese Theorie sollte aber auch die Überlegung eingehen, daß Lernleistungen nicht voneinander unabhängig sind.
Wir lernen nämlich auch zu lernen (*H. F. Harlow,* 1949), d. h.
daß ein einmal stattgehabtes Lernen die spätere Entwicklung in
manchen Richtungen begünstigt, in anderen wiederum hintan-
hält. Auf diese Weise kommt im Lernprozeß selbst eine gewisse
Selektivität zustande, die ihrerseits den Wirkungsgrad erziehe-

rischer Maßnahmen mitbestimmt. In einem Gebiet, mit dem das
Individuum durch früheres Lernen bereits einigermaßen vertraut
geworden ist, erfolgt neues Lernen daher auch schneller und
nachhaltiger. Diese Erscheinung wird in der experimentellen
Literatur unter dem Titel „Transfer" abgehandelt. Vor allem
vom Erwerb normativer Verhaltensweisen gilt darum, daß neue
Satzungen um so eher verinnerlicht werden, je deutlicher sie auf
früher angenommene Normen zurückweisen. In der Praxis erscheint daher der Kodex des richtigen Verhaltens zum anders-
geschlechtlichen Partner meistens unter dem Paradigma der in
einem jüngeren Alter erworbenen Sauberkeitsregeln. Dieser
Beziehungsmodus ist überaus wirksam, er mag sich allerdings
— wie psychotherapeutische Erfahrungen lehren — u. U. auch
verhängnisvoll auswirken[3].

Vielleicht die wichtigste Voraussetzung für die Übertragung
früherer und einfacherer Lernleistungen auf spätere und kom-
plexere Problemsituationen ist der Erwerb einer prägnanten
und zugleich flexiblen Sprache. Seit Jahrhunderten hat man
daher in den Oberschichten gerade darauf besonderen Wert
gelegt, wobei sich die Erlernung mindestens einer Fremdsprache
als nützlich erwies, weil dadurch die Muttersprache aus ihrer
Selbstverständlichkeit herausgelöst und zum Gegenstand der
Reflexion bzw. einer bewußten Gestaltung gemacht wird. Ich
meine, daß darin auch die Bedeutung des heute vielgeschmähten
Latein-Unterrichts lag.

Zu fragen ist jedoch, ob es im Hinblick auf die Belastung
Heranwachsender weniger aufwendige Erziehungsstrategien
gibt, die etwa zu dem gleichen Resultat führen. Das Problem
verlangt nach einer baldigen Lösung, denn die soziale Benach-
teiligung der Kinder aus einfacheren Schichten und von unter-
privilegierten Minoritäten (der Neger z. B. in den USA) liegt
zu einem Großteil auf sprachlichem Gebiet. In der Welt ihrer
Herkunft wird eine vergleichsweise dürftige Sprache verwendet

---

[3] Diesen Sachverhalt deutet die psychoanalytische Schule im Sinne der
Reaktivierung des Erlebnisbestandes der sog. analen Phase.

(„restricted code" nach *B. Bernstein*, 1960), die — wie sich immer wieder in Intelligenztests zeigt — nur bescheidene Denkleistungen ermöglicht und die daher zu einer verhängnisvollen Unterschätzung ihrer tatsächlichen Möglichkeiten führt. Gewiß ist nicht alles Denken identisch mit dem sprachlichen Denken, aber was Menschen von sich und ihrer Umwelt erfahren und wissen können, wird doch weitgehend durch den semantischen und syntaktischen Reichtum ihrer verbalen Kommunikationen und insbesondere ihres daraus abgeleiteten Selbstgesprächs bestimmt. Ein intensives Sprachtraining gehört deshalb zu den dringendsten Anliegen einer „kompensatorischen Erziehung", d. h. einer Bildung, die bestrebt ist, Unterschiede der sozialen Herkunft durch die Erreichung eines höheren Niveaus auszugleichen (*M. Deutsch* u. a., 1968; *U. Oevermann*, 1972). Nicht zu verantworten sind jedoch die in der Gegenwart erkennbaren Tendenzen zu einer Senkung bzw. zu einer Primitivierung des sprachlichen Niveaus der sog. „Intelligenz", die das gewaltige Angebot nicht-sprachlicher, d. h. bildhafter Kommunikationen in unserer Gesellschaft begünstigt.

Werden in einer Gesellschaft radikale Umgestaltungen des Normensystems erforderlich (oder für notwendig gehalten), dann tritt die Institution der „Propaganda" auf den Plan, z. B. wenn in Kriegszeiten auf manche Lebensgewohnheiten Verzicht geleistet werden muß, oder wenn mit einem Male die Tötung von Menschen, die einem als Individuum nie etwas zu Leid getan haben, als vorbildlich erscheinen soll. Fast ausnahmslos erfolgt auch dabei ein Rückgriff auf früher erworbene Maßstäbe — etwa die Verdienstlichkeit der Austilgung von „Ungeziefer" —, die man freilich in normalen Zeiten für durchaus unanwendbar hielte. Die alte Streitfrage nach der Abgrenzung von Erziehung und Propaganda läßt sich wohl dahin entscheiden, daß es im letzteren Falle stets um die beabsichtigte Neufassung oder um eine Revision der im üblichen Sozialisierungsprozeß festgelegten Normen geht. Damit ist natürlich noch keineswegs ausgemacht, ob Propaganda als „gut" oder als „schlecht" anzusprechen sei. Die herkömmliche Schwarzweißmalerei, die der Erziehung alle Tugenden und der Propaganda alle Laster zuschreibt, ist wissenschaftlich unfruchtbar.

Abschließend ist noch auf das von *Freud* u. a. so eindringlich betonte „Unbehagen in der Kultur" (1930) einzugehen. Wohl im Anschluß an den Mythos vom „goldenen Zeitalter" und an die Modevorstellung der Aufklärung vom „edlen Wilden" wird darauf hingewiesen, daß der Sozialisierungsprozeß notwendigerweise zum Verzicht auf eine Reihe unmittelbarer Triebbefriedigungen zwingt und daß er damit eine latente Gegnerschaft erzeugt. Wahrscheinlich wird dabei allerdings die spezielle Situation der abendländischen Großstadt um die Jahrhundertwende übermäßig verallgemeinert. Das „Unbehagen" entstand im bezug auf eine Kultur, deren Normvorstellungen zweifelhaft zu werden anfingen. Es etablierte sich in einer Phase des Überganges und es wurde seither — zweifellos im Gegensatz zu den Intentionen *Freud's* — von den Anwälten einer revolutionären Systemveränderung so eifrig propagiert, als komme es nur darauf an, Unzufriedenheit um jeden Preis zu erzeugen. Dabei bleibt freilich die Frage völlig unberücksichtigt, ob nicht die Möglichkeit zu einer jeweils sofortigen und im ganzen hemmungslosen Wunscherfüllung eine sehr viel ärgere Art von Unbehagen — die Unfähigkeit nämlich, sich auf etwas freuen zu können, — heraufbeschwören müßte. Solange eine Gesellschaft im Gehäuse einer verbindlichen Tradition lebt, dürften selbst so absurde Maßnahmen wie die Deformation der Kinderköpfe, die Beibringung von Schmucknarben und die Verkrüppelung der Mädchenfüße nur relativ wenig an Ressentiments hinterlassen. Recht allgemeine Gültigkeit kommt daher *E. Fromm's* (1949) Formulierung zu, „daß sich die Angehörigen einer Gesellschaft so zu benehmen wünschen, wie sie sich zu benehmen haben, und daß sie gleichzeitig eine Befriedigung erleben, wenn sie nach den Normen ihrer Kultur leben."

VI. Theoreme der Gruppendynamik[1]

Von früh bis spät spielt sich ein Großteil unseres wachen Lebens im Verband von Gruppen ab, sei es im Schoße der Familie, in der Schulklasse, im Freundeskreis, in der Werkgemeinschaft oder im geselligen Zusammensein. Die Beschaffenheit dieser Gruppen richtet sich einmal nach der Wesensart ihrer Mitglieder, zum anderen aber beeinflußt auch die Gruppe selbst die Erscheinungsweisen und die Stellungnahmen ihrer Mitglieder. Was wir über diese Phänomene wissen, stammt zum Teil aus der freien Beobachtung, zum größeren Teil aber aus der experimentellen Arbeit mit Gruppen. Selbstverständlich können wir mit belangvollen Gruppenbindungen (z. B. innerhalb der Familie) kaum experimentieren; wir sind daher vielfach auf Ad-hoc-Gruppen angewiesen, deren Mitglieder erst und nur zum Zweck des Experiments zusammengeführt wurden. Die Einwände gegen diese Verfahren liegen auf der Hand; es gehört jedoch zu den größten Überraschungen der experimentellen Psychologie, daß die Einwände bei weitem weniger stichhaltig sind, als man auf den ersten Blick zu glauben geneigt wäre. Mit anderen Worten: in Ad-hoc-Gruppen lassen sich Phänomene beobachten, die in der Tat ursprünglich und lebensecht sind. Es scheint auch, als ob uns diese Phänomene das Verständnis mancher sehr rätselhafter Erscheinungen in Ernst-Gruppen (z. B. in der Familie) erschlössen.

Zum Zweck der systematischen Strukturierung dieses Gebietes sollen im folgenden vier Theoreme entwickelt werden, die be-

[1] Zur Orientierung in diesem sich sehr schnell entwickelndem Gebiet empfehlen sich: *R. Battegay* (1967 ff.), *D. Cartwright* und *A. Zander* (1972³), *A. P. Hare* (1962). *P. R. Hofstätter* (1971²), *G. C. Homans* (1968, 1970⁵), *J. E. McGrath* und *I. Altman* (1966), *M.* und *C. W. Sherif* (1969³) sowie die Beiträge von *B. E. Collins* und *B. H. Raven (1969)* und von *H. H. Kelley* und *J. W. Thibaut* (1969) zum Handbook of social psychology (Bd. 4).

züglich Aufbau und wissenschaftstheoretischer Stellung den im
IV. Kapitel gegebenen Theoremen der individuellen Psychologie
ähneln.

1. Kombination unabhängiger Wahrscheinlichkeiten

Eine Gruppe besteht aus n (z. B. 4) Mitgliedern und hat die
Aufgabe, ein bestimmtes Problem innerhalb einer angemessenen
Zeit zu lösen. Wir nehmen dabei an, daß jedes einzelne Mitglied der Gruppe auf Grund seiner Begabung und Vorbildung
eine Wahrscheinlichkeit p_i besitzt, die Lösung in der zur Verfügung gestellten Zeit zu finden; das Komplement $q_i = 1 - p_i$
ist die Wahrscheinlichkeit dafür, daß die Lösung nicht zustande
kommt. Die Wahrscheinlichkeit dafür, daß die Gruppe als
Ganzes (d. h., daß mindestens eines ihrer Mitglieder) die Aufgabe löst (p_g), ergibt sich unter Annahme der Unabhängigkeit
der Individual-Wahrscheinlichkeiten (p_i) nach dem Ausdruck:
$p_g = 1 - \Pi q_i$, wobei Πq_i das Produkt $q_1 \cdot q_2 \cdot \ldots q_i$ bezeichnet. Der Wert von p_g ist größer als der maximale Wert von p_i
in der Gruppe (G. Ekman, 1955). Tabelle 25 veranschaulicht
diesen Zusammenhang an fünf hypothetischen Gruppen, in
denen die durchschnittliche Lösungswahrscheinlichkeit der individuellen Mitglieder konstant gehalten ist: $\bar{p}_i = 0,10$. Unter
den angegebenen Bedingungen (Unabhängigkeit der Werte von
p_i) beträgt die Gruppen-Wahrscheinlichkeit mehr als das Drei-
fache der Individual-Wahrscheinlichkeiten; sie steigt zudem
linear mit dem Quadrat der Streuung der Werte von p_i innerhalb der Gruppen an[2].

Das alte Sprichwort, daß vier Augen mehr sehen als zwei,
bezeichnet den hier zur Diskussion stehenden Sachverhalt sehr
prägnant. In der Tat stammt die soeben durchgeführte Überlegung aus dem Zusammenhang der Psychologie des zwei-

---

[2] *L. R. Hoffman* (1959) konnte experimentell nachweisen, daß hinsichtlich
der Charakterzüge ihrer Mitglieder inhomogene Gruppen bessere Gesamt-
leistungen erzielten als homogene Gruppen. Als Indikatoren dienten die
Korrelationen über die Gesamtlänge des „Guilford-Zimmermann Temperament Survey", eines Persönlichkeits-Fragebogens.

Tabelle 25: Die Erfolgswahrscheinlichkeiten von Gruppen bei Suchaufgaben

Mitglieder	Gruppen									
	A		B		C		D		E	
	p_i	q_i	p_i	q_i	p_i	q_i	p_i	q_i	p_i	q_i
a)	0,10	0,90	0,08	0,92	0,02	0,98	0,01	0,99	0,001	0,999
b)	0,10	0,90	0,08	0,92	0,02	0,98	0,01	0,99	0,004	0,996
c)	0,10	0,90	0,08	0,92	0,18	0,82	0,01	0,99	0,005	0,995
d)	0,10	0,90	0,16	0,84	0,18	0,82	0,37	0,63	0,390	0,610
Πq_i		0,656		0,654		0,646		0,611		0,604
P_g	0,344		0,346		0,354		0,389		0,396	
σP_i	0,000		0,001		0,006		0,024		0,028	

äugigen Sehens. Als *M. H. Pirenne* (1943) nämlich die binokulare Intensitäts-Schwelle (p_b) seiner Vpn mit den beiden monokularen Schwellen (p_r und p_l) verglich, ergab sich der einfache Ausdruck: $q_b = q_r \cdot q_l$, bzw. $p_b = 1 - (q_r \cdot q_l)$. Die beiden Augen funktionieren in diesem einfachsten Falle unabhängig voneinander, die Vp berichtet aber das Sehen eines (schwachen) Lichtblitzes, wenn auch nur eines der beiden Augen diesen aufgefaßt hat.

Das Paradigma ist interessant, weil es eine optimale Funktionsbedingung für kleine Gruppen definiert, die innerhalb unseres Organismus realisiert zu sein scheint, die sich aber — wenn man sie analysiert — als recht komplex erweist. Notwendig ist nämlich zweierlei: (α) daß die Gruppen-Elemente selbständig sind (Unabhängigkeit der Werte von p_i), und (β) daß ihr eventueller Erfolg von der Gesamtgruppe angenommen (sich zu eigen gemacht) wird. Es ist offenbar bei den Vpn *Pirenne's* niemals vorgekommen, daß diese eine Konflikt-Meldung erstattet hätten (z. B.: „mein rechtes Auge hat etwas gesehen, mein linkes aber nicht, ich bin daher nicht sicher"). Wir stoßen hier auf eine dialektische Spannung, da sich die beiden Postulate (α) und (β) wie Thesis und Antithesis zueinander verhalten; diese Spannung ist aber u. U. (z. B. innerhalb eines biologischen Organismus) einer Synthese fähig. Es fragt sich, ob und inwieweit eine solche Synthese in sozialen Gruppen erfolgen kann. Damit begeben wir uns aber auf die Suche nach der funktionellen Organisation von Gruppen.

Zunächst sei festgehalten, daß unter optimalen Bedingungen die Leistungsmöglichkeit einer Gruppe selbst die des aussichtsreichsten individuellen Mitgliedes übersteigt. Es geht in Gruppen freilich nicht immer um die Lösung ihnen von außen, etwa durch den Versuchsleiter, gestellter Aufgaben; man kann aber zum Zweck der Theorie jedes Gruppenziel (z. B. auch: sich in einer Gesellschaft gut zu unterhalten) als eine Aufgabe definieren, die zu lösen ist.

Eine Eigenschaft unseres Modells muß hervorgehoben werden, die uns leicht in die Irre führen könnte. Zur Vereinfachung nehmen wir an, daß die Erfolgsaussichten sämtlicher Mitglieder (p_i) einer Gruppe gleich groß sind. In diesem Falle gilt: $p_g = 1 - q_i^n$ d. h., daß sich mit wachsender Mitgliederzahl (n) der Idealwert von $p_g = 1,00$ auch dann erreichen läßt, wenn die individuellen Erfolgschancen (p_i) beinahe (aber nicht völlig) gleich Null sind. Man braucht also nur eine größere Gruppe zu bilden, um nahezu jedes Problem einer Lösung zuführen zu können. Diese Deduktion ist nicht völlig falsch, da — ceteris paribus — volkreichere Nationen mehr Erfindungen produzieren oder Nobel-Preise gewinnen als kleinere Nationen. Im Hinblick auf die oben entwickelten beiden Postulate wird aber auch sofort klar, warum unsere Deduktion nicht völlig richtig sein kann, mit zunehmendem n wird nämlich auch die simultane Erfüllung der beiden Forderungen (Selbständigkeit der Mitglieder und Akzeptierung eines eventuellen Erfolges durch die Gesamtgruppe) immer schwieriger[3]. Gehen wir von kleinen Laboratoriumsgruppen zu Nationen über, so läßt sich leicht zeigen, daß die aufgeführten beiden Postulate für optimale Gruppenleistungen den ideologischen Zielsetzungen der Demokratie sehr genau entsprechen. Deren politische Konstitution enthält einmal Prinzipien zum Schutz der individuellen Unabhängigkeit, sie enthält zum andern Regeln für die arbeitsteilige Nutzbarmachung eventueller individueller Erfolge.

Eine Anwendung unseres Wahrscheinlichkeits-Modells auf tatsächlich beobachtete Sachverhalte zeigt Abbildung 17, der eine Untersuchung von *H. V. Perlmutter* und *G. de Montmollin* (1952) zugrunde liegt. Dreißig Vpn (Studenten) standen vor der Aufgabe, eine aus 19 zwei-silbigen sinnlosen Wörtern bestehende Liste zu memorieren. Nach jeder Darbietung der Liste hatten die Vpn die behaltenen Wörter (im Einzelversuch) niederzuschreiben oder (im Gruppenversuch) an die Tafel zu schreiben und den anderen Gruppenmitgliedern zur Diskussion zu stellen. Dieselben Vpn wurden erst im Einzelversuch (dieser ergab die

---

[3] Ein Analogon aus der Phylogenie des Sehaparates stellen die aus einer großen Anzahl selbständiger Sehröhren (Ommatidia) bestehenden Augen vieler wirbelloser Tiere (z. B. Insekten) dar.

Werte von p_i) und sodann mit einer anderen aber gleichschwierigen Liste im Gruppenversuch (Gruppen zu je 3 Personen) geprüft. Fünf aufeinanderfolgende Versuche wurden jeweils mit ein und derselben Liste durchgeführt. Abbildung 17 läßt erkennen, wie die Beherrschung der Liste (d. h. der Prozentsatz der richtig behaltenen Wörter) im Durchschnitt der Einzelversuche (p_i) vom ersten bis zum fünften Versuch zunimmt; sie gibt weiterhin die nach der obigen Formel berechnete Leistungs-

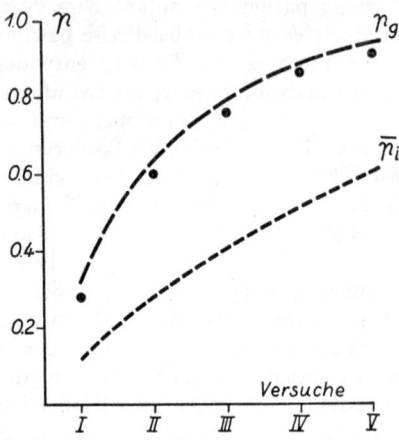

Abb. 17: Die Zunahme der Gruppenleistung (p_g) in Abhängigkeit von der Zunahme der durchschnittlichen Individualleistung (p_i)

wahrscheinlichkeit im Gruppenversuch (p_g). Die tatsächlichen Erfolgswerte im Gruppenversuch sind als Punkte eingetragen. Diese liegen ausnahmslos etwas unterhalb der Erwartung, was damit zusammenhängen dürfte, daß die Gruppe nicht in völlig optimaler Weise funktionierte[4]. Das Versuchsergebnis stimmt aber im ganzen mit den aus unserem Modell abgeleiteten Erwartungen sehr gut überein.

[4] Diese Interpretation stammt vom Verfasser; die Originalarbeit geht auf den Wahrscheinlichkeitsaspekt des Problems nicht ein (vgl. *R. A. Hoppe*, 1962).

2. Interdependenz von Kontakt, Sympathie und Aktivität

Auf einer Skihütte treffen sechs Sportsleute zusammen, die einander vorher niemals gesehen haben. Mit der Zeit entspinnt sich ein Gespräch, in dessen Verlauf die sechs Personen einander menschlich näherkommen. Mit einem Male verschüttet eine Lawine alle Ausgänge. Dieses Ereignis zwingt die bisher noch locker gebundene Gruppe zu einem festeren Zusammenschluß und zu planmäßiger Aktivität. In deren Verlauf steigert sich die Intensität des wechselseitigen Kontakts einerseits und damit auch das Gefühl der inneren Verbundenheit bzw. der Sympathie zwischen den Gruppenmitgliedern. Diese hypothetische, aber gewiß nicht lebensunwirkliche Situation erlaubt uns die Abstraktion von vier Variablen, die für jede Diskussion von Gruppenproblemen erforderlich zu sein scheinen[5].

K = die Intensität des Kontakts zwischen den Gruppenmitgliedern;

S = die zwischen den Gruppenmitgliedern sich entwickelnde Sympathie, bzw. Freundlichkeit;

A = die Aktivität der Gruppe;

F = die Produktivität, die von der Gruppe im Rahmen ihres Lebensbereiches gefordert wird.

Die Zusammenhänge (Interdependenzen) zwischen diesen Variablen lassen sich wie folgt beschreiben:

(a) Die Intensität des Kontakts (K) nimmt mit der zwischen den Gruppenmitgliedern bestehenden oder sich einstellenden Sympathie zu, sie nimmt außerdem mit dem Betrag der Akitivität der Gruppe zu: $K = a_1 S + a_2 A$. Dabei wird angenommen, daß sich K sehr schnell (momentan) auf den ihm nach der obigen Gleichung zukommenden Wert einstellt.

(b) Die Sympathiebindungen zwischen den Gruppenmitgliedern (S) verstärken sich, sofern der zwischen ihnen bestehende

---

[5] Wir folgen hier der scharfsinnigen Analyse von *H. A. Simon* (1957), die sich ihrerseits auf die Untersuchungen von *Homans* (1970) stützt.

Kontakt größer ist als der zu Anfang bestehenden Sympathie
entspräche: $\dfrac{dS}{dt} = b_1 (K - b_2 S)$. Die Anpassung des Sym-
pathieniveaus an die Kontaktgröße wird dabei als ein Prozeß
aufgefaßt, der seinen spezifischen Zeitbedarf hat. Für $K < b_2 S$
ergibt sich ein negatives Vorzeichen des Differenzialquotienten,
d. h. eine Abnahme von Sympathie.

(c) Die Aktivität der Gruppe (A) nimmt zu, sofern das in ihr
eingestellte Sympathieniveau höher ist als das für die Aktivität
der Gruppe erforderliche Niveau ($S > c_2 A$), und sofern die von
der Gruppe geforderte Produktivität (z. B. die Ausschauflungs-
arbeit im Falle unserer Skihütten-Besatzung) größer ist als die
bisher vorhandene Aktivität

$$\frac{dA}{dt} = c_1 (S - c_2 A) + c_3 (F - A)$$

Abermals rechnen wir hier mit einem Prozeß, der seinen eigenen
Zeitbedarf hat.

Das in diesen Ausdrücken definierte System linearer Differen-
zialgleichungen mit konstanten Koeffizienten ($a_1 \ldots c_3$) ist einer
vollständigen und expliziten Lösung fähig. Aus ihm lassen sich
auch die Gleichgewichtsbedingungen sowie die Stabilitätsbedin-
gungen des Systems ableiten. Wir wollen aber auf die weitere
mathematische Durchführung des Gedankenganges verzichten;
sie kann in *Simon's* Originalarbeit verfolgt werden.

(d) Eine vereinfachende Darstellung der Resultate gibt Abbildung 18. Wir nehmen an, daß sich eine durch die Binnen-
Variablen A, K und S definierte Gruppe im Gleichgewicht mit
den an sie von außen gestellten Forderungen (F) befindet. Ihre
Leistung (L) entspricht diesen Forderungen. Vergrößern sich
diese jedoch ($F' > F$), so steigern sich innerhalb der Gruppe
Aktivität, Kontakt und Sympathie; im Effekt nehmen auch die
Leistungen zu. Die das anfängliche Gleichgewicht wieder her-
stellende Reaktion der Gruppe müßte nun in einer Beschränkung
der Aktivität ($A^* < A'$) bestehen; man hätte einige der bis-
herigen Ziele (d. h. Forderungen) aufzugeben. Weniger rechnet
man im allgemeinen mit der entgegengesetzten Entwicklung, die

sich einstellt, wenn F sich verringert (F' < F) bzw. auf Null absinkt. Die Gruppe, von der nichts erwartet wird und auch nichts verlangt wird, verliert ihren inneren Zusammenhalt. Das mag sich z. B. in jener Reihe von „guten Tagen" zeigen, die nach *Goethe* so schwer zu ertragen ist. In einem sehr viel ernsteren Sinne gilt es von Siedlungen Arbeitsloser, die zur Unproduktivität verdammt waren (z. B. „Marienthal" in Österreich während der Dreißigerjahre), die nämlich ein sehr lockeres Gefüge und im ganzen ein beängstigendes Bild der Desintegration zeigten (*M. Jahoda, P. F. Lazarsfeld* u. *H. Zeisel*, 1933). Zum Teil gilt es wohl auch von der modernen großstädtischen Familie, die viele Funktionen (geforderte Produktivitäten) eingebüßt hat. Sehr richtig hat aber wohl *Schelsky* (1953) beobachtet, daß die erhöhten Produktivitätsforderungen, die im Zuge von Niederlage und Nachkriegselend an die deutsche Familie gestellt wurden, deren inneren Zusammenhalt wesentlich verfestigten.

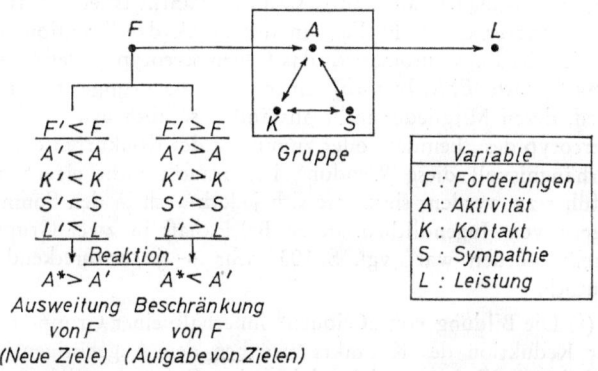

Abb. 18: *Die Gleichgewichtslage von Gruppen*

(e) Die Stimmung einer Gruppe ist solange positiv (froh, zuversichtlich), wie sich der Kontakt zwischen den Gruppenmitgliedern auf einem hohen Niveau hält, bzw. solange, wie die erlebten sozialen Distanzen zwischen den einzelnen Gruppenmitgliedern klein sind. Um dies zu gewährleisten, bedarf es einer innigen Verflechtung der den Einzelmitgliedern übertragenen Aufgaben, d. h. deren Bewältigung muß den regen Kontakt mit den übrigen Gruppenmitgliedern erfordern. Im Falle einer völlig scharfen Arbeitsteilung stellt sich die Gefahr einer Stimmungsverschlechterung ein. In diesem Falle empfiehlt sich die Schaffung von Kontaktmöglichkeiten außerhalb der Arbeitssphäre. Werksausflüge usw. sind zu diesem Zweck organisiert worden. *Homans* weist außerdem auf die Tendenz von Gruppen hin, ihre Aktivität über das von ihnen geforderte Ausmaß (F) hinaus zu erweitern. Eine politische Organisationsgruppe (Zelle) mag dann u. U. Sportfeste, Theatervorführungen usw. veranstalten.

Vielleicht das wichtigste, jedenfalls aber das am häufigsten verwendete Mittel zur Kleinhaltung der erlebten inter-individuellen Distanzen ist die Entwicklung eines Auto-Stereotyps der Gruppe: Wir (soll heißen: wir alle) sind Menschen eines bestimmten Schlages (anständig, sachlich, wahrheitsliebend, friedfertig, tapfer usw.). Es liegt in der Logik der Situation, daß damit allerdings automatisch das Gegenstereotyp („Der Gegentypus" nach *E. R. Jaensch*) einer Menschengruppe postuliert wird, deren Mitglieder nicht anständig, sachlich usw. sind, das Stereotyp des „Feindes" oder zumindest des Konkurrenten. Wie verhängnisvoll diese Wendung ist, braucht nicht eigens ausgeführt zu werden; sie zeigte sich jedoch auch in den Sommerlagern von Jugendlichen, deren Belegschaft in zwei Gruppen geteilt worden war (vgl. S. 103) sehr — ja erschreckend — deutlich.

(f) Die Bildung von „Cliquen" innerhalb einer Gruppe führt zur Reduktion des Kontakts zwischen den Angehörigen verschiedener Cliquen, und ist daher eine Gefahrenquelle für die Stimmung der Gesamtgruppe. Betrachtet man eine Nation als eine Groß-Gruppe, so müssen radikale Parteiungen und die Definition minderbeliebter Minoritäten als solche Gefahrenquellen angesehen werden. Man darf daher annehmen, daß die vom Obersten Gerichtshof der Vereinigten Staaten (1954) geforderte Zusammenlegung der bisher separaten Schulsysteme für Weiße und Neger in den Südstaaten nach anfänglichen Spannungen zu einer allgemeinen Stimmungsverbesserung führen wird. Eine solche war auch bei der Aufhebung der Rassenschranke innerhalb der amerikanischen bewaffneten Macht (im Anschluß an den letzten Weltkrieg) festzustellen. Die Theoretiker des III. Reiches haben hingegen übersehen, daß unabhängig von allen moralischen Erwägungen die Stigmatisierung einer Fremdgruppe innerhalb der Nation höchst bedenklich ist. Richtig scheinen sie jedoch erkannt zu haben, daß sich ein solcher Schritt — wenn überhaupt — nur zu einem Zeitpunkt durchführen läßt, wo die Gesamtgruppe unter dem Druck hoher Anforderungen (F) steht, z. B. also im Kriege. In einer ähnlichen Situation löste z. B. die zeitweilige Entrechtung der amerikanischen Bürger japanischer Herkunft (in den Weststaaten, 1942) nur erstaunlich geringen Protest aus. In beiden Fällen stellte sich aber eine Annahme als nicht vertrauenswürdig heraus, die von vielen Psychologen noch heute proklamiert wird.

Die Annahme nämlich, daß die Designierung eines „Sündenbockes" die Ableitung der in Kriegszeiten unvermeidlichen Kümmernisse und Enttäuschungen auf die so hervorgehobene Minorität (in Form aggressiven Verhaltens) zur Folge haben würde. Der offenkundige Fehlschlag der sog. „Sündenbock-Theorie" sollte uns vor einer unkritischen Annahme dieser Theorie bewahren (*H. Himmelweit* in: *T. H. Pear*, 1950; *M. u. C. Sherif*, 1969). Inwiefern wir hier allerdings Handlungsfreiheit besitzen, ist unsicher, da (vgl. S. 102) Anzeichen dafür vorliegen, daß in Gruppen, deren Zuneigung sich auf einige wenige Mitglieder konzentriert, zugleich eine engere Konzentration der Abneigungen festzustellen ist.

Hinsichtlich der im ersten Theorem erörterten beiden Postulate läßt sich nunmehr die Hypothese entwickeln, daß die Akzeptierung eines von einem der Mitglieder stammenden Vorschlages im allgemeinen um so leichter möglich ist, auf einem je höheren Niveau der Aktivität, des Kontaktes und der Sympathie eine Gruppe operiert.

3. Ungleichheit und Rollenspezifizierung

Eine ad-hoc zusammengestellte Gruppe besteht zu Beginn aus n gleichberechtigten Mitgliedern. Die sozialen Charakteristika dieser Mitglieder sind jedoch Größen, die dem *Kapteyn*'schen Verteilungsgesetz (vgl. S. 156) unterliegen; somit ist zu erwarten, daß sich nach einiger Zeit eine sehr ungleichmäßige Verteilung der sozialen Charakteristika, z. B. des Ranges der Gruppenmitglieder einstellen wird. Wir haben dies bereits in den Diskussionsgruppen von *Bales* hinsichtlich der Anteilnahme am Gruppengespräch gesehen (Tabelle 23). Wer viele Anregungen bringt, löst damit auch viele Stellungnahmen aus, und diese veranlassen ihn selbst zu Erwiderungen usw. Er wird damit sozusagen zum Zentrum der Gruppe. Objektive Verhaltensbeobachtung läßt diesen Sachverhalt leicht erkennen. Es fragt sich aber, in welcher Weise er sich in den subjektiven Beurteilungen der Gruppenmitglieder spiegelt. *Bales* (1953) ließ daher nach jeder Diskussionssitzung (jede Gruppe hatte vier einstündige Sitzungen) die Gruppenmitglieder einen soziometrischen Fragebogen ausfüllen, d. h. jedes Mitglied hatte zu entscheiden, wer in seiner Gruppe die besten Ideen (BI) gehabt, wer die Diskussion geleitet (G) habe und wer ihm am liebsten (L) geworden sei. Nimmt man dazu noch die beiden durch außenstehende Beobachter erhobenen Befunde, die Anzahl der von jedem Mitglied ausgehenden Anregungen (A) und die Anzahl der auf dieses bezogenen Stellungnahmen anderer Mitglieder (R), so ergibt sich ein System von fünf Rollen, die u. U. eine einzige Person innehaben könnte; sie wäre dann der Haupt-Anreger (A), der Hauptempfänger von Anregungen (R) sowie der von den andern als am ideenreichsten (BI), am stärksten führend (G) und am beliebtesten (L) charakterisierte Teilnehmer. In der Regel vereinigen sich aber diese fünf Rollen nicht in einer Person; im Durchschnitt (Zentralwert) verteilen sie sich in den von *Bales* untersuchten Gruppen auf zwei Gruppenmitglieder (Tabelle 26). Dabei fällt auf, daß die Rollendivergenz im Laufe der Entwicklung einer Gruppe zunimmt, d. h. die Anzahl der Träger der fünf Hauptrollen steigt von 1,67 auf 2,14.

Aus den letzten beiden Zeilen der Tabelle läßt sich überdies ersehen, daß sich die Beliebtheitsrolle (L) immer seltener mit der Rolle des Einfallsreichtums (BI) und der Diskussionsleitung (G) kombiniert. *Bales* berichtet ferner, daß der Hauptanreger häufig als das am wenigsten beliebte Gruppenmitglied bezeichnet wird, d. h. er erhält im soziometrischen Test eine sehr große Anzahl von Nominierungen als „unbeliebt". In die gleiche Kerbe schlägt eine soziometrische Untersuchung von *R. L. Solomon* und *T. B. Lemann* (zit. nach: Harvard Univ., Laboratory of social relations, Report 1946—1951), aus der sich ergibt, „daß Personen, die von anderen stark beachtet werden, im allgemeinen eher in einem unfreundlichen als in einem freundlichen Sinn beachtet werden. Personen, die in einer Gruppe wenig auffallen, werden im allgemeinen eher freundlich als unfreundlich beachtet."

Wegen der großen Wichtigkeit dieses Punktes, sei ein weiterer Beleg aus der Untersuchung von *P. E. Slater* (1955) beigebracht, in der ebenfalls die von *Bales* entwickelte Technik zur Anwendung kam. Tabelle 27 gibt die Korrelationen zwischen den fünf Rollen-Beurteilungen für zwei Arten von Gruppen. In der ersten Art (U) bestand sehr gute Übereinstimmung zwischen den Mitgliedern der jeweiligen Gruppe hinsichtlich der Träger der Rollen BI und G; in der zweiten Art (U') war diese Übereinstimmig gering. Für unseren besonderen Zweck ist die Unterscheidung nicht besonders wichtig, da sich in beiden Arten von Gruppen annähernd das gleiche Bild ergibt. Die Korrelationen für die Gruppen U stehen in Tabelle 27 oberhalb der Diagonale, die für die Gruppen U' unterhalb dieser. Die vom Verfasser stammenden beiden Faktorenanalysen (für beide Gruppenarten einzeln) zeigen, daß es sich hier um ein zweidimensionales System von Rollen handelt, wobei die Gewichtszahlen F_1 und F_2 sich auf die U-Gruppen und die Gewichtszahlen F_1' und F_2' auf die U'-Gruppen beziehen. Die beiden

Tabelle 26: Die Rollen-Divergenz in Diskussionsgruppen

Anzahl der Rollenträger	Prozentsatz der Gruppen, in denen sich die fünf Hauptrollen auf die angegebene Anzahl der Träger verteilte				
	Sitzung				
	I	II	III	IV	Zusammen
1	25,0	6,3	—	—	8,2
2	37,5	43,8	33,3	42,9	39,3
3	31,3	43,8	60,0	50,0	45,9
4	6,3	6,3	6,7	—	4,9
5	—	—	—	7,1	1,6
Zentralwert	1,67	2,00	2,28	2,14	2,06

Kombination	Prozentsatz der Gruppen, in denen ein Träger zwei Rollen innehatte				
	I	II	III	IV	Zusammen
Rolle L und Rolle BI	64,4	18,8	23,3	10,7	30,0
Rolle L und Rolle G	40,6	35,6	12,0	17,9	27,0

Tabelle 27: *Die Korrelationen zwischen den Beurteilungen von Gruppenmitgliedern hinsichtlich von fünf Rollen-Attributen*

Beurteilung hinsichtlich	Korrelationen					Gewichtszahlen			
	A	R	BI	G	L	F_1	F_1'	F_2	F_2'
A	—	0,88	0,80	0,75	0,38	0,96	0,83	0,10	0,00
R	0,69	—	0,74	0,74	0,46	0,89	0,84	0,23	0,00
BI	0,48	0,44	—	0,83	0,41	0,81	0,56	0,35	0,55
G	0,51	0,52	0,71	—	0,49	0,74	0,60	0,51	0,64
L	0,10	0,16	0,14	0,27	—	0,34	0,18	0,53	0,27

Faktoren lassen sich leicht als „objektiv festgestellte Aktivität" (F_1 und F_1' mit den hauptsächlichen Gewichtszahlen für die Variablen A und R) und als „emotionale Resonanz" (F_2 und F_2' mit den hauptsächlichen Gewichtszahlen für die Variable G) deuten. Die durch diese beiden Faktoren repräsentierten Beurteilungsaspekte — die früher als „Tüchtigkeit" und „Beliebtheit" bezeichnet wurden — sind voneinander unabhängig; eine Rollendivergenz ist daher sehr wahrscheinlich.

Die Tendenz zur Rollenaufspaltung scheint von allergrößter Bedeutung für das Verständnis der Gruppendynamik zu sein. Indem wir annehmen, daß die Laboratoriumsbefunde von *Bales, Slater, Solomon* und *Lemann* einer recht freizügigen Verallgemeinerung zugänglich sind, wird nunmehr deutlich, daß es innerhalb von Gruppen mindestens zwei voneinander unabhängige Dimensionen der Wirkungsfortpflanzung gibt.

Während zu Beginn des Prozesses das aktivste Mitglied alle Attribute der Ausgezeichnetheit an sich reißt, stellt sich im späteren Verlauf eine Aufteilung dieser Attribute auf mehrere Personen ein, wobei sich auf der einen Seite die Leistungsattribute („Tüchtigkeit") und auf der anderen die emotionalen Attribute der Beliebtheit anzusammeln pflegen. Die Anerkennung der Tüchtigkeit impliziert nun keineswegs auch Beliebtheit, eher das Gegenteil. Eine stattliche Anzahl von Untersuchungen (vgl. *R. M. Stodgill* und *A. Coons*, 1957; *E. A. Fleishman*, 1964; *R. Likert*, 1961; *R. R. Blake* und *J. S. Mouton*, 1968) haben diese beiden Dimensionen („initiating structure" und „cosideration") auch im industriellen Bereich als ein „job-centered" bzw. „employee-centered" Verhalten der Vorgesetzten nachgewiesen. Welcher der beiden Führungsstile bessere Gruppenleistungen ermöglicht, scheint von der Schwierigkeit der Führungssituation abzuhängen, die sich nach *F. A. Fiedler* (1967) an Hand von drei Kriterien bestimmen läßt: Beliebtheit des Vorgesetzten (B), dessen Positionsmacht (P) und Strukturiertheit der Aufgabe (S). Sowohl in sehr leichten Situationen (wo ein beliebter Vorgesetzter mit großer Macht routinemäßige Aufgaben zu lösen hat) als auch in sehr schwierigen (wo ein unbeliebter Vorgesetzter mit geringer Macht schwer überschaubare Aufgaben bewältigen soll) scheint ein auf Leistung und Tüchtigkeit abzielender Führungsstil effizienter zu sein, während in mittelschweren Situationen ein an den persönlichen Anliegen der Mitarbeiter orientiertes Vorgesetzten-Verhalten eher Erfolg verspricht. Die in der Literatur häufig anzutreffende generelle Empfehlung dieses Stiles mag darauf zurückgehen, daß mittelschwere Führungssituationen besonders häufig sind.

Ich halte es nicht für müßig, die Tendenz zur Rollendivergenz, zur Spannung zwischen anerkannter Tüchtigkeit und Beliebtheit, auf die wichtigste Gruppe unseres Lebens, die Familie, zu übertragen. Die sog. „Oedipus-Situation" findet damit eine Erklärung, die sehr viel zwangloser zu sein scheint als die Deduktionen aus der *Freud*'schen Theorie. Konzentriert sich die Anerkennung der Tüchtigkeit auf den Vater (oder z. B. auf den Bruder der Mutter, wie bei den von *Malinowski* untersuchten Trobriandern in Ost-Melanesien), dann steht zu erwarten, daß der Vater nicht auch zugleich die beliebteste Person der Gruppe sein wird. Diese Rolle dürfte dann wohl meist der Mutter zufallen. Dies gilt vornehmlich aus der Perspektive der Söhne; aus der einer Tochter mag allerdings die Mutter als besonders „tüchtig" und damit eventuell der Vater als besonders „liebenswert" erscheinen. Nicht ohne Grund „bemuttert" daher der Hauptfeldwebel die Kompanie, während der Kompanieführer zwar als tüchtig anerkannt, nicht aber in eben dem Maße als beliebt empfunden wird.

In diesem Zusammenhang ist noch einmal an die Tendenz zu primitiven Dichotomien (vgl. S. 137) zu erinnern. An sich gibt es zweifellos eine Menge Eigenschaften, die von Person zu Person in nahezu unabhängiger Weise variieren können. Der Versuch, die Menschen unseres täglichen Umganges hinsichtlich dieser im einzelnen „gerecht" zu beurteilen, erforderte aber ein so großes Informationsausmaß, daß er leicht „unrentabel" werden könnte. In der Tat zeigen freie Persönlichkeitsbeurteilungen fast immer den sog. „Halo-Effekt", demzufolge einzelne Eigenschaften die Beurteilung anderer Eigenschaften in einem durch die objektiv feststellbaren Korrelationen nicht gerechtfertigtem Maße in Mitleidenschaft ziehen (vgl. *R. Cohen,* 1969).

Der Übergang zu größeren Verbänden ergibt sich mit dem Hinweis darauf, daß sozial etablierte Rangordnungen (nach Ansehen, Einfluß, Einkommen usw.) anscheinend niemals im strengen Sinne eindimensional sind (*Hofstätter* 1966[4]). Der Reichste ist nicht notwendig zugleich auch der Angesehenste; der Mann mit den besten Einfällen ist fast nie der Reichste, und die Schönheitskönigin ist nur selten die beste Hausfrau. Sofern das Bezugsmerkmal einer solchen Rangordnung meßbar oder zumindest abzählbar ist, wie z. B. die Anzahl der kommunikativen Akte in den Gruppenstudien von *Bales,* ergibt sich fast stets ein (näherungsweise) linearer Rang-Gradient (*Zipf's* Gesetz, vgl. S. 154). Das Gefälle dieses Gradienten (p in Abbildung 19) läßt sich als ein Maß der Ungleichheit in einem System verwenden. Die bisher vorliegenden Erfahrungen sprechen dafür, daß übergroße Steilheit des Ranggradienten (zu hohe Werte von p) den inneren Zusammenhalt einer Gruppe gefährdet (*G. K. Zipf,* 1950). Im Falle der Existenz (oder der Absicht der Etablierung) eines sehr starken Ranggefälles, dürfte sich immer die Frage nach dem äußeren Druck erheben, der das betreffende System, trotz der in ihm bestehenden Zerfallstendenzen, zusammenhält. Zur Veranschaulichung denke man an ein Wirtschaftssystem, in dem sich der Rang nach der Größe des Anteils an der Gesamtproduktion (Einkommen) bemißt.

Das Individuum mit dem höchsten Einkommen (E) habe den Rangplatz R = 1 (log R = 0,00), das ärmste Individuum die Rangnummer R = n, wobei n gleich der Anzahl der Individuen in dem betreffenden System ist. Den Gradienten beschreibt somit die Gleichung: $\log E = a - p \log R$. Bleibt in unserem System das Volumen der Produktion unverändert, dann ergibt sich im Falle einer Verschiebung des Ranggradienten von p = 0,50 auf p = 1,00 (im Sinne der strichlierten Geraden in Abbildung 19) die Notwendigkeit einer Verkürzung der Anteile (der Einkommen) der Inhaber hoher Rangnummern. Tatsächlich würde sich durch diese Maßnahme zwar das Einkommen der reichsten 7 % der Bevölkerung erhöhen, das der restlichen 93 % aber verringern. Während das Einkommen des Inhabers von Rangplatz 1 von 10 Produktionseinheiten auf etwa 26 stiege, fiele das des ärmsten Individuums von einer Produktionseinheit auf 0,26. Eine solche Maßnahme dürfte sich aber selbst mit diktatorischen Mitteln kaum durchführen lassen. Es scheint allerdings, daß *K. Marx* (1867) bei seiner „Verelendungstheorie" der Massen an eine solche Entwicklung dachte.

Die im Wirtschaftsleben tatsächlich vorkommenden Schwankungen von p halten sich daher auch in wesentlich bescheideneren Grenzen (z. B. in den USA seit dem 1. Weltkrieg zwischen p = 0,53 und p = 0,75), wobei hohe p-Werte nur zu Zeiten besonderer Prosperität (oder besonderer Inflation) gefunden werden, d. h. wenn entweder das Produktionsvolumen selbst oder die Zahl der Anteilscheine zunimmt. Es sei aber

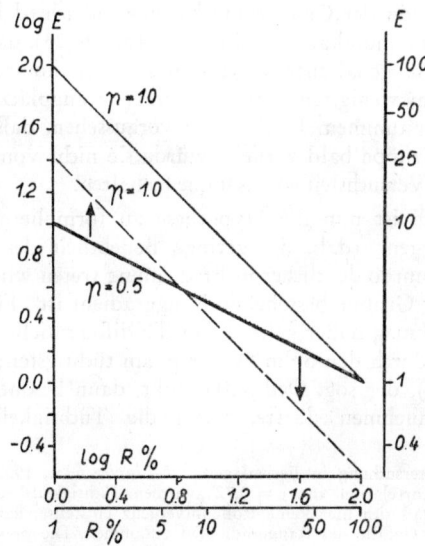

Abb. 19: Die Konsequenzen einer Vergrößerung des Gefälles von Ranggradienten

daran erinnert, daß das „kommunistische Manifest" (1847) aus dem englischen Wirtschaftssystem einer Periode stammt, in der im Verhältnis zum tatsächlichen Produktionsvolumen ein zu steiler Ranggradient (p = 0,67) bestand.

Das Ausmaß, in dem das meistbegünstigte Individuum über den Durchschnitt herausragen kann, wird durch drei im Interdependenzverhältnis stehende Variable bestimmt:

a) Das Gesamtvolumen der Verteilungs-Güter;
b) Das Gefälle des Ranggradienten;
c) Die Festigkeit der Organisation, die bei gleichbleibendem Volumen mit zunehmendem Gefälle stärkeren Belastungen ausgesetzt ist.

Diese Überlegungen sind unschwer auf den harmloseren Fall der Diskussionsgruppen von *Bales* zu übertragen. Der Wert von p liegt hier (vgl. S. 154) bei 1,00. Risse der aktivste Partner noch mehr von der Gesamtunterhaltung an sich (d. h. mehr als 43 % der kommunikativen Akte, vgl. Tabelle 23), dann müßten bei konstant gehaltener Gesamtanzahl der kommunikativen Akte die am wenigsten aktiven Partner (Rangplätze 5 und 6) gänzlich verstummen. Es läßt sich voraussehen, daß in diesem Falle die Gruppe bald zerfiele, würde sie nicht von außen her (durch den Versuchsleiter) zusammengehalten.

Zusätzlich ist nun die Hypothese zu formulieren, daß die Rollendivergenz (d. h. die geringe Beliebtheit des anerkannt Tüchtigen) um so deutlicher in Erscheinung treten wird, je steiler der in einer Gruppe bestehende Ranggradient ist[6]. Für den Fall der Familie mag daher gelten: daß die differentielle Bewertung der Eltern durch den Sohn (Vater = am tüchtigsten; Mutter = am liebsten), der sog. Oedipuskonflikt, dann besonders scharfe Formen annehmen dürfte, wenn die Tüchtigkeitsrolle des

---

[6] Eine Untersuchung in Ferienlagern (*R. Lippitt* u. a., 1952) ergab eine Durchschnittskorrelation von r = 0,72 zwischen Tüchtigkeitsbeurteilung und Beliebtheit. Daß sich hier keine Rollendivergenz einstellte, hängt wohl mit dem geringen Gefälle des Ranggradienten zusammen. Die prestige-reichsten Teilnehmer (Jugendliche zwischen 11 und 15 Jahren) erhielten bloß zweimal so viele Stimmen (hinsichtlich Tüchtigkeit) wie die prestige-ärmsten (*N. Polansky*, 1950).

Vaters sehr stark hervorgehoben wird. Kluge Väter stellen deshalb „ihr Licht unter den Scheffel"[7].

Die Nutzanwendung dieser Überlegungen auf das Verhältnis zwischen Nationen müßte wohl dahin lauten, daß (im stereotypischen Sinne) als besonders „tüchtig" gekennzeichnete Mitglieder der Völkerfamilie mit wenig Beliebtheit zu rechnen haben. Man hat dies in Deutschland sehr schmerzlich erfahren; aktueller ist z. Z. der amerikanische Versuch, das eigene Stereotyp auf den Tüchtigkeits-Nenner festzulegen, dessen man aus sehr viel Filmen aber auch in dem (an sich gut-gemeinten) Programm zur technischen Unterstützung „unterentwickelter Länder" ansichtig wird. Man geht nicht fehl, wenn man die der Beliebtheit „des Amerikaners" sehr abträglichen Konsequenzen des Unternehmens voraussagt. Diesen versucht allerdings die Einrichtung des „Peace-Corps" entgegenzuwirken; die Tendenz zielt auf Verstärkung des Kontakts und damit der Sympathie (vgl. Abb. 20) ab.

Die Problematik der Führerrolle (in kleineren Gruppen oder in nationalen Gebilden) erhellt aus den vorstehenden Betrachtungen in sehr deutlicher Weise: Es handelt sich hier um das klassische Dilemma von anerkannter Tüchtigkeit einerseits und Beliebtheit andererseits. Etwa dieselbe Konstitution des Problems ergibt sich aus Überlegungen, die im wesentlichen auf *Freud*'sches Gedankengut zurückgehen: Der Führer muß sich einerseits genügend von der übrigen Gruppe unterscheiden, damit deren Mitglieder ihre Machtwünsche auf ihn projizieren können. Er darf sich andererseits von ihr nicht zu stark unterscheiden, da ansonsten die emotionale Identifikation des Gefolgsmannes mit dem Führer nicht stattfindet. Bis vor kurzem hat die psychologische Forschung im wesentlichen nach den Unterscheidungsmerkmalen zwischen Führern und Gefolgsmännern gesucht, um auf sie eventuell eine Methode der Führerauslese

[7] Mit der Abschwächung der väterlichen Tüchtigkeitsrolle in den zeitgenössischen USA geht eine Entspannung der sog. Ödipussituation einher. In amerikanischen Analysen zeigt sich dieser „Komplex" in ungleich milderer Form als im Originalmaterial *Freud*'s.

zu gründen. Aus den sehr bescheidenen Erfolgen, die diese
Suche einbrachte, läßt sich folgern, daß das gruppendynamische
Faktum des Vorliegens von Unterschieden wichtiger ist als die
spezifische Eigenart der Unterschiede.

Eine analoge Überlegung ist am Fußende des Ranggradienten
notwendig, d. h. hinsichtlich der Rolle und Behandlung miß-
liebiger Minoritäten. Aussichtsreicher als die bisher bearbeiteten
Hypothesen (anlagemäßige Inferiorität, Aggressionsverschie-
bung, der Sündenbock, autoritäre Charakterstruktur auf seiten
der Majoritätsangehörigen usw.) ist die Annahme, daß der
Angehörige einer zahlenmäßig schwachen Minorität Besonderheiten (in Farbe, Gesichtsform, Sprachakzent usw.) zeigt, die
ihm an sich einen Vorsprung geben, dank dessen er als Pro-
jektionsobjekt in Frage kommt. Sofern die entsprechende
Minorität klein genug ist, dürfte so eine Entwicklung auch
tatsächlich eintreten; unter Umständen kann es so zur Ent-
stehung einer „Elite" kommen. Sie stellte in diesem Falle
(zahlenmäßig schwache Minorität) auch keine Bedrohung für
die angestammte Majorität dar, da das Gefälle des Ranggradienten ziemlich unverändert bliebe. Zahlenmäßig starke
Minoritäten werden hingegen als bedrohlich empfunden (*H. M.
Blalock*, 1967). Die gegen sie zum Einsatz gebrachte Strategie
bedient sich einer extrem scharfen Abhebung des Bildes der
Minorität vom Autostereotyp der Majorität; das geht u. U. bis
zur Negation des Menschentums schlechthin (z. B. „Untermen-
schen"), wobei bisweilen sogar deszendenz-theoretische Annahmen („affenartig") eingeführt werden. Die Strategie zielt
auf eine Verhinderung von Identifikationen ab. Im Effekt ergibt
sich aus solchen böswilligen Heterostereotypen eine Vergrößerung der sozialen Distanz, daher auch eine Verringerung der
Kontaktdichte (z. B. Abkapselung in einem Ghetto) und das
Umschlagen von Sympathie in Antipathie bzw. sogar offenen
Haß[8].

---

[8] Sehr deutlich zeigt sich das zur Zeit in den amerikanischen Großstädten,
deren Neger-Prozentsätze stark zunehmen, weil die wohlhabendere weiße
Bevölkerung mit Vorliebe in die nicht eingemeindeten Randsiedlungen aus-

Die Dynamik der Eliterollen einerseits und der Minoritäts-
rollen andererseits ist aus der Interdependenz von Kontakt
und Sympathie abzuleiten, wenn man die Wirkung der Projektion als distanzierend und die der Identifikation als distanz-
verringernd auffaßt (Abb. 20). Die positive Entwicklung
$(\alpha - \beta - \gamma - \delta)$ setzt voraus, daß jeweils die Identifikation

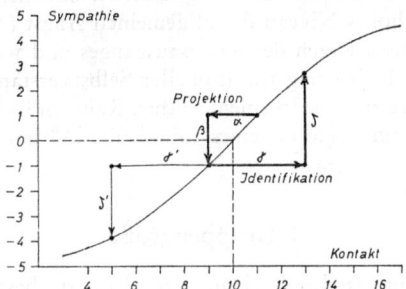

Abb. 20: Die Interdependenz von Kontakt und Sympathie

stärker vereinigt, als die Projektion trennt. Kommt
es jedoch zu einer Anti-Identifikation, d. h. zu einer
Gleichsetzung der Auffallenden mit dem „Bösen", dann
verläuft der Prozeß $(\alpha - \beta - \gamma' - \delta')$ in negativer Richtung. Auf
diese Weise kann man von mißliebigen Minoritäten als von
„verhinderten Eliten" (*Hofstätter*, 1962) sprechen[9]. Zu fragen

zieht. In der Bundeshauptstadt leben über 60 % Neger; für das Jahrzehnt
zwischen 1980 und 1990 erwartet man, daß von den 10 größten Städten des
Landes mindestens sieben (Baltimore, Chicago, Cleveland, Detroit, Phila-
delphia, St. Louis und Washington D.C.) eine Negermajorität aufweisen
werden.

[9] Sollte eine verfolgte Minorität in der Lage sein, propagandistische
Gegenmaßnahmen zu ergreifen, so dürften diese am ehesten erfolgreich sein,
wenn in ihnen die schlichte „Menschlichkeit" der Minoritätsangehörigen
betont und damit die Identifikation erleichtert wird. Hinweise auf das ihnen
zugefügte Unrecht sind hingegen — so berechtigt sie auch sind — nicht
ungefährlich, weil sie eine starke kognitive Dissonanz (vgl. S. 147) auf seiten
der Unterdrücker herbeiführen. Als eine unkluge Minoritätsstrategie erschiene
wohl auch die Hervorhebung der besonderen Tüchtigkeit vieler Angehöriger
dieser Minorität.

wäre, inwiefern nicht Gesellschaften gerade dann stark zur
Verteufelung von Minoritäten neigen, wenn sie sich in be-
sonderem Maße der Glorifizierung von Einzelpersonen („Führer") oder Gruppen (Eliten) hingeben. Daraus könnte der oft
behauptete Zusammenhang zwischen autoritärer Einstellung
und Anti-Minoritätshaltungen resultieren. Historische Epochen,
in denen diese Doppelbewegung eintritt, scheinen durch ein
exzeptionell hohes Niveau der allgemeinen Angst (Arbeitslosig-
keit, Besorgnisse wegen des Kriegsausganges und wohl auch die
schismatische Bedrohung traditioneller Selbstverständlichkeiten)
charakterisiert zu sein. In einem solchen Rahmen stellt sich leicht
die Tendenz zur Beladung eines „Sündenbocks" mit aller Schuld
ein.

4. Gruppengröße

Die oben aufgestellte Beziehung: $p_g = 1 - q_i^n$ besagt, daß mit
zunehmender Größe (n) die Erfolgsaussichten der Gruppe (p_g)
in negativ beschleunigter Weise zunehmen. Diese Voraussage
bestätigt sich tatsächlich, sofern es sich nämlich um relativ
kleine Gruppen (n < 100) handelt. Wenn n aber weiter an-
wächst, wird die Erfüllung der Postulate (α) und (β) schwieriger; es bedarf daher organisatorischer Maßnahmen, die einmal
die Unabhängigkeit der Individuen (innerhalb gewisser Grenzen) garantieren und die andererseits für die Annahme der von
Einzelindividuen gefundenen Lösungen sorgen. Offenbar geht es
hier um einen Kompromiß, da im Rahmen einer Organisation
ein Einzelindividuum nicht völlig unabhängig sein kann. Für
diese Bedingungstatsache ist der Anarchismus aller Zeiten blind
gewesen.

Die Schaffung einer Organisation ist auch darum erforderlich, weil mit zunehmendem n das Gefälle der Ranggradienten
eine Tendenz zu größerer Steilheit zeigt (so z. B. schon in den
Diskussionsgruppen von *Bales*). Gruppengröße ist somit Vorteil
und Gefahr (für den Zusammenhalt) in einem. Dies ergibt sich
auch aus den Untersuchungen von *J. K. Hemphill* und *C. M.*

Westie (1950) an 200 Gruppen verschiedenster Art (die kleinste Gruppe — n = 6 — war eine Forschungsgemeinschaft, die größte — n = 27 000 — eine ganze Universität). Das Merkmal Gruppengröße korreliert negativ (r = — 0,46) mit der „Flexibilität" des Verhaltens der Mitglieder (d. h. deren Uneingeschränktheit durch organisatorische Regulationen) und ebenfalls negativ (r = — 0,54) mit der „Stabilität" der Gruppe (d. h. der Seltenheit von Umorganisationen). Ein ähnliches Bild ergeben die faktorenanalytischen Untersuchungen von *R. B. Cattell* (1949) und *Hofstätter* an Nationen bzw. an den Staaten der USA. *Cattell* findet z. B. in seinem Größen-Faktor u. a. die folgenden Va-

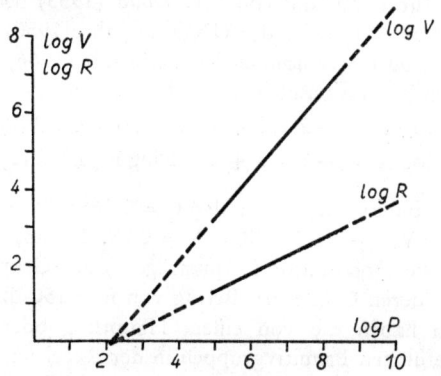

Abb. 21: Die Abhängigkeit der Größe des Verwaltungs-Apparates (V) und des Repräsentations-Apparates (R) von der Bevölkerungsstärke (P) (doppel-logarithmische Darstellung)

riablen, „viele politische Morde" und „viele Aufstände und Rebellionen". Ältere Einsichten in die Bedeutsamkeit der Gruppengröße enthält *G. Simmel's* „Soziologie" (1908); eine gute Darstellung des noch keineswegs befriedigenden Standes der empirischen Forschung auf diesem Gebiet bietet das Sammelreferat von *E. J. Thomas* und *C. F. Fink* (1963).

Entsprechend unseren beiden Postulaten finden wir in allen Organisationsformen zwei in personaler Hinsicht voneinander

meist deutlich abgehobene Strukturen. Der einen (V) geht es
um die arbeitsteilige Regulation des individuellen Verhaltens,
sie sei als Verwaltungsapparat (z. B. Beamtenschaft) bezeichnet;
die zweite (R) hat es mit der Repräsentation des Individuums
(z. B. durch Abgeordnete) zu tun; ihr obliegt — im Idealfall —
die Wahrnehmung des Postulates (α), d. h. dafür Sorge zu
tragen, daß die Unabhängigkeit des Individuums (dessen
„Recht") so weit wie möglich gewahrt bleibt. Die Größe der
organisatorischen Strukturen (d. h. der Logarithmus ihrer Mit-
gliederstärke) ist eine lineare Funktion des Logarithmus der
Gruppengröße P (Bevölkerung einer Nation). Abbildung 21
stützt sich für R auf die von *S. C. Dodd* (1953) beigebrachten
Daten (für 57 Mitglieder der UNO im Jahre 1950) und für V
auf eine eigene Untersuchung des Verfassers (1966)[10]. Die entsprechenden Regressionsgleichungen lauten:

$$\log V = -2{,}512 + 1{,}134 \log P \ (\pm 0{,}358)$$
$$\log R = -1{,}083 + 0{,}475 \log P \ (\pm 0{,}211)$$

Ihr Schnittpunkt liegt bei: $\log P = 2{,}168$; P = 147; und:
$\log R = \log V = -0{,}053$; R = V = 0,89. Daraus ergibt sich,
daß der erste Organisator („Amtsträger") aus Gruppen zu erwarten ist, deren Größe den Betrag von n = 150 überschreitet.
Tatsächlich haben die von einem Häuptling oder Stammes-
ältesten geführten Primitivgruppen in der Regel ungefähr diese

---

[10] Die Korrelation zwischen $\log P$ und $\log V$ beträgt r = 0,87, die zwischen $\log P$ und $\log R$ beläuft sich auf r = 0,84. *Dodd* hat das von ihm
gesammelte Material leider nur hinsichtlich der Durchschnittswerte von $\log R$
und $\log P$ untersucht. Da diese im Verhältnis 1 : 3 stehen, spricht er
(fälschlich) von einem „Kubik-Wurzel-Gesetz". Der Regressionskoeffizient
liegt aber sehr nahe an 0,5 (und nicht 0,33), so daß ein Quadrat-Wurzel-
Gesetz den Daten besser entspricht. Überraschenderweise wurde ein solches
Gesetz bereits von *J. J. Rousseau* (Contrat social, 1762; III,1) postuliert.
Die formale Parallele zwischen der hier behandelten Beziehung und der
zwischen Gehirngewicht und Körpergewicht (vgl. S. 122) fällt auf, dies um
so mehr, als der *Dubois*'sche Exponent (c = 0,56) dem hier gefundenen Wert
von 0,48 sehr nahe kommt. Sollte man das Gehirn daher vielleicht eher als
Repräsentationsapparat denn als Verwaltungsapparat auffassen? Inwieweit
eine solche Formulierung über das Spiel mit Analogien hinausgeht, vermag
ich im Augenblick nicht zu entscheiden.

Größe[11]. Die Ausführungen zum vorstehenden Theorem legen jedoch die Vermutung nahe, daß auch solche Klein-Verbände ein duales Verwaltungssystem besitzen (z. B. Häuptling : Medizinmann), da sich die V-Rolle („Tüchtigkeit") wohl kaum auf die Dauer mit der R-Rolle („Beliebtheit") vereinigen läßt. Wir finden diesen Dualismus noch in nationalen Großverbänden, in denen die Verwaltungsträger ernannt, die Repräsentanten aber gewählt werden; wir finden zugleich, daß zumindest die Verwaltungsträger oftmals sehr spärlich mit Sympathie bedacht werden („Bureaukratie", „Amtsschimmel", „red tape" usw.). Die aus dem hohen Mittelalter stammende Doktrin von den „beiden Schwertern" — König : Kirche — mag hier ebenfalls herangezogen werden.

Mit zunehmender Populationsstärke (P) ergibt sich aus unseren beiden Gleichungen eine sehr gewichtige Folgerung: Der Repräsentationsgrad des Einzelindividuums ($\frac{R}{P}$) nimmt ab, während die auf den Kopf der Bevölkerung entfallende Verwaltungslast ($\frac{V}{P}$) zunimmt:

$$\frac{R}{P} = 0,083 \cdot P^{-0,525}; \quad \frac{V}{P} = 0,003 \cdot P^{0,134}.$$

Die Problematik des Großverbandes wird uns durch diese beiden Beziehungen sehr eindringlich vor Augen geführt: Das Postulat (α), die individuelle Unabhängigkeit, erscheint umso weniger gewährleistet, je größer die Population ist. Die Erfüllung des Postulates (β), die arbeitsteilige Zusammenfassung der Individualleistungen, führt hingegen zu immer größeren Verwaltungslasten.

Diese Situation müßte wohl als die eines ausweglosen Zwanges („Unbehagen in der Kultur") empfunden werden, stünde zu ihrer Bewältigung nicht das Mittel der Gruppen-Unterteilung zu Gebote. Indem das Individuum nicht mehr schlechthin An-

[11] Vgl. *C. Wissler*, 1929; *M. J. Herskovits*, 1952.

gehöriger einer Groß-Population ist, sondern Mitglied spezifisch konstituierter Unter-Gruppen, nimmt in diesen der Grad seiner Repräsentation zu und die Verwaltungslast ab. Tatsächlich sind wir alle Mitglieder solcher in mehr oder minder belangvoller Weise zusammengeschlossener „Bünde" (Arbeitsgemeinschaft, Jahrgangskollegium, Sportklub, Partei usw.). Dabei ist aber wesentlich, daß die Zugehörigkeiten zu solchen Untergruppen einander überschneiden, da sie sonst den Zusammenhalt der Gesamtgruppe (der Nation) in Frage stellen könnten („Cliquen"). Daß diese Gefahr tatsächlich besteht, zeigt das Phänomen des „Gangs", der seinen Angehörigen in der Regel nicht die gleichzeitige Mitgliedschaft in anderen Bünden gestattet. Auch radikale politische Parteien erkennt man vielfach daran, daß entweder alle ihre Mitglieder bestimmten anderen Organisationen angehören oder nicht. Es findet hinsichtlich ihrer Mitglieder die für den Zusammenhalt der Gesamtgruppe als notwendig erachtete Gruppen-Überschneidung nicht statt[12].

Die Multiplizität der Bundeszugehörigkeiten im Rahmen eines nationalen Gebildes kann wohl als ein Charakteristikum des Lebens „in der Kultur" angesehen werden. Daraus ergibt sich aber die Partizipation an verschiedenen Auto-Stereotypen bzw. eine mannigfaltige Spiegelung des Selbstbegriffes in diesen. Die Weite und der Beziehungsreichtum des Menschen „in der Kultur" müßte eigentlich auf Kosten der inneren Geschlossenheit des Selbstbildes gehen. Dem ist aber — wie wir gesehen haben (vgl. S. 79) — nicht so, denn das individuelle Selbstbild wird von der Kultur, in der man lebt, mit stark stereotypisierten Zügen ausgestattet.

---

[12] Dazu ist jedoch anzumerken, daß eine völlig ordnungslose Überschneidung von Gruppenzugehörigkeiten wohl überhaupt kaum vorkommt. Zwischen Bünden bestehen positive und negative Korrelationen; so dürfte z. B. ein Mitglied der Akademie der Wissenschaften kaum gleichzeitig einem vorwiegend von Jungarbeitern frequentierten Radfahrklub angehören; es ist jedoch recht wahrscheinlich, daß es zugleich Mitglied der Gesellschaft zur Förderung der philharmonischen Konzerte ist. Die Selektivität der Bundeszugehörigkeiten verringert die Gefahr eines Loyalitäts-Konflikts.

Die vorstehenden vier Theoreme der Gruppendynamik wollen in eben der Weise verstanden sein, wie die früher erörterten zwölf Theoreme der Psychologie des Individuums. In der hier gegebenen Formulierung stellen sie den Versuch dar, unser derzeitiges Wissen um gruppeneigene Phänomene zu präzisieren. Es ist kaum anzunehmen, daß dieser Versuch völlig gelungen sei; er schien trotzdem im Sinne des theoretischen Aufbaus der Sozialpsychologie unternehmenswert. Damit dürfte sich aber auch das dieser Schrift gestellte Thema, d. h. die Aufweisung der mitmenschlichen Determinanten individueller Stellungnahmen, abrunden.

LITERATURVERZEICHNIS

Abelson, R. P. u. a. (Hrsg.): Theories of cognitive consistency; a sourbook; 1968.

Abric, J. C.: Experimental study of group creativity; Europ. J. soc. Psychol., 1, 1971.

Adorno, T. W. u. a: The authoritarian personality, 1950.

—: Der Positivismusstreit in der deutschen Soziologie, 1971³.

Albert, H.: Traktat über kritische Vernunft; 1969².

Allport, F. H.: Institutional behavior; 1933.

—: Theories of perception and the concept of structure; 1955.

Argyle, M.: Soziale Interaktion; 1972.

Asch, S. E.: Social psychology; 1952.

Atteslander, P.: Methoden der empirischen Sozialforschung; 1971².

Attneave, F.: Informationstheorie in der Psychologie; 1965.

Bales, R. F.: Interaction process analysis; 1950.

—: The equilibrium problem in small groups; in: *T. Parsons* u. a. (Hrsg.): Working papers in the theory of action; 1953.

Bales, R. F., u. *E. F. Borgatta:* Size of groups as a factor in the interaction profile; in: *A. P. Hare,* 1955.

Bandura, A.: Vicarious processes; a case of no-trial learning; in: *L. Berkowitz,* 2, 1965.

—: Principles of behavior modification; 1969.

Bandura, A., u. *R. H. Walters:* Sozial learning and personality development; 1963.

Banton, M.: Roles, an introduction to the study of social relations; 1965.

Barber, T. X., u. *M. J. Silver:* Fact, fiction and the experimenter bias effect; Psychol. Bull., 70, 1968.

Barnes, C. A.: A statistical study of the Freudian theory of levels of psychosexual development; Genet. Psychol. Mon., 45, 1952.

Barron, F.: Creative person and creative process; 1969.

Bartlett, M. S.: Stochastic processes; 1955.

Bass, B. M.: Leadership, psychology and organizational behavior; 1960.

Battegay, R.: Der Mensch in der Gruppe; 3 Bde., 1967 ff.

Bavelas, A.: Communication patterns in task oriented groups; J. accoust. Soc., 22, 1950.

Becker, W. C.: Consequences of different kinds of parental discipline; in: *M. L.* u. *L. W. Hoffman,* 1964.

Bem, D. J.: Beliefs, attitudes and human affaires; 1970.

Benedict, R.: The chrysantemum and the sword; 1946.
—: Child rearing in certain european countries; Am. J. Orthopsychiatry, 19, 1949.

Berelson, B.: Content analysis in communication research; 1952.

Berenda, R. W.: The influence of the group on the judgement of children; 1950.

Bergler, R.: Psychologie stereotyper Systeme; 1966.

Berkowitz, L.: Aggression, a social psychological analysis; 1962.

Berkowitz, L. (Hrsg.): Advances in experimental social psychology; 1, 1964 — 5, 1970.

Bernard, L. L.: Instinct, a study in social psychology; 1924.

Bernstein, B.: Language and social class; Brit. J. Sociol., 11, 1960.

Bessler, H.: Aussagenanalyse; 1970.

Biderman, A. D.: March to calumny; 1963.

Blake, R. R., u. *J. S. Mouton:* Verhaltenspsychologie im Betrieb; 1968.

Blalock, H. M.: Social statistics; 1960.
—: Causal inferences in non-experimental research; 1964.
—: Toward a theory of minority-group relations; 1967.

Bogardus, E. S.: Immigration and race attitudes; 1928.
—: Social distance; 1959.

Bonner, H.: Social psychology, an interdisciplinary approach, 1953.

Bortkiewicz, W.: Die Interationen; 1917.

Bradford, L. P., J. R. Gibb, u. *K. D. Benne:* T-group theory and laboratory methods; 1964.

Brandenstein, W.: Griechische Sprachwissenschaft; 1954.

Brehm, J. W., u. *A. R. Cohen:* Explorations in cognitive dissonance; 1962.

Brickner, R.: Is Germany curable?; 1943.

Bronfenbrenner, U.: Zwei Welten, Kinder in USA und UdSSR; 1972.

Brown, R.: Words and things; 1958.

—: Social psychology; 1965.

Buchanan, W., u. *H. Cantril:* How nations see each other; 1953.

Bush, R. R., u. *L. F. Mosteller:* Stochastic models for learning; 1955.

Caesar, B.: Autorität in der Familie; 1972.

Campbell, D. T.: The indirect assessment of social attitudes; Psychol. Bull., 47, 1950.

—: Stereotypes and the perception of group differences; Amer. Psychol., 22, 1967.

Canetti, E.: Masse und Macht; 1960.

Cartwright, D., u. *A. Zander* (Hrsg.): Groupdynamics; 1972³.

Cattell, R. B.: The dimensions of culture patterns; J. abn. soc. Psychol., 44, 1949.

—: The scientific analysis of personality; 1965.

Cattell, R. B., D. R. Saunders, u. *G. F. Stice:* The dimensions of syntality in small groups; Hum. Relat., 6, 1953.

Cavanaugh, J. A.: Formulation, analysis and testing of the interactance hypothesis; Am. Sociol. Rev., 15, 1950.

Chase, S.: Roads to agreement; 1961.

Christie, R., u. *M. Jahoda* (Hrsg.): Studies in the scope and method of „The authoritarian personality"; 1954.

Claessens, D.: Familie und Wertsystem; 1972³.

Clark, K. B.: Prejudice and your child; 1955.

Cochran, W. G.: Sampling techniques, 1953.

Cohen, R.: Systematische Tendenzen bei Persönlichkeitsbeurteilungen; 1969.

Collins, B. E., u. *B. H. Raven:* Group structure, attraction, coalitions, communication and power; in: *Lindzey* u. *Aronson*, 4, 1969.

Comrey, A. L., u. *J. A. Newmeyer:* Measurement of radicalism-conservatism; J. soc. Psychol., 67, 1965.

Cooley, C. H.: Human nature and the social order; 1902.

—: Sociological theory and social research; 1930.

Cox, K. R.: Voting in the London suburbs, a factor analysis and a causal model; in: *Dogan* u. *Rokkan,* 1969.

Daeves, K., u. *A. Beckel:* Auswertung durch Großzahlforschung; 1942.

Davis, K.: Final note on a case of extreme isolation; Am. J. Sociol., 52, 1947.

Dawes, R. M.: Measures and indicators of attitudes; 1971.

Deese, J.: Psycholinguistics; 1970.

Dennis, W.: The significance of feral man; Am. J. Psychol., 54, 1941.

Deutsch, K. W.: Nationalism and social communication; 1953.

Deutsch, M., I. Katz, u. *A. R. Jensen* (Hrsg.): Social class, race and psychological development; 1968.

Deutsch, M., u. *R. M. Krauss:* Theories in social psychology; 1965.

Deutsch, M.: Trust and suspicion; J. confl. Resol., 2, 1958.

Devereux, E. C. Jr., U. Bronfenbrenner, u. *G. J. Suci:* Patterns of parent behavior in America and West Germany; Int. Soc. Sci. J., 14, 1962.

De Vos, G. A., u. *A. A. Hippler:* Cultural psychology; in: *Lindzey* u. *Aronson,* 4, 1969.

Dodd, S. C.: L'effective des legislatures d'apres la loi du cube; Rev. Franc. Sci. Pol., 1953.

—: The probable acts of man; 2 Bde., 1963.

Dogan, M., u. *S. Rokkan* (Hrsg.): Quantitative ecological analysis in the social sciences; 1969.

Dollard, J., u. *N. E. Miller:* Personality and psychotherapy; 1950.

Dubois, C.: The people of Alor; 1944.

Dymond, R.: Personality and empathy; J. consult. Psychol., 11, 1950.

Eckert, J. u. a.: Die Saat der Gewalt, Nachlese; in: *A. Schmidt-Mummendey* u. *H. D. Schmidt,* 1971.

Edwards, A. L.: Techniques of attitude scale construction; 1957.

—: Versuchsplanung in der psychologischen Forschung; 1971.

Edwards, A. L., u. *F. P. Kilpatrick:* A technique for the construction of attitude scales; J. appl. Psychol., 32, 1948.

Ehrlich, H. J., u. *D. Lee:* Dogmatism, learning and resistance to change; Psychol. Bull., 71, 1969.

Ekman, G.: The four effects of cooperation; J. soc. Psychol., 41, 1955.

Erikson, E. H.: Kindheit und Gesellschaft; 1965².

Eysenck, H. J.: The scientific study of personality; 1952.

—: The psychology of politics; 1954.

—: The structure of human personality; 1970³.

Eysenck, H. J., u. *S. Crown:* An experimental study in opinion-attitude methodology; Int. J. opin. attit. Res., 3, 1949.

Feller, W.: Probability theory and its applications; 1950.

Feshbach, S., u. *R. D. Singer:* Television and aggression; 1971.

Festinger, L.: A theory of cognitive dissonance; 1957.

Fiedler, F. A.: A theory of leadership effectiveness; 1967.

Fishbein, M. (Hrsg.): Readings in attitude theory and measurement; 1967.

Flament, C.: Réseaux de communication et structures de groupe; 1965.

Fleishman, E. A.: Studies in personnel and industrial psychology; 1964.

Foppa, K.: Lernen, Gedächtnis, Verhalten; 1966².

Ford, C. S., u. *F. A. Beach:* Formen der Sexualität; 1968.

Frank, L. K.: Projective methods; 1948.

Frazer, J. G.: The golden bough; 1922.

Freud, A.: Das Ich und die Abwehrmechanismen; 1936.

Freud, S.: Das Unbehagen in der Kultur; 1930.

Freud, S., u. *W. C. Bullit:* Thomas Woodrow Wilson; 1967.

Friedman, N.: The social nature of psychological research; 1962.

Fromm, E.: Psychoanalytic characterology and its applications to the understanding of culture; in: *Sargent* u. *Smith*, 1949.

Galtung, J.: Theory and methods of social research; 1967.

Gehlen, A.: Der Mensch, seine Natur und seine Stellung in der Welt; 1958⁶.

—: Urmensch und Spätkultur; 1956.

—: Anthropologische Forschung; 1961.

Gente, H. P. (Hrsg.): Marxismus, Psychoanalyse, Sexpol; 2 Bde., 1970, 1972.

Gesell, A.: Wolf child and human child; 1941.

Getzels, J. W.: A social psychology of education; in: *Lindzey* u. *Aronson,* 5, 1969.

Gibb, C. A.: Leadership; in: *Lindzey* u. *Aronson,* 4, 1969.

Gilbert, G. M.: Stereotypes, persistence and change among college students; J. abn. soc. Psychol., 46, 1951.

Goldman-Eisler, F.: Breast feeding and character formation; J. Pers., 19, 1950.

—: The problem of orality and of its origin in early childhood; J. ment. Sci., 97, 1951.

Goldstein, K.: Human nature in the light of psychopathology; 1940.

Golombiewski, R. T., u. *A. Blumberg* (Hrsg.): Sensitivity training and the laboratory approach; 1970.

Gorer, G.: Die Amerikaner; 1955.

Gorer, G., u. *J. Rickman:* The people of Great Russia; 1949.

Goslin, D. A. (Hrsg.): Handbook of socialization theory and research; 1968.

Grauman, C. F. (Hrsg.): Sozialpsychologie; Handbuch der Psychologie, Bd. 7, 1967, 1972.

Guetzkow, H. (Hrsg.): Groups, leadership and men; 1951.

Guilford, J. P.: Persönlichkeit; 1964².

Habermas, J.: Erkenntnis und Interesse; 1968.

—: Strukturwandel der Öffentlichkeit; 1971³.

Hald, A.: Statistical theory with engineering applications; 1952.

Hansen, M. H., W. N. Hurvitz, u. *W. G. Madow:* Sample survey methods and theory; 1953.

Hare, A. P.: Handbook of small group research; 1962.

Hare, A. P. u. a. (Hrsg.): Small groups, studies in social interaction; 1955.

Harlow, H. F.: The formation of learning sets; Psychol. Rev., 56, 1949.

Harris, C. W. (Hrsg.): Problems in measuring change; 1963.

Hartley, E. L. u. *R. E.:* Die Grundlagen der Sozialpsychologie; 1969².

Hayakawa, S. I.: Language in thought and action; 1949.

Head, H.: Aphasia and kindred disorders of speech; 1926.

Hebb, D. O.: The organization of behavior; 1949.

—: Einführung in die moderne Psychologie; 1968.

Heckhausen, H.: Hoffnung und Furcht in der Leistungsmotivation; 1963.

Heckhausen, H., u. *L. Kemmler:* Mütteransichten über Erziehungsfragen; Psychol. Rund., 110, 1959.

Heider, F.: The psychology of interpersonal relations; 1958.

Heiss, R. (Hrsg.): Psychologische Diagnostik; Handbuch der Psychologie, Bd. 6, 1963.

Hellpach, W.: Deutsche Physiognomik; 1942.

Helson, H.: Adaptation-level-theory; 1964.

Hemphill, J. K.: Group dimensions; 1956.

Hemphill, J. K., u. *C. M. Westie:* The measurement of group dimensions; J. Psychol., 29, 1950.

Herrmann, Th.: Sprache; Einführung i. d. Psychologie, Bd. 5, 1972.

Herrmann, Th. (Hrsg.): Psychologie der Erziehungsstile; 1966.

Herskovits, M. J.: Economic anthropology; 1952.

Hiebsch, H., u. *M. Vorwerg:* Einführung in die marxistische Sozialpsychologie; 1968[3].

Hilgard, E. R., u. *G. H. Bower:* Theories of learning; 1966[3].

Hinds, W. A.: American Communities; 1902.

Höhn, E., u. *C. P. Schick:* Das Soziogramm; 1964[2].

Hörmann, H.: Psychologie der Sprache, 1967.

Hoffman, L. R.: Homogeneity of member personality and its effect in group problem solving; J. abn. soc. Psychol., 58, 1959.

Hoffman, M. L. u. *L. W.* (Hrsg.): Review of child development research; 2 Bde., 1964, 1966.

Hofstätter, P. R.: Über die Struktur des sozialen Kontakts; Z. ang. Psychol., 65, 1943.

—: Psychologie der öffentlichen Meinung; 1949.

—: Die Psychologie und das Leben; 1951.

—: A factorial study of cultural patterns in the US; J. Psychol., 32, 1951.

—: A factorial study of prejudice; J. Pers., 21, 1952.

—: Die beiden Wissensbegriffe und die Psychologie, Jb. f. Psychol. u. Psychother., 2, 1954.

—: Über Selbsterkenntnis; Z. exp. ang. Psychol., 6, 1959.

—: Nordamerika, der gegenwärtige Stand und die gesellschaftlichen Voraussetzungen von Neurosenlehre und Psychotherapie; in: *V. E. Frankl* (Hrsg.): Handbuch der Neurosenlehre und Psychotherapie, 1, 1959.

—: Eliten und Minoritäten; Köl. Z. Soziol. u. Soz. Psychol., 14, 1962.

—: Über sprachliche Bestimmungsleistungen; Z. exp. ang. Psychol., 10, 1963.

—: Zum Begriff der Intelligenz; Psychol. Rund., 17, 1966.

—: Einführung in die Sozialpsychologie; 1966[4].

—: Was Deutsche für „deutsch" halten; Eckhardt-Jb., 1966/67.

—: Wie Völker einander sehen; Z. prakt. Psychol., 4, 1967.

—: Individuelle und kollektive Selbstbilder; in: Rechenschaft u. Aufgabe, Festschrift f. A. Dannemann, 1967.

—: Probleme des deutschen Selbstbildes; in: *H. Steffen* (Hrsg.): Die Gesellschaft in der Bundesrepublik, 1970.

—: Gruppendynamik; 1971[2].

—: Differentielle Psychologie; 1971.

—: Psychologie; Fischer-Lexikon, Bd. 6, 1972[2].

—: Der Reifungsgrad und der Cephalisationskoeffizient, eine Hypothese, in: *O. M. Ewert* (Hrsg.): Entwicklungspsychologie, 1972.

Hofstätter, P. R., u. *D. Wendt:* Quantitative Methoden der Psychologie; 1967[3].

Holt, R. R., u. *L. Luborsky:* Personality patterns of psychiatrists; 1958.

Holzkamp, K.: Zur Messung der sozialen Distanz; die Objektabhängigkeit von Bogardus-Skalen; Sociologus 15, 1965.

—: Kritische Psychologie; 1972.

Homans, G. C.: Theorie der sozialen Gruppe; 1970[5].

—: Elementarformen sozialen Verhaltens; 1968.

Honigmann, J. J.: Personality in culture; 1967[2].

Hoppe, R. A.: Memorizing by individuals and groups; J. abn. soc. Psychol. 65, 1959.

Hovland, C. I., u. *M. Sherif:* Judgmental phenomena and scales of attitude measurement; J. abn. soc. Psychol., 47, 1952.

Hovland, C. I., I. L. Janis, u. *H. H. Kelley:* Communication and persuasion; 1953.

Hovland, C. I., O. J. Harvey, u. *M. Sherif:* Assimilation and contrast effects in reaction to communication and attitude change; J. abn. soc. Psychol., 55, 1957.

Hull, C. L.: Principles of behavior; 1943.

Insko, C. A.: Theories of attitude change; 1967.

Irle, M. (Hrsg.): Texte aus der experimentellen Sozialpsychologie; 1969.

Jaensch, E. R.: Der Gegentypus; 1938.

Jahoda, M., P. F. Lazarsfeld, u. *H. Zeisel:* Die Arbeitslosen von Marienthal; 1933, 1960^2.

Jahoda, M., u. *N. Warren* (Hrsg.): Attitudes; 1966.

Jakobson, R., C. G. M. Fant, u. *M. Halle:* Preliminaries to speech analysis; 1955.

Johnson, D. M.: The psychology of thought and judgment; 1955.

Jonas, F.: Geschichte der Soziologie; 4 Bde., 1968, 1969.

Jones, E. E., u. *H. B. Gerard:* Foundations of social psychology; 1967.

Kardiner, A.: The individual and his society; 1939.
—: The psychological frontiers of society; 1945.

Karlins, M., T. L. Coffman, u. *G. Walters:* On the fading of social stereotypes, studies in three generations of college students; J. Pers. Soc. Psychol., 13, 1969.

Katz, D., u. *K. W. Braly:* Racial stereotypes of one hundred college students; J. abn. soc. Psychol., 28, 1933.

Keesing, F. M.: Culture change, an analysis and bibliography of anthropological sources; 1953.

Kelley, E. L., u. *D. W. Fiske:* The prediction of performance in clinical psychology; 1951.

Kelley, H. H., u. *J. W. Thibaut:* Group problem solving; in: *Lindzey* u. *Aronson,* 4, 1969.

Kelman, H. C.: International behavior; 1965.

Kerlinger, F. N.: Social attitudes and their critical referents, a structural theory; Psychol. Rev., 74, 1967.

Kiesler, C. A., B. E. Collins, u. *N. Miller:* Attitude change; 1969.

Kirscht, J. P., u. *R. C. Dillehay:* Dimensions of authoritarianism, a review of research and theory; 1967.

Kish, L.: Survey sampling; 1965.

Klix, F.: Information und Verhalten; 1971.

Koch, U.: Ein neuer Ansatz des Kulturvergleichs; Psychol. u. Prax., 15, 1970.

Köhler, W.: Die physischen Gestalten in Ruhe und im stationären Zustand; 1920.

König, R. (Hrsg.): Handbuch der empirischen Sozialforschung; 2 Bde., 1967, 1969.

Korzybski, A.: Sience and sanity; 1933.

Krech, D., R. S. Crutchfield, u. *E. L. Ballachey:* Individual in society; 1962.

Kroeber, A. L. (Hrsg.): Anthropology today; 1953.

Krysmanski, H. J.: Soziologie des Konflikts; 1971.

La Barre, W.: Some observations on character structure in the orient; Psychiatry 8, 1945.
—: The human animal; 1954.

Lambert, W. W., u. *O. Klineberg:* Children's views of foreign peoples, a cross-national study; 1967.

Lauterbach, A.: Psychologie des Wirtschaftslebens; 1962.

Lazarsfeld, P. F.: Latent structure analysis; in: *S. Koch* (Hrsg.): Psychology, a study of a science; 3, 1959.
— (Hrsg.): Mathematical thinking in the social sciences; 1954.

Lazarsfeld, P. F., u. *M. Rosenberg* (Hrsg.): The language of social research; 1955.

Lazarsfeld, P. F., u. *N. W. Henry:* Latent structure analysis; 1968.

Leavitt, H. J.: Some effects of certain communication patterns on group performance; Hum. Relat., 6, 1953.

Lenneberg, E. H: Biological foundations of language; 1967.

Lenz, F.: Werden und Wesen der öffentlichen Meinung; 1956.

Levy-Strauss, C.: Les structures élémentaires de la parenté; 1949.
—: Strukturale Anthropologie; 1969.

Lewin, K.: Principles of topological psychology; 1936.

—: Die Lösung sozialer Konflikte; 1953.

—: Feldtheorie in den Sozialwissenschaften; 1953.

Lifton, R. J.: Thoughtreform and the psychology of totalism; 1961.

Likert, R.: A technique for the measurement of attitude; Arch. Psychol., 40, 1932.

—: New patterns of management; 1961.

Lindzey, G., u. E. Aronson (Hrsg.): The handbook of social psychology; 5 Bde., 1968 ff.

Linton, R.: The cultural background of personality; 1945.

Lippitt, R., u. R. K. White: An experimental study of leadership and group life; in: *T. M. Newcomb* u. *E. L. Hartley* (Hrsg.): Readings in social psychology; 1947.

Lippitt, R. u. a.: The dynamics of power, a field study of social influence; Hum. Relat., 5, 1952.

Lorenz, K.: Das sogenannte Böse; 1963.

Lotka, A. J.: Elements of physical biology; 1925.

Lowie, R. H.: Toward understanding Germany; 1954.

Luce, R. D., u. H. Raiffa: Games and decisions; 1957.

Luce, R. D., R. R. Bush, u. E. Galanter (Hrsg.): Handbook of mathematical psychology; 3 Bde., 1963 f.

Malamud, D. I., u. S. Machover: Toward self-understanding, group-techniques of self-confrontation; 1965.

Malinowski, B.: Geschlecht und Verdrängung in primitiven Gesellschaften; 1927, 1962.

—: Die Dynamik des Kulturwandels; 1951.

Mangold, W.: Empirische Sozialforschung; 1967.

March, J. G. (Hrsg.): Handbook of organizations; 1965.

Marx, M. H. (Hrsg.): Learning; 3 Bde., 1969 ff.

Maslow, A. H., u. Szilagyi-Kessler: Security and breast-feeding; J. abn. soc. Psychol., 41, 1946.

Mayntz, R.: Soziologie der Organisation; 1963.

Mayntz, R., u. a.: Einführung in die Methoden der empirischen Soziologie; 1969.

McClelland, D. C.: Die Leistungsgesellschaft; 1966.

McGrath, J. E., u. *I. Altman:* Small group research; 1966.

McGuire, W. J.: The nature of attitudes and attitude change; in: *Lindzey* u. *Aronson,* 3, 1969.

Mead, G. H.: Mind, self and society; 1934.
—: Sozialpsychologie; 1969.

Mead, M.: Research on primitive children; in: *L. E. Carmichael* (Hrsg.): Handbook of chuld psychology; 1954.

Mead, M., u. *R. Métraux* (Hrsg.): The study of culture at a distance; 1953.

Merton, R. K., u. *P. F. Lazarsfeld* (Hrsg.): Continuities in social research; 1950.

Milgram, St., u. *H. Toch:* Collective behavior, crowds and social movements, in: *Lindzey* u. *Aronson,* 4, 1969.

Miller, N. E., u. *J. Dollard:* Social learning and imitation; 1941.

Mintz, A.: Non-adaptive group behavior; J. abn. soc. Psychol., 46, 1951.

Mitscherlich, A.: Auf dem Wege zur vaterlosen Gesellschaft; 1963.

Montagu, M. F. A. (Hrsg.): Man and aggression; 1969.

Moreno, J. L.: Grundlagen der Soziometrie; 1967.

Mueller, E. F., u. *P. Greiner:* Mauerbau und „Neues Deutschland"; 1969.

Muldoon, J. F.: The concentration of liked and disliked members in groups; Sociom., 18, 1955.

Murdock, G. P.: Social structure; 1949.

Murdock, G. P., u. a.: Outline of cultural materials; 1950.

Murphy, G.: In the minds of men; 1953.

Neurath, P.: Statistik für Sozialwisenschaftler; 1966.

Noelle, E.: Umfragen in der Massengesellschaft; 1963.
—: Wählermeinung — nicht geheim; 1969.

Oevermann, U.: Sprache und soziale Herkunft; 1972.

Opp, K. D.: Methodologie der Sozialwissenschaften; 1970.

Osgood, C. E., G. J. Suci, u. *P. H. Tannenbaum:* The measurement of meaning; 1957.

Osgood, C. E., u. *P. H. Tannenbaum:* The principle of congruity in the prediction of attitude change; Psychol. Rev., 62, 1955.

Pear, T. H. (Hrsg.): Psychological factors of peace and war; 1950.

Perlmutter, H. V., u. *G. de Montmollin:* Group learning of nonsense syllables; J. abn. soc. Psychol., 47, 1952.

Pfanzagl, J.: Allgemeine Methodenlehre der Statistik; 2 Bde., 1972, 1967.

Phillips, B. S.: Empirische Sozialforschung; 1970.

Pirenne, M. H.: Binocular and monocular threshold of vision; Nature, 152, 1943.

Polansky, N., u. a.: An investigation of behavioral contagion in groups; Hum. Relat., 3, 1950.

Popitz, H.: Der Begriff der sozialen Rolle als Element der soziologischen Theorie; 1967.

Popper, K.: Logik der Forschung; 1966².

Price-Williams, D. R. (Hrsg.): Cross-cultural studies; 1969.

Radke, M. J., u. *H. G. Trager:* Children's perceptions of the social roles of negroes and whites; J. Psychol., 29, 1950.

Rapoport, A.: Fights, games and debates; 1960.
—: Mathematical models of social interaction; in: *Luce* u. a., 2, 1963.
—: Strategy and conscience; 1964.

Rashevsky, N.: Mathematical biophysics; 1948.
—: Mathematical biology of social behavior; 1951.

Riesman, D.: Die einsame Masse; 1958.

Riley, J. W.: Sociological studies in scale analysis; 1954.

Robinson, J. P., u. *P. R. Shaver:* Measures of social psychogical attitudes; 1970.

Roethlisberger, F. J., u. *W. J. Dickson:* Management and the worker; 1939.

Roheim, G.: The origin and function of culture; 1942.
— (Hrsg.): Psychoanalysis and the social sciences; 4 Bde., 1947—1954.

Rokeach, M.: The open and the closed mind; 1960.
—: Beliefs, attitudes and values; 1967.

Rosenthal, R.: Experimenter effects in behavioral research; 1966.

Sarbin, T. R., R. Taft, u. *D. E. Bayley:* Clinical inference and cognitive theory; 1960.

Sargent, S. S., u. *M. W. Smith* (Hrsg.): Culture and personality; 1949.

Sarris, V.: Wahrnehmung und Urteil; 1971.

Schaefer, E. S.: A circumplex model for maternal behavior; J. abn. soc. Psychol., 59, 1959.

Schaefer, E. S., u. *R. Q. Bell:* Development of a parental attitude research instrument (Pari); Child Develop., 29, 1958.

Schaffner, B.: Fatherland; 1948.

Scheidlinger, S.: Psychoanalysis and group behavior; 1952.

Schein, E. H.: Coercive persuasion; 1961.

Schelsky, H.: Wandlungen der deutschen Familie in der Gegenwart; 1953.

Schilling, K.: Geschichte der sozialen Ideen; 1966².

Schmidtchen, G.: Die befragte Nation; 1961².

Schmidt-Mummendey, A., u. *H. D. Schmidt* (Hrsg.): Aggressives Verhalten; 1971.

Schmölders, G.: Ökonomische Verhaltensforschung; Ordo, 5, 1953.
—: Psychologie des Geldes; 1956.

Schoeck, H.: Der Neid; 1966.

Schutz, W. C.: Freude, Abschied von der Angst durch Psycho-Training; 1971.

Scodel, A., u. *P. Mussen:* Social perceptions of authoritarians and non-authoritarians; J. abn. soc. Psychol., 48, 1953.

Scott, E. L.: Perceptions of organization and leadership; 1952.

Secord, P. F., u. *C. W. Backman:* Social psychology, 1964.

Selg, H.: Diagnostik der Aggression; 1969².

Selltiz, C. A., M. Jahoda, M. Deutsch, u. *S. W. Cook* (Hrsg.): Research methods in social relations; 1964³.

Shapiro, D., u. *A. Crider:* Psychophysiological approaches in social psychology; in: *Lindzey* u. *Aronson,* 3, 1969.

Shaw, M. E.: Communication networks; in: *Berkowitz,* 1, 1964.

Shaw, M. E., u. *J. M. Wright:* Scales for the measurement of attitudes; 1967.

Sherif, M., u. *C. W.:* Social psychology; 1969³.
— (Hrsg.): Groups in harmony and tension; 1953.

Sherif, M., u. *M. O. Wilson* (Hrsg.): Group relations at the crossroad; 1953.

Sherif, M., u. *C. I. Hovland:* Social judgement; 1961.

Shubik, M. (Hrsg.): Spieltheorie und Sozialwissenschaften; 1965.

Simmel, G.: Soziologie; 1908, 1968[5].

—: Grundformen der Soziologie; 1917. 1970[3].

Simon, H. A.: Models of man; 1957.

Simpson, G. E., u. *J. M. Yinger:* Racial ald cultural minorities; 1953.

Sixtl, F.: Meßmethoden der Psychologie; 1967.

Skinner, B. F.: „Superstition" in the pigeon; J. exp. Psychol., 38, 1948.

—: Science and human behavior; 1953.

—: Beyond freedom and dignity; 1971.

Slater, P. E.: Role differentiation in small groups; Am. Sociol. Rev., 20, 1955.

Slotkin, J. S.: Personality development; 1952.

Smith, H. C., u. *D. S. Dunbar:* The personality and achievement of the classroom participant; J. educ. Psychol., 42, 1951.

Snider, J. G., u. *C. E. Osgood* (Hrsg.): Semantic differential technique, a sourcebook; 1969.

Sorokin, P.: Contemporary sociological theories; 1928.

Spencer, H.: First principles; 1862.

Spitz, R. A. u. *K. M. Wolf:* Anaclitic depression; Psychoanal. stud. child, 2, 1946.

Stagner, R., u. *J. M. Moffitt:* A statistical study of Freud's theory of personality types; J. clin. Psychol., 12, 1956.

Stephens, W. N.: The Oedipus complex; 1962.

Stevens, S. S.: On the psychophysical law; Psychol. Rev., 64, 1957.

— (Hrsg.): Handbook of experimental psychology; 1951.

Stodgill, R. M., u. *A. Coons* (Hrsg.): Leader behavior; 1957.

Stosberg, M.: Analyse der Massenkommunikation; Einstellungsmessung; 1972.

Stouffer, S. A. (Hrsg.): The American soldier, studies in the social psychology of world war II; 4 Bde., 1949 ff.

Sullivan, H. S.: The interpersonal theory of psychiatry; 1953.

Tagiuri, R., u. *L. Petrullo* (Hrsg.): Person, perception and inter-personal behavior; 1958.

Tannenbaum, P. H.: The congruity principle revisited; in: *Berkowitz,* 3, 1967.

—: The congruity principle; retrospective reflections and recent research; in: *Abelson,* 1968.

Thomas, D. S.: Social and economic aspects of Swedish population movements 1750—1933; 1941.

Thomas, E. J., u. *C. F. Fink:* Models of group problem solving; J. abn. soc. Psychol., 63, 1961.

Thomas, E. J., u. *C. F. Fink:* Effects of group size; Psychol. Bull., 60, 1963.

Thomas, W. I., u. *F. Znaniecky:* The Polish peasant in Europe and Amerika; 1918 ff.

Thorner, I.: German words, German personality and protestantism; Psychiatry 8, 1945.

Thrasher, F. M.: The gang; 1927.

Thurstone, L. L., u. *E. J. Chave:* The measurement of attitudes; 1929.

Tolman, E. C.: Purposive behavior in animals and men; 1932.

Triandis, H. C., u. *L. M.:* Race, social class and nationality as deter-minants of social distance; J. abn. soc. Psychol., 61, 1960.

—: A cross-cultural study of social distance; Psychol. Mon., 76, 1962.

—: Some studies of social distance; in: *I. D. Steiner* u. *M. Fishbein* (Hrsg.): Recent studies in social psychology; 1965.

—: Attitude and attitude change; 1971.

Ulmann, G.: Kreativität; 1968.

Vinacke, W. E.: Variables in experimental games, toward a field theory; Psychol. Bull., 71, 1969.

Vorwerg, M.: Psychologische Probleme der Einstellungs- und Ver-haltensänderung; 1971.

Webster, E. C.: Decision making in the employment interview; 1964.

Weede, E.: Zur Methodik der kausalen Abhängigkeitsanalyse (Pfad-analyse) in der nicht-experimentellen Forschung. Kölner Z. f. Soziol. u. Soziolpsychol., 22, 1970.

—: Zur Pfadanalyse. Kölner Z. f. Soziol. u. Sozialpsychol., 24, 1972.

Weiss, W.: Effects of the mass communication; in: *Lindzey* und *Aronson,* 5, 1969.

Weizsäcker, V. v.: Der Gestaltkreis; 1940.

Wendt, S.: Geschichte der Nationalökonomie; 1961.

Wesley, F., u. *Ch. Karr:* Vergleich von Ansichten und Erziehungshaltungen deutscher und amerikanischer Mütter; Psychol. Rund., 19, 1968.

Whiting, J. W. M., u. *I. L. Child:* Childtraining and personality; 1953.

Whiting, J. W. M.: Becoming a Kwoma; 1941.

Whorf, B. L.: Sprache, Denken, Wirklichkeit; 1962.

Wiese, L. v.: Soziologie; 1964[7].

Winkler, E.: Das statistische Gesetz der Einkommensverteilung; Mensch, Technik, Gesellschaft, 3, 1965.

Wissler, C.: Introduction to social anthropology; 1929.

Wurzbacher, G.: Leitbilder gegenwärtigen deutschen Familienlebens; 1954.

Zigler, E., u. *I. L. Child:* Socialization; in: *Lindzey* u. *Aronson,* 4, 1969.

Zimmermann, C. C.: Family and civilization; 1947. Psychol., 53, 1940.

Zingg, R. M.: Feral man and axtreme cases of isolation; Am. J. Psychol., 53, 1940.

Zipf, G. K.: The psycho-biology of language; 1935.

—: Human behavior and the principle of least effort; 1949.

—: The frequency-distribution of wages and the problem of labor unrest; J. Psychol., 29, 1950.

Autorenregister

Sachregister

Walter de Gruyter
Berlin · New York

Soziologie
in der Sammlung Göschen

F. Fürstenberg **Soziologie**
Hauptfragen und Grundbegriffe
Klein-Oktav. 154 S. 1971. Kart. DM 7,80
ISBN 3 11 003796 3 (Band 4000)

F. Fürstenberg **Wirtschaftssoziologie**
2., neubearb. und erg. Aufl.
Klein-Oktav. 141 S. 1970. Kart. DM 7,80
ISBN 3 11 002774 7 (Band 1193/1193 a)

G. Simmel **Grundfragen der Soziologie**
Individuum und Gesellschaft
3., unveränd. Aufl. Klein-Oktav. 98 S. 1970.
Kart. DM 4,80 ISBN 3 11 002762 3 (Band 1101)

L. v. Wiese **Geschichte der Soziologie**
9. Aufl. Klein-Oktav. 158 S. 1971. Kart. DM 7,80
ISBN 3 11 001949 3 (Band 3101)

W. Hofmann **Ideengeschichte der sozialen
Bewegung des
19. und 20. Jahrhunderts**
4. Aufl. unter Mitw. von W. Abendroth
Klein-Oktav. 298 S. 1971. Kart. DM 7,80
ISBN 3 11 003565 0 (Band 4205)

09.80   foo 09/11/77

Walter de Gruyter
Berlin · New York

Soziologie
in der Sammlung Göschen

P. Atteslander **Methoden der empirischen Sozialforschung**
Unter Mitarb. von K. Baumgartner, F. Haag,
J. Oetterli, R. Steiner
2. Aufl. Klein-Oktav. 291 S. 1971. Kart. DM 7,80
ISBN 3 11 001902 7 (Band 4229)

W. Burisch **Industrie- und Betriebssoziologie**
7., verb. Aufl.
Klein-Oktav. 198 S. 1973. Kart. DM 7,80
ISBN 3 11 004308 4 (Band 4103)

O. Neuloh **Arbeits- und Berufssoziologie**
Klein-Oktav. Etwa 160 S. 1973.
Kart. etwa DM 9,80 ISBN 3 11 003892 7

J. Oetterli **Betriebssoziologie und Gesellschaftsbild**
Groß-Oktav. 194 S. 1971. Geb. DM 48,—
ISBN 3 11 001976 0